# フランス郷土料理

## Cuisine française régionale

～ Protéger le goût et les saveurs des terroirs ～

## Présentation

S'il existe un grand nombre de façons de faire la cuisine, je répond il n'y en a qu'une pour l'aimer c'est la manger !

La véritable cuisine restera toujours celle des terroirs.

La cuisine c'est la nature des choses ! au même titre que la littérature, la musique et la peinture. La cuisine est née du besoin de se nourrir avant de devenir le plaisir de la gastronomie. Le grand péché de la cuisine c'est la luxure.

La cuisine c'est quand les choses ont le goût de ce qu'elles sont.

On ne fait du bon qu'avec du très bon,

Écrit de Prosper Montagné.

Les règles d'or de la cuisine des terroirs, un bon produit de saison, une cuisson souvent longue, une liaison ni claire ni collante et surtout un prix généralement modique.

Une cuisine souvent plus goûteuse réchauffée.

En Occitan « Cosina a visto de nas » Cuisine a vue de nez.

C'est la réponse que je donne quand on me pose la question au sujet du poids de sel et de poivre et du temps de Cuisson.

Goutez Goutez !

Chaque région a apporté des plats différents qui sont devenus au fil des siècles les symboles d'une cuisine aussi riche qu'inventive, ce sont les produits des terroirs définis par les conditions climatiques, géographiques et humaines qui ont modelé la palette de la cuisine régionale. et puis il y a une France de l'huile d'olive une France du beurre et de la crème une France à la graisse de confits, une France au vin ou à la bière et une autre au cidre. Une cuisine du bord de mer, celle des plaines et celle des montagnes, c'est toute une gamme de saveurs et d'odeurs qui émerge avec bonheur.

Je souhaite que cet ouvrage puisse contribuer à vous faire redécouvrir au travers de ces quelques recettes simples mais alléchantes la richesse et la variété de la cuisine des régions de France. et vous invite à perpétuer cette cuisine qui reste et doit rester dans nos assiettes. Une Cuisine du nez et de la bouche.

André Pachon

Ode à la généreuse cuisine du Sud-Ouest

Arrivé au Japon au début des années 1970, André Pachon est devenu la figure incontournable de la gastronomie française au pays du soleil levant, en restant toujours fidèle aux valeurs qui lui sont inhérentes : la perpétuation d'anciennes traditions culinaires, transmises de générations en générations ; le goût de l'excellence, mais aussi de l'innovation ; la générosité et le partage.

Qui d'autres que lui les incarnent avec autant de bienveillance, y compris par un accent qui signale immédiatement des origines bien ancrées dans une région que tout le monde aime : le Sud-Ouest ? Né à Montpellier et élevé à Carcassonne, ville de Prosper Montagné, un grand cuisinier et auteur d'un dictionnaire gastronomique, André Pachon tire incontestablement son inspiration et son énergie de ce terroir unique. Mais, après des débuts à Carcassonne auprès d'un grand spécialiste du cassoulet, il a rapidement pris le vent du large, d'abord au Canada, avant de jeter, pour notre plus grand bonheur, son dévolu sur le Japon. Ouvrant son premier restaurant à Roppongi, il a construit un empire culinaire, dont le vaisseau amiral est, encore aujourd'hui, une institution, en plein cœur de Daikanyama.

C'est le point de ralliement de tous ceux qui aiment retrouver, à Tokyo, l'ambiance du Sud-Ouest, à travers des plats aussi emblématiques que le mythique cassoulet, dont André Pachon a d'ailleurs fondé l'académie universelle. Mais, plus encore que l'expérience gastronomique, qui vaut à soi-seule le détour, c'est la chaleur humaine qui est au rendez-vous lorsqu'on dîne « chez Pachon ». A travers la cuisine et l'accueil, on y retrouve la générosité, venant d'un homme au grand cœur et à la joie de vivre si communicante. C'est pour toutes ces raisons que la France a souhaité lui exprimer sa reconnaissance, en le décorant du mérite agricole au grade de commandeur et en le faisant chevalier de l'Ordre national de la Légion d'honneur. André Pachon fait honneur à la République !

En publiant le livre de ses recettes, il fait, à nouveau, acte de générosité, en nous livrant quelques-uns des secrets de son savoir-faire et sa réussite. Je suis sûr que tous les passionnés de cuisine ou, plus simplement toutes celles et tous ceux qui aiment bien manger, trouveront dans ce livre une source d'inspiration et surtout de quoi égayer chaque moment de leur existence.

Merci, André Pachon, d'apporter à vos lecteurs un si agréable rayon de soleil !

Laurent Pic
Ambassadeur de France au Japon

André Pachon, il ne s'agit pas d'un chef comme les autres, il s'agit du "grand chancelier de l'Academie universelle du cassoulet". C'est dire l'ambition d'André, qui, originaire du Sud Ouest de la France, plus précisément de Carcassonne, (cette magnifique cité entourée de remparts médiévaux, capitale de ce plat mondialement connu qu'est le cassoulet), est parvenu à connaitre le succès au Japon. Et à s'imposer comme le chef français emblématique de son pays, une sorte de Paul Bocuse établi à Tokyo depuis des dizaines d'années..

André fut en effet parmi les premiers chefs étrangers à tenter sa chance à Tokyo. Son épouse japonaise l'a beaucoup aidé en lui expliquant patiemment la planète Japon, tâche difficile quand il s'agit d'éduquer un français un peu têtu originaire du Sud Ouest! Et cela a marché. Il suffit de voir dès le debut de l'hiver les processions accompagnant le chef clamant "le cassoulet est arrivé". Tous les clients du restaurant se lèvent alors ef forment une chenille chaleureuse saluant le cassoulet tout brulant sortant des fourneaux..

Mais André c'est plus que cela, il est aussi un trait d'union entre chefs français, le passage obligé pour qui vient d'Europe et désire s'installer au pays du Soleil Levant. Et il est également une passerelle entre nos deux cuisines, la française et la japonaise, ces 2 cuisines totalement différentes mais qui soulèvent chez l'amateur de bonnes choses, chez le gastronome, un même enthousiasme.

Enfin, je serai ingrat si je n'evoquais que le cassoulet dans les recettes d'André. De la volaille au poisson, de la viande au gibier ou aux crustacés, du passage par le four à la cuisson dans la braise de la magnifique cheminée de la salle à manger, il sait préparer et vous régaler.

Alors, je vous invite à déguster au plus vite ce bel ouvrage qui depeint une vie aux fourneaux, la sienne et celle de ses 2 fils qui l'assistent desormais.

Philippe Faure
Ambassadeur de France
Ancien Ambassadeur de France au Japon
President de La Liste.com

美味しい料理を作る極意は、その料理を食べることを愛すること。

自分が美味しいと感じることができなければ、美味しい料理を作ることはできません。

本物のフランス料理はと問えば、答えは郷土料理に行き着きます。

それと同時に、料理は芸術でもあるのです。

音楽や美術、文学と同じ側面をもつのです。


料理とは本来、生きるため、命を繋ぐためのものでした。

それがいつしか、美食の楽しみを求めるように変わります。

キュルノンスキーは言っています。

"料理は食材の味を感じられるものでなければならない

目をつぶって食べても、それが何であるか判断できなければならない"

プロスペール・モンタニェは後世に残る名言を残しています。

"美味しい料理は最高の材料でしか作れない"

これらの真理がフランス料理を物語っています。


郷土料理は旬の食材を使い、時間をかけて作るもの。

余計な細工や手間をかけず、必要以上の費用もかけず、けれど時間は惜しみなく使う。

そうして、温め直すことでさらに美味しさが増すものです。

Cosina à visto de nas !

香りと味を確かめろ！

瑣末なことには執着せず、技術と知識と経験を身につけること。

自分の鼻と舌を信じること。

これが料理の真髄です。


フランス料理の奥義は、土地土地の食材から作る郷土の料理です。

フランスには地方ごとのスペシャリテがあり、その種類は多様を極めます。

オリーヴ油で調理するフランスもあれば、バターとクリームを使うフランスもある。

山をいだき、海を擁するフランスの、豊かな自然がもたらす恩恵。

風土や気候に根差した料理。

本書のルセットは、できうる限りその土地で作られていた材料で再現しました。

私から皆さまにお願いしたい。

フランス料理をもう一度確かめてみてください。

新しい知識を得るのではなく、技を競うのでもなく。

奥深く味わい深いフランス料理というものを、今一度見つめ直してほしいのです。

そして、作ること、食べることを続けてほしいのです。

私とともにフランス料理を愛おしみ、守り続けていただけたら幸いです。


André Pachon

南西部の豊かな料理への頌歌

1970年代初めに来日したアンドレ・パッション氏は、今やこの日出ずる国でフランスの美食シーンに欠かすことのできない存在になっていながら、本質的な価値——すなわち世代から世代へと受け継がれてきた料理の伝統の継承、卓越性だけでなく革新性の追求、寛大さと分かち合う心——に忠実であり続けています。

皆が愛するフランス南西部の出身であることがすぐにわかるアクセントを含め、これだけの真心を込めてこうした価値を体現する人が彼以外にいるでしょうか？ モンペリエに生まれ、料理百科事典を編纂した偉大な料理人プロスペール・モンタニェの故郷、カルカソンヌで育ったアンドレ・パッション氏が、比類なきそのテロワールから着想とエネルギーを得ていたことは明らかです。しかし、カルカソンヌの偉大なカスレのスペシャリストのもとでデビューを果たしたのち、すぐに大海原へと乗り出してまずカナダへ渡り、その後、私たちにとっては誠に嬉しいことに日本に白羽の矢を立てたのです。最初のレストランを六本木に開き、今日では代官山の中心に料理帝国が築かれています。

ここは、伝説のカスレを始めとする象徴的な料理を通じて南西部の雰囲気を東京で味わいたい人たちが集う場です。ちなみにアンドレ・パッション氏はカスレ振興のための「アカデミー・ユニヴェルセル・デュ・カスレ」を創設しました。「レストラン・パッション」では、もちろんその料理を味わうだけでも充分に行く価値があるのですが、それだけでなく、人間としての温かみも感じることができます。料理とおもてなしを通じて、広い心をもち、生きる喜びを伝えようとするパッション氏の寛容さに触れることができます。こうした理由により、フランスは彼に感謝の気持ちを伝えるべく、フランス農事功労章の最高位コマンドゥールとレジオン・ドヌール勲章シュヴァリエに叙しました。アンドレ・パッション氏はフランス共和国の誉れです！

このレシピ本を出版し、自らのノウハウと成功の秘密の一部を明かすことで、彼はまたもや寛大さを示してくれます。料理に情熱を燃やす方々、あるいは単に食べるのが大好きな方々は、インスピレーションの源だけでなく、人生の楽しみ方をもこの本で見つけることができると確信しています。

アンドレ・パッションさん、このように心地よい太陽の光を読者の方々に注いでくださって、ありがとうございます！

ローラン・ピック
駐日フランス大使

アンドレ・パッションは他のシェフたちと同じ意味の「シェフ」ではありません。「アカデミー・ユニバーサル・デュ・カスレのグラン・シャンスリエ」なのです。フランス南西部カルカソンヌ（この中世の城壁に囲まれた素晴らしい城塞都市は、カスレという世界的に有名な料理の首都でもあります）に生まれたアンドレは日本にやってきて大きな成功を収めました。そしてフランスを象徴する役割を自分に課し、いわば「東京のポール・ボキューズ」として何十年にもわたってその役割を果たしてきました。
アンドレは日本にそのチャンスを見出だそうとした最初の外国人シェフたちの一人でした。彼の日本人の妻は忍耐をもって日本という惑星の何たるかを教え、アンドレを大いに助けてきました。フランス南西部出身の少々頑固なフランス人を教育するという仕事ですから、それはずいぶん難しいことだったでしょう！
けれども、この教育は成功しました。その成功を知るには早春、レストランで「カスレがやってきた！」と叫ぶシェフとともに練り歩く行列を見るだけで充分です。すべての客が立ち上がり、くねくねとレストランを練り歩くこの行列に参加し、オーヴンを出たばかりの熱々のカスレを熱狂的に歓迎するのです……
けれどもアンドレが果たす役割はそれだけではありません。仕事での来日、またこの「日出ずる国」に定住しようとヨーロッパから来日するフランス人シェフたちの繋ぎ役であり、また我々の二つの料理〜日本料理とフランス料理〜の架け橋でもあるのです。これらはまったく異なる料理でありながらどちらも、美食家やグルメの同じ感動を呼び起こすものなのです。
さてもし私がここで、アンドレの料理としてカスレだけに言及するなら、それは忘恩の行為、と言われても仕方ないでしょう。ヴォライユから魚、ジビエから甲殻類に至るまで、厨房のオーヴンそしてレストランのあの素晴らしい暖炉の薪火での火入れに至るまで、彼は料理を知り、あなたたちを歓待する術を知り尽くしています。ですから一刻も早くこの美しい作品を堪能するために急いでページをめくることをお勧めします。それは厨房で描かれたアンドレの人生そのものであり、アンドレを支えてきた二人の息子に今後、引き継がれていくものだからです。

フィリップ・フォール
フランス共和国終身大使
元駐日フランス大使
La Liste（Liste.com）代表

*Prologue* | 7

Royaume-Uni
イギリス

Belgique
ベルギー

Hauts-de-France
オー＝ド＝フランス地方

Normandie
ノルマンディー地方

Île-de-France
イル＝ド＝フランス地方

Bretagne
ブルターニュ地方

Centre-Val de Loire
サントル＝ヴァル・ド・ロワール地方

Pays de la Loire
ペイ・ド・ラ・ロワール地方

Atlantique
大西洋

Nouvelle-Aquitaine
ヌーヴェル＝アキテーヌ地方

Occitanie
オクシタニー地方

Espagne
スペイン

Andorre
アンドラ

## フランスの地図と地方

フランス料理の礎を築いているのは、伝統的な食生活にほかなりません。自然の豊かな恵みと、守り続ける技術。土地ごとに根差した地方料理、日々の食卓に並ぶ郷土料理です。決して着飾ったものではありませんが、だからこそ何度でも食べたい、作ってあげたいと願うのです。

日本にも各地方の郷土料理があるように、フランスにも実に多くの郷土料理が存在します。広域に渡って愛されている料理、あるいは限定的な地域性をもつ料理。本書では地方ごとに、私たちフランス人が誇る郷土料理をご紹介します。地方分類は本土の12地方とコルスの合わせて13地方。フランスでは地方区分が幾度か再編されてきました。ですから今回の分け方は2020年現在の行政区分に沿う形です。

*Luxembourg*
ルクセンブルグ

*Allemagne*
ドイツ

*Grand Est*
グラン・テスト地方

*Bourgogne-Franche-Comté*
ブルゴーニュ＝フランシュ＝コンテ地方

*Suisse*
スイス

*Auvergne-Rhône-Alpes*
オーヴェルニュ＝ローヌ＝アルプ地方

*Italie*
イタリア

*Provence-Alpes-Côte d'Azur*
プロヴァンス＝アルプ＝コート・ダジュール地方

*Méditerranée*
地中海

*Corse*
コルス地方

*Prologue* | 9

# Sommaire

はじめに—2

駐日フランス大使からのメッセージ—4

元駐日フランス大使からのメッセージ—5

フランスの地図と地方—8

アンドレ・パッション物語—440

## Occitanie
オクシタニー地方

*Gratinée à l'oignon au roquefort*
ロックフォール風味の
オニオングラタンスープ—18

*Crapaudine de caille grillée à la lauragaise*
ロラゲ風ウズラのグリエ—22

*Cargolade audoise*
オード風
エスカルゴのカルゴラード—26

*Azinat de l'Ariège aux mange-tout et sa rouzole*
アジナートとルゾール—32

*Faire chabrot*
"シャブロする"—36

*Alicuit au riz de Marseillette*
アリキュイ—44

*Pintade aux olives de Bize-Minervois*
ホロホロ鶏のソテ、
ビーズ＝ミネルヴォワ産
オリーヴ添え—50

*Soupe à l'ail ~Aïgo boulido salva la vido~*
にんにくのスープ—58

*Pélardons rôtis en salade du berger*
羊飼いのサラダ—60

*Brandade nîmoise*
ニーム風ブランダード—66

*Encornets farcis façon grand-mère*
イカのファルシ、グランメール風—70

*La mar y muntanya catalan*
カタラン風
海の幸と山の恵みの煮込み—77

*Bourride de lotte sétoise*
セート風アンコウのブリード—82

*Paella catalane*
カタラン風パエリア—86

*Foie gras de canard en bocaux*
フォアグラの瓶詰め—97

*Cou de canard farci aux lentilles*
フォアグラ入り鴨首のファルシ、
レンズ豆添え—100

*Tout dans le canard:*
*terrine, grattons, cou farci au foie gras,*
*Foie gras de canard en bocaux*
鴨のすべて：
テリーヌ、グラトン、
フォアグラ入り鴨首のファルシ、
フォアグラの瓶詰め—105

*Omelette aux truffes d'hiver du Pays Cathare*
ペイ・カタール
冬トリュフのオムレツ—116

*Oreillette*
オレイェット—120

*Pets de nonnes*
ペ・ド・ノンヌ—124

*Millas*
ミヤス—128

*Cassoulet de mon maître Marcel Aymeric*
恩師マルセル・エムリックの
カスレ—136

# Provence-Alpes-Côte d'Azur
プロヴァンス＝アルプ＝コート・ダジュール地方

*Soupe de poisson de roche à l'aïoli*
スープ・ド・ポワソン
〜磯の香豊かな
磯釣り魚のスープ〜 —152

*Bouillabaisse marseillaise*
マルセイユ風ブイヤベース—156

*Ratatouille niçoise*
ニース風ラタトゥイユ—160

*Petits farcis de Provence*
プロヴァンス風野菜のファルシ—164

*Daube d'agneau provençale*
プロヴァンス風子羊肉のドーブ—168

*Gigot d'agneau aux gousses d'ail en chemise*
骨つき子羊のもも肉と
皮つきにんにくのロースト—174

# Corse
コルス地方

*Marcassin à la broche, sauce poivrade*
子猪一頭の暖炉焼き、
ソース・ポワヴラード—182

*Marmelade de pommes au miel de châtaignes*
リンゴのマルムラード、
栗の蜂蜜風味—189

*Gratin de topinambours à la truffe et fromage de brebis Corsica*
菊芋と"コルシカ"チーズのグラタン、
トリュフ風味—190

*Pompe aux grattons de canard et olives noires*
鴨グラトンと黒オリーヴのポンプ—192

*Sommaire*

# Nouvelle-Aquitaine

ヌーヴェル＝アキテーヌ地方

*Piperade basquaise*
バスク風ピペラード—198

*Foie gras de canard rôti au Sauternes*
フォアグラのロティ、
ソーテルヌワイン風味—204

*Matelote de congre au Malbec de Cahors*
穴子のマトロット、
カオール産マルベックワイン煮—208

*Poulet sauté basquaise*
若鶏のバスク風ソテ—213

*Steak au fumet de poivre*
ステーキ、ポワヴルの香り—218

*Confit de canard maison, pommes sarladaises*
鴨のコンフィ、
サルラ風ジャガイモのソテ添え—222


# Auvergne-Rhône-Alpes

オーヴェルニュ＝ローヌ＝アルプ地方

*Gratin savoyard*
サヴォワ風グラタン—230

*Aligot*
アリゴー—234

*Poule au pot truffée sous la peau, sauce suprême*
鶏肉のポシェのトリュフ風味、
ソース・シュプレーム—238

*Pot-au-feu*
ポトフ—244


# Pays de la Loire

ペイ・ド・ラ・ロワール地方

*Rillette du Mans*
ル・マンのリエット—252

*Lapin poêlé forestière*
兎のポワレ、
ジャガイモとキノコのソテ添え—256

*Pintade fermière à la broche aux marrons et girolles*
ホロホロ鳥一羽の串焼き、
栗とジロール添え—261

*Tarte tatin*
タルト・タタン—266


# Centre-Val de Loire

サントル＝ヴァル・ド・ロワール地方

*Bar braisé au muscadet*
スズキのブレゼ、
ミュスカデ風味—274

*Andouillette au vouvray*
アンドゥイエット、ヴヴレ風味—280

*Salmis de faisan à la royale*
ロワイヤル風雉のロティ、
ソース・サルミ—284

# Bourgogne-Franche-Comté

ブルゴーニュ゠フランシュ゠コンテ地方

*Clafoutis à l'époisses et griottines*
エポワスとグリオッティーヌの
クラフティ—298

*Bœuf bourguignon*
ブッフ・ブルギニョン—303

*Rognon de veau à la moutarde*
ロニョン・ド・ヴォ・
ア・ラ・ムタールド—308

*Poulet sauté au vin jaune et morilles*
鶏肉のソテ、モリーユ茸と
黄ワインのクリーム煮—312

# Bretagne

ブルターニュ地方

*Artichauts vinaigrette*
アーティチョークのポシェ、
赤ワインヴィネグレット添え—318

*Mouclade au muscadet*
ムクラード、ミュスカデ風味—322

*Coquilles Saint-Jacques à la bretonne*
ブルターニュ風
帆立貝のグラティネ—326

*Pâté de campagne breton*
ブルターニュ風
パテ・ド・カンパーニュ—330

*Homard bleu à l'armoricaine*
ブルーオマール海老のソテ、
アルモリケーヌ風—334

# Normandie

ノルマンディー地方

*Boudin noir aux pommes et calvados*
ブーダン・ノワール、
リンゴとカルヴァドスの香り—340

*Filets de sole à la Normande*
ノルマンディー風舌平目のポシェ—344

*Côte de veau au calvados*
子牛肉のソテ、
カルヴァドス風味—348

*Tripes à la mode de Caen*
トリップ・ア・ラ・モード・
ド・カン—352

*Caneton à la rouennaise*
ルアン風子鴨のロースト、
血とフォアグラのソース—356

# Île-de-France

イル゠ド゠フランス地方

*Côte de porc charcutière*
骨つき豚肉のポワレ、
シャルキュティエール—364

*Cervelles de porc meunière aux câpres*
豚の脳みそのムニエル、
ケイパー風味—368

*Navarin d'agneau*
子羊肉のナヴァラン風煮込み—372

*Hachis parmentier*
アッシ・パルマンティエ—376

*Blanquette de veau à l'ancienne*
ブランケット・ド・ヴォ・
ア・ランシエンヌ—380

*Coulommiers aux truffes*
トリュフ入りクロミエチーズ—386

# Grand Est

グラン・テスト地方

*Truite saumonée au champagne*
サーモントラウトのブレゼ、
シャンパーニュ風味—392

*Truite farcie au riesling*
ニジマスのファルシ、
リースリングの香り—398

*Choucroute au champagne*
シュークルート、
シャンパーニュ風味—403

*Baeckeoffe alsacien*
アルザスベッコフ—408

# Hauts-de-France

オー=ド=フランス地方

*Flamiche aux poireaux*
ポワローのフラミッシュ—416

*Ficelles picardes*
フィセル・ピカールド—420

*Carbonade flamande*
カルボナード—425

本書の決まりごと—15
ホロホロ鳥の下処理—55
ソース・ヴィネグレット—64
クルトン—85
鴨のさばき方—93
アイヨリ—159
マリナードの種類—188
ソース・シュプレーム—242
パート・ブリゼ—302
家畜肉の部位—430
フォン・ド・ヴォー—433
グラス・ド・ヴィアンド—433
フォン・ド・ヴォライユ—434
フォン・ブラン・ド・カナール—434
フォン・ド・ジビエ—435
フュメ・ド・ポワソン—435
調理用語 —436

## パッションの美学

| château Villecarla—38
| 塩—42
| コショウはスパイスの王様—43
| ワイン酢—65
| オクシタニーが生んだ偉大な料理人—132
| カスレ・ディナー—144
| ワインと料理—148
| 伝統は守り続けるもの—173
| 暖炉—194
| 煮込み—247
| レストランの愉しみ—248
| 1週間の献立—271
| 週末のおもてなし—412

## カルカソンヌを巡る

オリーヴ—40

マルシェ—56

地中海—75

トリュフ—112

ジビエ狩り—290

## フランスの食風景

エスカルゴ—30

ヌイユ—54

サラダ用葉野菜—63

家庭の調理道具—76

金曜日は魚の日—91

鴨—92

冬の風物詩—110

ブランケット・ド・リムー—123

小麦粉—127

ブーケ・ガルニ—163

プロヴァンスのクリスマス—178

南仏のガレット・デ・ロワ—179

生ハム—201

トゥールーズソーセージ—202

豚肉加工品—203

フランスの植物油—212

牛肉のステーキの焼き方—221

家禽—226

ジャガイモ—227

豚の屠殺—260

キノコ—265

祝祭日の食事—279

フザンダージュ—289

ブレス鶏—315

アーティチョーク—321

マスタード—325

栗のブーダン・ノワール—343

チーズ—389

ジュニパーベリー—407

バゲット—424

## 本書の決まりごと

- 材料表中の分量と、でき上がり写真の分量が同じとは限りません。

- プロセス写真は工程を説明するためのもので、材料表中の分量と同じとは限りません。

- 材料の分量には、g表記に加え、他の単位も用いています。それは味つけのバランスをわかりやすく伝えるためだったり、量りやすさのためだったりします。

- 野菜などは個体差により、1個の重量にばらつきがあるため、分量はg表記、個数を併記しているものもあります。

- とくに断りがない限り、作り方では野菜を洗う、皮をむく、ヘタを取る、魚のうろこや内臓を取るなどの基本的な下処理は省略しています。

- 作り方の説明では、ソース、チーズなどの名称を省略しています。

- 卵はL玉を使用しています。

- バターはとくに指定がない限り、食塩不使用のもの（beurre doux）を使用しています。

- 生クリームは乳脂肪分47%を使用しています。

- クレーム・エペスは乳脂肪分39%を使用しています。

- オリーヴ油と表記してあるものはエキストラヴァージンオイルを指します。

- 黒コショウ、白コショウと表記しているものはパウダー状を指します。

- ブーケ・ガルニは次のように使い分けています。肉料理：セロリ、ローリエ、タイム、パセリの茎／魚料理：ポワロー、ローリエ、タイム、パセリの茎。

- 材料をゆでたり、湯煎にかける時に使用する、材料表以外の水、最後に味を調整するための塩やコショウはすべて分量外です。

- オーヴンの温度や焼き時間は機種や季節によっても差が出ます。ルセットを目安に、お手持ちのオーヴンに合わせて調整してください。

- プロセス文の文頭のフランス語は動作用語で、フランス料理の調理法とその用語を学ぶ趣旨です。意味はp.436に解説しています。

- 各料理にお勧めするワインのグラスイラストは、左から順に、スパークリング・ワイン、赤、白、ロゼ、甘口・デザート・その他の酒を表しています。ワイン名はp.149参照。

- 和訳、仏訳は意訳の箇所もあります。

オクシタニー地方

# Occitanie

## 地理・気候

　2016年、かつてのラングドック゠ルシヨン地方とミディ゠ピレネー地方が統合され、オクシタニー地方が発足した。フランス南部の地域で、北には中央山塊が迫り、西はプロヴァンス゠アルプ゠コート・ダジュール地方、東南はプロヴァンスとともに地中海に面し、南はピレネー山脈を挟んでスペインと国境を接している。

　平野部や山岳地帯、台地、渓谷、地中海沿岸部などを擁し、土地の性質的にも気候的にも多様。

**中心都市：トゥールーズ**

## 特徴

- 内陸部は家禽の内臓、ソーセージなどを使った煮込みが多い
- 内陸部では豚や子羊、野菜、果物などを組み合わせて
  風味の強いボリュームのある料理を得意とする
- 調理には、鴨脂や豚の脂、オリーヴ油やヒマワリ油を使う
- トゥールーズはフォアグラの生産地として名高い
- フランス最南端のルシヨン地方は、温暖な気候で野菜の促成栽培が発達している
- ルシヨン地方はカタルーニャ地方の影響が強い
- 地中海沿いの漁港セートでは新鮮な魚介類が水揚げされる
- 内湾トーでは牡蠣やムール貝の養殖が盛ん
- ブドウ栽培が盛んでワインの生産量が多い

## 食材

◎肉：アヴェロン県の子羊、バレージュ゠カヴァルニーの羊、ビゴール地方の黒豚、ガスコーニュ地方とジェール県の鶏や七面鳥、ホロホロ鳥、ロラゲ地域の家禽、ラングドック地方の家禽

◎魚：地中海沿いの穴子やヒメジ、ボラ、ブジーク産の養殖の牡蠣やムール貝、コリユールのアンチョヴィ

◎野菜：ルシヨン地方の新ジャガイモ、オリーヴ、タルブ周辺の白いんげん豆、ロマーニュの白にんにく、ピンクにんにく（ロートレックの赤皮にんにく）

◎チーズ：ロックフォール、ロカマドゥール、ブルー・デ・コース、ペラルドンチーズ

## 代表的な郷土料理

◎前菜
ペズナス風プティ・パテ [Petits pâté de Pézenas]
◎ポタージュ
オゼイユと卵のスープ [Soupe bourriquette]
◎魚介料理
伊勢海老のシヴェ [civet de langouste]
◎肉料理
トゥールーズのエストゥファ [estouffat toulousain]、
グラ゠ドゥーブルのアルビ風 [gras-double l'albigeoise]、
野兎のソピケ [Saupiquet de lièvre]、豚肉のフレジナ [Fréginat]、
ミートボールとオリーヴのトマト煮込み [Boles de picolat]、
リムー風豚肉と白いんげん豆の煮込み [Fricassée de Limoux]
◎菓子
ブラ・ド・ヴェニュス、または
ブラ・ド・ジタン [bras de Vénus, bras de gitan]、
クレーム・カタラーヌ、または
クレマ・クレマダ [crème catalane, crema cremada]、
リ・オ・レ [Riz au lait]

# *Gratinée à l'oignon au roquefort*

[ロックフォール風味のオニオングラタンスープ]

オニオングラタンスープは本来はリヨンのスペシャリテ。リヨンを擁するオーヴェルニュ＝ローヌ＝アルプ地方は玉ねぎの名産地ですから、この土地に根づくことに疑問の余地がありません。と同時に、オニオンスープは長きにわたってフランス全土でも親しまれています。オクシタニー地方の範疇に含めたのは、オクシタニーが誇る青カビチーズのロックフォールを合わせたから。ピリッとしたロックフォールの塩気と玉ねぎの甘味が最高の組み合わせ。私はこのオニオンスープがどの地方のものよりも美味しいと思います。

　オニオンスープを作るうえで大切なのは、ゆっくり時間をかけて玉ねぎの色を出すこと。玉ねぎは急いで炒めると苦味が出てしまいます。同じ玉ねぎでも時間のかけ方によってまったく違う味になるのも料理の面白さかもしれません。また、バターで炒めるとすぐに焦げるので、私は鴨脂を選びます。南仏ならではの味わいを加味できるのも魅力。用意できない場合や鴨の風味が気になる場合はサラダ油を使ってもいいでしょう。昔はフォン・ド・ヴォライユのように旨味を補強するものはありませんでしたから、水を加えていました。だからこそ美味しく作るには玉ねぎをじっくりと炒めて甘味と色を出す必要があったのです。

　グラタンは表面にチーズやパン粉をふって焼き色をつける料理で、このスープも gratiner [グラティネ] という調理法を用います。美しい焼き色をつける秘訣は、ぬるいスープを器に入れて、ふんだんにチーズをのせること。スープが熱々だとすぐに沸騰して、美味しそうな焼き色の膜を破ってしまいます。

### Plô Roucarels "Chardonnay Chenin" Haute Vallée de l'Aude
プロ・ルーカレル "シャルドネ・シュナン" オート・ヴァレ・ド・ロード

産地：ラングドック／品種：シャルドネ、シュナン／白
塩気が強いロックフォールに合うのは甘口ワインです。極甘口もいけますが、まず1本目はほどよい甘さで軽くフルーティーな白。オート・ヴァレ・ド・ロード産でドライなシャルドネ種と甘味のあるシュナン種のブレンディング。口の中に蜜の香りがします。造り手はプロ・ルーカレル氏。ブドウは二つとももともと南仏の品種ではありません。このブレンディングをはじめ、さまざまな試みができるのは、寛容な制度をもつラングドックだからこそ。

### Domaine Cazes Muscat de Rivesaltes
ドメーヌ・カズ・ミュスカ・ド・リヴザルト

産地：ルシヨン／品種：ミュスカ・ダレクサンドリ、ミュスカ・ア・プティ・グラン／甘口
もう1本はマスカットのワイン。数々の受賞歴を誇るドメーヌ・カズが手がける天然甘口。マスカットはそのまま食べられるブドウの品種ですが、ワインにすると自然でやさしい蜜の甘さが生まれます。白い花を思わせる爽やかな香りが心地よく、ソーテルヌやボルドーの甘口ワインよりすっきりしています。ロックフォールの塩気とともに味わうと最高です。

# *Gratinée à l'oignon au roquefort*

**材料** 6人分（容量350mlの器6個分）

玉ねぎ oignons — 2kg（6個）

鴨脂 graisse de canard — 100g

フォン・ド・ヴォライユ fond de volaille — 2.2ℓ
※または水

塩 sel — 4g

白コショウ poivre blanc du moulin — 適量

赤ワイン*1 vin rouge — 30〜60mℓ

ロックフォール roquefort — 120g

クルトン（p.85）croûtons — 12枚

グリュイエール gruyère — 120g

**1** 玉ねぎは縦半分に切り、繊維を断つように1cm幅に切る。長いものは半分に切る。

▲ 玉ねぎを短く切るのは食べやすさのため。少し厚めで、スプーンにのる長さが最適。

**2** 鍋に鴨脂を入れて火にかけ、溶けたら玉ねぎを加える。木べらで混ぜながら、時間をかけて炒める。

▲ 鍋は底の広い浅型を使うと炒めやすく、混ぜやすい。

## BANYULS
［バニュルス］

*1＝オクシタニー地方、スペインとの国境に面したバニュルス＝シュル＝メールの天然甘口ワイン。ピレネー山脈の東側に位置し、地中海に臨むバニュルスは典型的な地中海気候で、年間300日以上の日照があり、糖度が高く良質なブドウが栽培される。またトラモンタンと呼ばれる強風が吹くため病害のリスクが少ないなど、ブドウの栽培に適した条件が揃う。発酵中にアルコールを添加する酒精強化ワインで、同じ製法にポルトガルのポートやマデイラ、イタリアのマルサラなどがある。

**3** 35分経過。鍋の側面に焼き色がついたら木べらでこそげ取り、玉ねぎに焼き色を移しながら炒める。
玉ねぎは急いで炒めると苦味が出るので、ゆっくり炒めて甘味を出しつつ色づける。

**4** 1時間経過したところ。

**5** さらに10分ほど炒める。色づいてくると鍋底にもつきやすくなるので、焦げないように混ぜながら炒める。

**6** フォン・ド・ヴォライユを加える。または水でもよい。

**7** 塩、コショウを加える。あとでロックフォールを加えるので、塩加減は薄めにとどめる。

**8** 一度沸騰させてから弱火にし、30分ほど煮る。アクが出てきたら取る。
ここで煮込むことで、玉ねぎとフォンの味が馴染んで美味しくなる。

**9** 水分が飛んで少しとろみがついてきたら、器に注ぐ。1個約300㎖。

**10** 赤ワインを1個につき5〜10㎖加える。
赤ワインは甘口がロックフォールに合う。風味と甘味を加える。ポートで代用してもよい。

**11** {gratiner} 薄く切ったロックフォールをクルトン1枚につき10g重ねる。それを2枚浮かべ、グリュイエールをのせる。180℃のオーヴンで20〜25分、焼き色がつくまで焼く。

*Occitanie* | 21

Occitanie

# Crapaudine de caille grillée à la lauragaise

[ロラゲ風ウズラのグリエ]

料理名はその形に由来しています。フランス語でカエルのことをクラポー[crapaud]といいますが、ウズラを中心から開いた様子がカエルの形に似ていることからCrapaudine de cailleの名前がつきました。食用として日本で知られているカエルは、小さなグルヌイユ[grenouille]だと思いますが、クラポーはもっと大きなカエルです。

これは狩人の料理。銃で仕留めたウズラを屋外でグリエします。パン粉をまぶして焼いたらマスタードをかけるのが王道の食べ方。ロラゲ地方は麦も名産で、ウズラはたわわに実った麦を食べて育ちます。ベストシーズンは9〜10月で、野生のウズラがたくさん獲れます。キッチンで調理することもありますが、撃ったウズラを外でバーベキューにするのが楽しい。

ウズラは火を通しすぎるとぱさつくので、焼きすぎには注意。少しロゼに仕上げるのが美味しいです。カエルを思わせる形に平らに開くのは、火の通りを均一にして焼きすぎを防ぐ先人たちの知恵かもしれません。

### Gérard Bertrand "Aigle Royal" Pinot Noir Haute Vallée de l'Aude
ジェラール・ベルトラン "エーグル・ロワイヤル" ピノ・ノワール・オート・ヴァレ・ド・ロード

産地：ラングドック／
品種：ピノ・ノワール／赤

鳥にはさっぱりとしたフレッシュなもの。白が合うのは言わずもがなですが、あえて赤のピノ・ノワールで異なる地方の名門2本を選びました。1本目はラングドック。重めなイメージがあるかもしれませんが、柔らかく、フルーティーでスパイシーな口当たりが魅力的なワインです。オート・ヴァレ・ド・ロードという海洋性生物の化石が見られる粘土質石灰の土壌で造っているピノ・ノワールは、南仏らしいスパイシーさ、小さなベリー、ローストした香りを楽しめます。

### Domaine de la Vougeraie Pinot noir "Terres de Famille" Bourgogne
ドメーヌ・ド・ラ・ヴジュレ・ピノ・ノワール "テール・ド・ファミーユ" ブルゴーニュ

産地：ブルゴーニュ／
品種：ピノ・ノワール／赤

ドメーヌ・ドゥ・ラ・ヴジュレが手がけるブルゴーニュのピノ・ノワール。凝縮した黒や赤の果実感、スミレの花の香りやフレッシュさがウズラと好相性。豊富なミネラル分は成熟した甘味のある果実の甘みに溶け込んで、飲み応えがありながら上品なバランスを保ちます。同じブドウの品種でも、土地が変わることで生まれる違いの面白みを楽しめます。

# Crapaudine de caille grillée à la lauragaise

**材料** 4人分

ウズラ caille — 800g（1羽200g）
塩 sel — 6g
白コショウ poivre blanc du moulin — 適量
鴨脂 graisse de canard — 適量
タイム thym — 1枝
レモン果汁 jus de citron — 10mℓ
ディジョンマスタード moutarde de Dijon — 65g

風味パン粉 chapelure aromatisée：
※でき上がり135g。100g使用
パン粉 chapelure — 80g
松の実 pignon de pin — 20g
※ローストしてみじん切りにする
タイム（葉を摘む）thym — 3枝
パセリ（みじん切り）persil haché — 15g
鴨脂 graisse de canard — 15g
にんにく（みじん切り）ail haché — 5g

ガルニチュール garniture：
《皮つき玉ねぎのオーヴン焼き Oignons rôtis sous la cendre》
玉ねぎ oignons — 2個
A｜赤ワイン酢 vinaigre de vin rouge — 10mℓ
　｜鴨脂 graisse de canard — 10g
　｜パセリ（みじん切り）persil haché — 10g
　｜塩 sel — 1.5g
　｜白コショウ poivre blanc du moulin — 適量
タイム thym — 適量

**1** ウズラは首を切り落とし、背側から背骨に沿って包丁を入れ、背骨を切り離す。

**2** {aplatir} 内臓を取る。皮を下にして開き、肉叩きで叩いて厚みを均一にする。
♪ 厚みを均一にすることで、まんべんなく火が通るようにする。また、グリエの焼き目（模様）をつける。

**3** 両面に塩、白コショウをする。

**4** バットに鴨脂を塗り、タイムの葉を摘んで散らす。

**5** ウズラを皮を下にして並べ、身に鴨脂を塗り、レモン果汁をふる。冷蔵庫に一晩おく。

24 | Occitanie

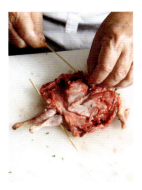

**6** 竹串を刺す。平らになるように整えながら、足のつけ根と首側に2本刺す。

**7** 風味パン粉の材料をすべて混ぜ合わせる。

**8** 暖炉の熾火でグリエを充分に熱し、ウズラを皮を下にしてのせ、皮目を焼く。
🔥 フライパンやプラックで焼いてもよい。その際も充分に熱してからウズラをのせる。また、調理道具が変わると料理名も変わる。

**9** 最初はグリエの熱々の場所で焼き、火加減の弱い端に移す。焼き色がついたら裏返す。
🔥 中はほんのりロゼに仕上げるのが理想。手で押してみて、少し弾力があるくらいがよい。

**10** 皮目にマスタードを塗り、身側も焼き色がつくまで焼く。
🔥 ディジョンマスタードは辛くないのでたっぷり塗る。

**11** 身側に焼き色がついたら裏返し、マスタードを塗る。再び裏返して皮を上にし、マスタードを塗り、7をのせ、2〜3分焼く。

**12** ガルニチュールを作る。玉ねぎは皮つきのまま180℃のオーヴンで1時間以上焼いておく。皮を取るが、根のほうを持ってしごき出すようにすると皮だけ残る。

**13** 一口大に切り、Aを加えて混ぜる。皿にウズラを並べ、ガルニチュールを添え、タイムを飾る。

*Occitanie* | 25

# *Cargolade audoise*
## ［オード風エスカルゴのカルゴラード］

　カルゴラードはエスカルゴ料理のことで、オクシタニー全域で親しまれている料理ですが、地域ごとのルセットがあります。オード風はソースの中に入れて煮込むスタイル。カタラン風のカルゴラードは、エスカルゴをグリエします。オード風は粗塩とワイン酢で汚れを落としてからブランシールをしますが、カタラン風はそれらの下処理をしません。ブドウの樹に火をつけて、網の上に生のエスカルゴを置いて、グリエすることでぬめりの泡を出します。そうして焼いたら殻から身を出して、アイヨリとクルトンでいただきます。

　オードはかつてのラングドック地方にある県で、県庁所在地はカルカソンヌ。名前はオード川にちなみ、北から西にはカシやブナの森林に覆われるモンターニュ・ノワールを擁するなど、エスカルゴが生息する山にも恵まれた地域です。エスカルゴといえばブルゴーニュが有名ですが、私の故郷オクシタニーも名産地です。

　特筆すべきは肉のミンチのソースです。エスカルゴはやや苦味があるのですが、少しスパイシーでしっかりした味つけのソースを合わせることで絶品に。とっても美味しいソースですから、エスカルゴ以外にも活用できます。日本で殻つきのエスカルゴを手に入れるのは難しいので、「海のエスカルゴ」として、あさりやムール貝と合わせるのも一つのアイディア。エスカルゴは煮込むほど柔らかくなるのですが、貝は長く煮ると硬くなってしまうので、さっと火を入れたらソースと合わせるようにするといいでしょう。

　フランスでは音を立てずに食事をするのが正しい作法で、「すする」ことはマナー違反なのですが、カルゴラードばかりは別。まずは殻の中の美味しいソースを「すすって」楽しみます。それからピックで身を引き出して、そのまま口へ。昔はピックなどありませんでしたから、アカシアのとげを使っていました。とげは10cmほどの長さがあり、先が尖って硬いので具合が良いのです。肝を食べるか食べないかはフランス人でも好みの分かれるところですが、ソースは殻の中も皿の上も残さず平らげます。兄のミッシェルはカルゴラードが大好物で、彼曰く「400個は食べられる」そうです。

### Château la Baronne "Alaric" Corbières
シャトー・ラ・バロンヌ "アラリック" コルビエール

産地：ラングドック／品種：シラー、カリニャン、グルナッシュ、ムールヴェードル／赤

　アラリックは山の名前で、たくさんのエスカルゴが生息する場所。野生のタイムが群生していて、その芳香はエスカルゴにも染みついています。採集したあとはジュネ［jeûner］といって、3週間かけてタイムや小麦粉を食べさせて胃の掃除をします。胃の中にもタイムを入れるわけですから、エスカルゴはさらに香ります。

　シャトー・ラ・バロンはアラリックの麓に位置し、コルビエールを代表する家族経営のドメーヌです。良い土地作りに一役買うのがアラリック。ワイナリーを囲むようにそびえる山が冷たい風の壁となり、温暖な環境を作ります。ここには古いブドウの樹もあって、とても美味しいワインができます。私の伯父は美容師だったのですが、ある時このワイナリーを訪ねると、オーナーが伯父の顧客だったことが判明。現在はご子息たちが跡を継いでいますが、少年時代の彼らの髪を伯父が切っていたそうで、我が家との不思議な縁を感じました。

　この料理の美味しさはソースにあります。肉のミンチの少しスパイシーで強い味つけには、コルビエールの赤ワインがベストマッチング。太鼓判を押します！

## Cargolade audoise

**材料** 6〜10人分

エスカルゴ escargots — 300個
【下処理用】粗塩 gros sel — 適量
【下処理用】赤ワイン酢 vinaigre de vin rouge — 750㎖

クールブイヨン court-bouillon：
水 eau — 10ℓ
タイム thym — 6枝
ローリエ laurier — 4枚
粗塩 gros sel — 15g

ソース・オドワーズ sauce audoise：
ソーセージ用ファルス (p.202) chair à saucisse — 2.5kg
生ハム jambon cru — 400g
玉ねぎ oignons — 900g（小13個）
にんにく têtes d'ail — 120g（2株）
鴨脂 graisse de canard — 150g
トマトピュレ purée de tomate — 250g
白ワイン vin blanc — 1ℓ
フォン・ド・ヴォライユ fond de volaille — 1ℓ
ブーケ・ガルニ bouquet garni — 1束
※タイム10枝とローリエ2枚をたこ糸で縛る
黒コショウ poivre noir du moulin — 適量
粗塩 gros sel — 4g
コーンスターチ fécule de maïs — 10g
ブランデー〈コニャック〉eau de vie — 20g
ピマン・デスペレット piment d'Espelette — 2g

使用したエスカルゴはペルピニャン産。100個単位で網の袋にタイムも一緒に入っている。

**1** ボウルにエスカルゴを入れ、たっぷりの粗塩、赤ワイン酢約150㎖をかける。
**↙** 塩と酢でエスカルゴの汚れを出し、きれいにする。

**2** 両手で底からすくうように大きく混ぜる。徐々に薄茶色のぬめりの泡が出てくるが、5〜6分混ぜ続ける。

**3** 冷たい流水で洗い、ざるに上げて水気をきる。同様に粗塩と赤ワイン酢をかけ、5分混ぜて流水で洗うことを、全部で5回繰り返す

**4** 3〜4回目になると、ぬめりの泡が白っぽくなってくる。最後も流水で洗い、ざるに上げて水気をきる。

**5** 鍋にクールブイヨンの材料をすべて入れ、火にかける。
塩加減は少ししょっぱいくらいがよい。

**6** {blanchir} 沸騰したらエスカルゴを加え、再び沸騰したら弱火にし、30分ゆでる。

**7** ソース・オドワーズを作る。生ハムは5mm角に切る。玉ねぎはミキサーでペースト状にし、にんにくは細かいみじん切りにする。

**8** 鍋に鴨脂を熱し、生ハムを加えて炒める。色が変わったら、にんにくを加えて炒める。

**9** にんにくの香りが出たら、ソーセージ用ファルスを加えて炒める。

**10** ソーセージ用ファルスの色が変わってきたら、玉ねぎを加える。ほぐしながら10分ほど炒める。
水分を飛ばしながら炒め、玉ねぎが色づくようにする。

**11** ソーセージ用ファルスに火が入ってほぐれたら、トマトピュレ、白ワイン、フォン・ド・ヴォライユを順に加える。

**12** ブーケ・ガルニ、黒コショウ、粗塩を加えて混ぜる。
ひき肉と生ハムに塩気があるので、塩は調整する。

**13** エスカルゴは30分ゆでたら、ざるに上げて水気をきる。

**14** ソース・オドワーズにエスカルゴを加え、混ぜる。

**15** 焦げつかないように木べらで混ぜながら、1時間ほど煮る。ソース・オドワーズが殻の中に入って味が馴染み、色も深くなる。

**16** {lier} コーンスターチとブランデーを混ぜたものを加え、とろみをつける。ピマン・デスペレットを加え、混ぜる。

*Occitanie* | 29

> フランスの
> 食風景
>
> *Scène de la cuisine française*

# エスカルゴ

[escargots]

フランスでは20種類ほどのエスカルゴが生息していますが、グロ・グリ[gros gris]、プティ・グリ[petit gris]、エスカルゴ・ド・ブルゴーニュ[Escargot de Bourgogne]などが食用として代表的です。

エスカルゴは雨が降ったあとに出没します。ですから一番獲れるのは、春から夏にかけての雨の多い季節。どうして雨のあとに現れるのかというと、地面が乾いていると歩けないから。エスカルゴは滑るように、葉っぱの上などをのそのそと歩きます。それともう一つ、雨に打たれて起きるのです。私のシャトーの地下室でもエスカルゴを育てることがありますが、放っておくとずっと寝ているので、ときどき水をかけて目覚めさせては、おなかをすかせて死なないように餌を与えます。赤いかごのエスカルゴは2～3カ月前に山で獲ってきたものですが、雨が降った翌日などはシャトーの庭でもたくさんのエスカルゴを見つけます。

餌にも役割があります。美味しくエスカルゴをいただこうと思ったら、採取して2～3週間が食べ頃です。あまりおきすぎても痩せてしまって美味しくありません。2～3週間かけて、ジュネ[jeûner]をします。ジュネは断食のような意味合いもありますが、つまりはエスカルゴの胃の掃除をすること。餌として小麦粉を食べさせて、出させる。これを繰り返すと、胃の中の不純物がなくなります。もともとエスカルゴは山の中で葉っぱ、とくにタイムを好んで、自然の植物だけを食べているので香しいのですが。ある時、妻の美代子がふと思いついて、日本から持ってきたお米を孫たちと地下で飼っていたエスカルゴに食べさせてみました。観察しているとお米が減っていったそうで、カルカソンヌのエスカルゴはお米も食べることがわかりました。

Occitanie | 31

# *Azinat de l'Ariège aux mange-tout et sa rouzole*

[アジナートとルゾール]

豚や鴨を屠殺する季節、冬の料理として受け継がれる田舎料理です。昔のフランスの家庭では豚を飼うのが一般的でした。オック語には昔から引用される "Le que n'a pos un porc, un oustal ā un ort, tan bal que si ô mort！" という辛辣な言葉があります。これは「家と庭と豚がないなら死んだほうがいい」という意味。田舎では食糧となる豚がいなければ生きていけませんでしたし、貧しくても一家に1頭の豚を飼うことぐらいはできたのです。そして庭ではやはり自分たちが食べるために野菜を育てていました。

　ルゾールはいわゆるハンバーグで、これは豚のミンチで作ります。1人分ずつ小さく作ってもいいですが、だいたいは大きく作って切り分けます。形は球状ではなく、平らにするのが伝統。ぺたんこのハンバーグです。朝、材料を仕込んだ鍋を暖炉にかけて、仕事に出かけます。主が留守の間も暖炉は薪火を絶やすことなく静かにアジナートとルゾールを煮込みます。仕事を終えて帰宅すると、ほかほかの料理ができ上がっているという段取りです。

　各家庭によって肉や野菜の種類はさまざま。ただし野菜にはルールがあって、いんげんかキャベツのいずれかを使い、他の野菜は共通、というもの。ルゾールはしっかり焼き色をつけてからスープに入れて、味を出します。スープの肉は、豚、鴨、雉などを入れることがあります。

　フランスでは自分の皿に取り分けた料理は残さずに食べるのが礼儀。いんげんの "mange-tout" には、「残さず食べなさい」という意味もあって、フランスの子供たちは "mange tout" と言われて育ちます。

### Segondine "Sacré Coeur" Madiran
セゴンディーヌ "サクレ・クール" マディラン

産地：シュッド・ウエスト／
品種：タナ、カベルネ・フラン／赤
マディランは歴史あるワイン産地で、バスク・ピレネー地方のアドゥール川流域の中ほどに位置する地域。ピレネー山脈麓の寒暖のある気候が香り高いワインを生み出し、マディランといえばこの地域の赤ワインを指します。造り手はローランス・ブリュモン氏。マディランの伝統品種タナを復興させた南西フランス最高の生産者として知られるアラン・ブリュモン氏の夫人です。ブドウ畑はシャトー・モンテュスの目の前にあり、タンニンが豊富で力強い味わいをもつラングドックワインにおいて、エレガンスを秘めているのが魅力。濃度が長く、喉に心地よい1本です。

### Château de Pennautier "L'Esprit de Pennautier" Cabardès
シャトー・ド・ペノティエ
"レスプリ・ド・ペノティエ" カバルデス

産地：ラングドック／品種：メルロー、シラー、カベルネ・ソーヴィニヨン、グルナッシュ／赤
ブドウ畑は標高230から360mの日当たりが良く石の多い丘の中腹にあり、南にピレネー山脈、北にマッシフセントラルを望む素晴らしい立地です。土壌は粘土石灰質で地中海性気候と大陸性気候の双方の恩恵を受けるため、多品種のブドウが育ち、造られるのはバラエティに富んだスタイルのワイン。その多様性が、肉あり野菜ありのこの料理に似合います。

# Azinat de l'Ariège aux mange-tout et sa rouzole

**材料** 6人分

アジナート Azinat：

白いんげん豆〈タルブ〉haricots tarbais — 250g

ヴァントレッシュ ventrèche — 100g

ポワロー poireaux — 370g

ジャガイモ pommes de terre — 700g

にんじん carottes — 350g（細6本）

セロリ céleris — 170g

にんにく tête d'ail — 1株

豚すね肉 jarrets de porc — 大小2個
※フォン・ド・カスレをとった残り(p.138)

豚足 pieds de porc — 2本
※フォン・ド・カスレをとった残り(p.138)

鴨脂 graisse de canard — 75g

フォン・ド・ヴォライユ fond de volaille — 2ℓ

モロッコいんげん pois mange-tout — 1.2kg

豚の皮のソーセージ saucisses de couenne — 4本

レバーソーセージ saucisse de foie — 1本

鴨手羽元のコンフィ manchons de canard — 6個
※または鴨もも肉のコンフィ

塩 sel — 15g

粗挽き黒コショウ poivre noir moulu — 適量

ルゾール rouzole：

すね肉の生ハム jarret de jambon sec — 120g

パン・ド・カンパーニュ pain de campagne — 120g

牛乳 lait — 220g

ソーセージ用ファルス (p.202) chair à saucisse — 340g

全卵 œufs — 3個

にんにく（みじん切り）ail haché — 15g

イタリアンパセリ（みじん切り）persil plat haché — 10g

塩 sel — 6g

黒コショウ poivre noir du moulin — 適量

鴨脂 graisse de canard — 少量

白いんげん豆はカスレで使用するのと同じ、オクシタニー地方の都市タルブ[Tarbes]周辺で栽培されるタルブ種。豚すね肉、豚足はフォン・ド・カスレをとった残りを使用する。

**1** 白いんげん豆はたっぷりの水に浸し、一晩おく。2倍ほどの大きさになる。

**2** {blanchir, écumer} 水気をきって鍋に戻し、たっぷりの水を入れて火にかける。アクを取り、沸騰してから5分ゆで、水気をきる。

**3** ヴァントレッシュは5mm角に切る。ポワロー、ジャガイモは縦半分に切り、1.5cm幅に切る。にんじんは1.5cm幅の輪切り、セロリは筋を取って1.5cm幅に切る。にんにく1株は横半分に切り、潰す。

**4** 豚すね肉、豚足は骨を取り除き、一口大に切る。

**5** ルゾールを作る。すね肉の生ハムは5mm角に切る。

**6** パン・ド・カンパーニュを小さくちぎってボウルに入れ、牛乳を加え、もみ込む。

**7** すね肉の生ハム、ソーセージ用ファルス、全卵、にんにく、イタリアンパセリ、塩、黒コショウを加え、練り混ぜる。

**8** 少し粘りが出るまでよく混ぜる。アジナートができるまで冷蔵庫で休ませる。

❢ 粘りが出るのは材料がつながった証拠。肉汁を逃さず、形崩れしないルゾールを目指す。

**9** アジナートを作る。鍋に鴨脂を熱し、ヴァントレッシュを炒める。脂が出てきたら潰したにんにくを加え、炒める。

**10** ポワロー、ジャガイモ、にんじん、セロリを一度に加え、炒める。

**11** ポワローが少ししんなりしたら、フォン・ド・ヴォライユ、豚すね肉、豚足を加え、7〜8分煮る。

**12** 白いんげん豆を加えて混ぜ、ひと混ぜする。

**13** 豚の皮のソーセージ、レバーソーセージ、鴨手羽元のコンフィ、塩、黒コショウを加え、沸騰するまで煮る。

❢ 黒コショウはたっぷり加える。白いんげん豆はコショウ強めが美味しい。

**14** {écumer} 沸騰したらアクを取る。弱火にし、蓋をして1時間ほど煮る。

**15** モロッコいんげんは3cm長さの斜め切りにし、塩ゆでして水気をきる。ソースを30分煮たら、モロッコいんげんを加え、さらに30分煮る。

**16** ルゾールを焼く。ファルスを2等分し、空気を抜きながら2cm厚さの楕円形に整える。

**17** フライパンに鴨脂を熱し、ルゾールを焼く。焼き色がついたら裏返し、裏面も焼く。もう1個も同様に焼く。

❢ 美味しそうな焼き色をつけ、ミディアムウェルダンに焼く。

**18** アジナートの鍋に入れ、40分煮込む。

❢ 切り分けて食べるので、形が崩れないように煮る。沈めなくてよい。

*Occitanie* | 35

# Faire chabrot
[ "シャブロする" ]

"シャブロする" とは、残ったスープにワインを入れて飲むこと。シャブロでも通じるのですが、料理名には「する、行う」を意味する動詞 "Faire" をつけるのがしっくりときます。この時はアジナートとルゾールのスープで "シャブロする" していますが、他の料理のスープで行ってもかまいません。ただし、スープは肉などのタンパク質を含んだ料理のものであること、ワインは赤ワインであることがならわしです。スープは熱々に温めておいて、グラスやボトルに残ったワインを注ぎます。スプーンは使わずに、皿を手で持って飲むのも "シャブロする" 流儀。これを「Boire comme une chèvre」、つまり山羊のような飲み方だと言います。

材料を残さないように、ワインもスープも大事にしましょうという、昔人の志から生まれた風習なのですが、今では知る人も行う人も少なくなってしまい、高齢の人が "シャブロする" だけです。寒い季節、私の父は仕事で疲れて冷えた体をこの "シャブロする" で暖めていました。この一皿は、1日中働いた体をやさしく癒します。

36 | *Occitanie*

Occitanie | 37

# château Villecarla

château Villecarla が建造されたのは1868年。ロシアに住んでいたフランス人が帰国後に建てたもので、シャトーの中にはロシア正教のチャペルがあったり、広間の床にはサンクトペテルブルク伝統のデザインが施されるなどロシアの影響が見られます。外壁のレンガはトゥールーズ産。ミディ運河で運ばれてきました。土台にはシテ・ド・カルカソンヌと同じ石、玄関の柱や床にはベルサイユ宮殿と同じ大理石が使われています。各部屋の暖炉はすべて違う大理石のマントルピースで飾られ、多くの大理石はコーヌ・ミネルヴォワ産の名品。贅を尽くした歴史的な建築物です。

§

そして1985年、私がこのシャトーを購入。日本の若き料理人にフランス料理を伝えることも目的の一つでした。15人ほどの学生を招いて宿泊先として提供し、キッチンでは調理の訓練を実施。言わば料理学校のようなもので、これを5年ほど続けました。現在は日本からの来客をもてなしたり、ワインを貯蔵したり、フランスでの住まいとしています。私が日本にいる間は兄のミッシェルが住み、シャトーや庭の管理をしてくれています。

§

シャトーのすぐ横にはミディ運河が流れ、春から秋にかけては観光客を乗せたクルーズ船が通ります。ミディ運河は1672年に徴税吏ピエール＝ポール・リケによって発案された、大西洋と地中海を結ぶ船舶用の水路です。以前はジブラルタル海峡を周り、またスペインに通行税を払っての輸送でしたから、ミディ運河の建設によって運河沿いの地域の流通は飛躍し、産業に大きな功績をもたらします。さらに画期的なのは水位を調整できること。標高差のある地形に運河を通す際、水位の高低差を吸収して船を航行させるための仕組みとして、閘門を設けました。そして1996年、ミディ運河は世界遺産に登録されました。

外壁のレンガをトゥールーズから運んできた頃。当時の船には動力がありませんでしたから、運河の両側には道がつけられ、その道を馬が歩いて運河に浮かぶ船を両側から引くという方法でした。せめて強い日差しを遮るようにと、運河沿いの道にはスズカケノキや糸杉が植えられました。今では並木は美しく季節を彩り、人々は水辺に憩い、散歩道として楽しんでいます。

カルカソンヌを巡る

*Carcassonne et ses alentours*

# オリーヴ
[olive]

　フランスは調理にオリーヴ油を使う地域と、バターを使う地域に分かれます。それは地域の気候や地形、地質に基づいた結果。オリーヴが生息する地域ではオリーヴ油を用い、育たない地域ではバターを使う。自然の摂理です。オリーヴ油を調理に使う地域はというと、私の故郷カルカソンヌを含む南フランスです。

　古代ローマ時代の地理学者ストラボンによると、南仏プロヴァンスのオリーヴはフォカイア人が持参金代わりにブドウの苗木とともにマッサリア（現在のマルセイユ）に持ってきたもの。フォカイアはアナトリア（小アジア）の古代都市。マッサリアは紀元前600年頃にフォカイア人によって建設されています。

　フランスの作家ジョルジュ・デュアメルは次のように洞察しています。

　「オリーヴが見られなくなったところで地中海は終わる」

とりわけプロヴァンスとラングドックの地中海沿岸は顕著で、道を走ればオリーヴの畑がそこここに現れます。カルカソンヌからも近いビーズ=ミネルヴォワは小さな村ですが、オリーヴの名産地で一帯に果樹園が広がります。オリーヴ園もあり、施設ではオリーヴ製品の販売の他、製造を見学することもできます。

　古いオリーヴ油の作り方は、円錐形の石臼にオリーヴを入れて足で潰す方法。それが杵を使って手で果実を潰すようになり、大型の挽き臼を桶の中で回転させて潰すようになります。桶の上から果実を入れるとペースト状になって出てくる仕組みです。この臼を動かすのは使用人やロバなど。北アフリカで発掘されたフレスコ画に、ローマの農場で使われていたこの臼の形状が描かれています。そしてこの臼は、プロヴァンスでも近年まで使われていました。

## 《南フランスのオリーヴの主な品種の分布》

## 《オリーヴの主な品種》

**リュック [Lucques]** ：オイル・食用
ラングドック・ルシヨン地方の品種。三日月型をしているのが特徴で、しゃきっとした歯応えでジューシー。「緑のダイヤモンド」と呼ばれている。

**ピチョリーヌ [Picholine]** ：オイル・食用
17世紀、イタリア人のPicholini兄弟がサン＝シャマ [Saint-Chamas] に移り住み、オリーヴが緑鮮やかに育つ栽培方法を普及させた。オイルはグリーンのフレッシュさを感じる。

**オリヴィエル [Olivière]** ：オイル用
ルシヨン地方で最も栽培されている品種。寒さに強く、1本の枝にたくさんの実をつける。フルーティーでトマトの風味。

**アグランド [Aglandau]** ：オイル用
形がドングリに似ていることからこの名前に。フランスのオリーヴ油生産量の約20％がこの品種。フルーティーでなめらか。

**ブテイヨン [Bouteillan]** ：オイル用
プロヴァンスのオプス [Aups] の品種。干草や熟した洋梨の芳香。

### ❀ Conseil

本書で使用したオリーヴ油はこの2種類。白いボトルは〈アレクシス・ムニョス・フルーティーグリーンEXヴァージンオリーヴオイル〉。スペインのアンダルシア州コルドバに根づいた品種、アルボサーナ100％。まだ青いオリーヴの実から絞ったオイルは、青いトマトのような風味。きりりとした軽やかさを感じられます。右の黒いボトルは〈アレクシス・ムニョス・フルーティーブラックヴァージンオリーヴオイル〉。カスティーリャ・ラ・マンチャ州の首都、トレドの自生種コルニカブラ種100％。12月末に収穫したオリーヴの実を発酵槽で熟成させ、毎日発酵具合を管理し、ベストな状態で搾油。ブラックオリーヴの砂糖漬けを思わせる上品な味わいです。

Occitanie | 41

## パッションの美学
*Vision d'André Pachon*

# 塩
## [sel]

### 塩の種類

人々が食物を作り、保存するために用いるようになったのが塩。塩の歴史は文明とともにあります。塩は最も基本的な調味料で、フランスにはいくつかの種類があります。

● **fleur de sel [フルール・ド・セル]：**
海水の水分を風で乾燥させると、表面に大きく結晶ができます。その結晶を lousse（ルース）というT字形の木製の道具で集めて、天日に干します。ゲランド、レ島、ノワールムティエ島、カマルグ産のものが有名です。
❖ 高級な塩であり、料理を仕上げる時にアクセントとして使用します。

● **gros sel [粗塩]：**
フルール・ド・セルを採ったあとの海水から収穫します。塩田に残った上澄みを las（ラス）という木製の熊手のような道具で押し出し、底に溜まった部分（塩を含む部分）で山を作り、天日で乾かします。できたそのものの灰色がかった gros sel gris と、精製して細かな粒状にした gros sel blanc があります。
❖ 肉や魚の下味、スモーク、フォンやクール・ブイヨン、野菜を煮る場合に使用します。

● **sel fin [セル・ファン]：**
細粒塩。精製塩を細かい粒状にしたもの。海水を低温でゆっくり煮て、粒状になったものを乾燥させます。

## goûtez！goûtez！

どのタイミングで、どれくらいの塩を使うのか。家庭料理においてはお母さんのさじ加減に委ねられ、料理人にいたっては経験で培うものです。塩の分量は、塩の甘味によっても異なりますし、使う食材の塩気でも左右されます。仮に分量が明らかだったとして、最終的に合っていればいい、というのが私の考えです。けれども本書では、可能な範囲で正確な分量とタイミングを記しました。フランスの郷土料理の味、アンドレ・パッションの味を知ってもらいたいからです。具体的なテクニックとしては、塩とコショウは調理する直前にすること。30分〜1時間前に塩をするのは感心しません。そして最も重要なのは、どんな環境でも条件でも「自分の舌を信じて味を確認すること！」です。

> パッションの美学
> *Vision d'André Pachon*

# コショウはスパイスの王様
## [Le poivre roi des épices]

ヨーロッパにコショウがもたらされたのは1498年、ポルトガルの航海者ヴァスコ・ダ・ガマによって。スパイスで船倉を満杯にしてインドから母国の港へ帰港しました。現在では多くの国で栽培されていますが、主な産地はインド、マレーシア、インドネシア、ブラジル、ヴェトナムなどで、産地によって若干風味が異なります。コショウ科のつる性植物の果実で房状に実ります。右記はフランスのコショウの種類と作り方と用途です。

● **poivre noir [黒コショウ]**：
完熟直前に収穫し、発酵させて乾燥。
❖ 世界一と称される〈Sarawak〉は魚、白い肉や果物のポワレに、〈Malabar〉はグリルした肉に使用。

● **poivre rouge [ピンクペッパー]**：
完熟した緑または赤い実を乾燥させる。
❖ 〈Kampot〉は鴨のマグレ（胸肉）に合わせる。

● **poivre blanc [白コショウ]**：
完熟した黒または赤い実を乾燥せて皮を取る。
❖ 〈Penja〉は鶏肉や豚肉に。

● **poivre vert [グリーンペッパー]**：
未熟な実を乾燥させる。または塩漬け、酢漬け、水煮、冷凍保存する。
❖ 鴨のソース、ステーキのソース。

〈私がよく使うコショウとその仲間〉
poivre de Sichuan [四川唐辛子（花椒）]：鴨の甘辛いソースに。
baies roses：魚のカルパッチョや魚料理に。
piment de Jamaïque [百味コショウ（オールスパイス）]：フォアグラのテリーヌや野菜のテリーヌに。
poivre de Lampong：ジビエ料理に。

❖ *Conseil*

黒コショウを粉末に挽いたものを poivre gris [グレーペッパー] といって、poivre noir en poudre と同じ意味。粉末の黒コショウのパッケージには「poivre gris」と書かれている商品もあり、調理の現場でも使う言葉です。

# Fraîchement moulu !

コショウは挽き立てに限ります。材料に"poivre noir du moulin"と明記しているのもそのためです。さまざまな色や挽き加減がありますが、どのような状態でも調理の直前あるいは調理中に挽くことをお勧めします。また味と香りを保つため、保存は暗く乾燥した場所で。コショウは熟成するほど美味しくなります。

*Alicuit*
au riz de Marseillette

# Alicuit
## *au riz de Marseillette*

[アリキュイ]

アリキュイはオック語で手羽先［ali］と首づる［cuit］のこと。家禽の臓物の煮込みですが、首づると手羽は絶対に入れなければいけません。作り方は、鴨の臓物や首づる、手羽先、砂肝、心臓などのくず肉を鴨脂で焼いて、炒めた香味野菜などと合わせて白ワインやフォンを加えて煮込みます。本来は鴨を余すところなく使いまわす、お母さんの知恵ともいうべき料理。鷺鳥でも同じように作りますし、若鶏のもも肉や丸々1羽で作ってもとても美味しいです。フランス語で［alycuit］または［alicot］と書かれることもあります。

オクシタニー地方、またかつてのミディ＝ピレネー地方は、鴨以外にも豚や牛など家禽の臓物やくず肉を使った煮込みが豊富にあります。調理の際の油脂には家禽の脂、例えば鴨脂や豚の脂を使うのがフランス南部の内陸部に共通する特徴です。

このルセットでは仕上げにマルセイェット米を加えました。マルセイェットはカルカソンヌから東に15kmほどに位置する町。南仏の米では地中海に面した稲作地帯のカマルグ産の米が知られていますが、マルセイェット米もオクシタニーが誇る食材です。日本のもっちりした米とは異なり、食感はさらりとしています。フランスでは米はゆでて調理するのが一般的ですが、アリキュイは生のまま鍋に加えて、鴨と野菜の美味しさがたっぷりと染み出したスープを吸わせました。

### Château Argentiès "L'Alaric" blanc Languedoc
シャトー・アルジャンティエス "ララリック" ブラン・ラングドック

産地：ラングドック／品種：グルナッシュ・ブラン、ピックプール、ヴィオニエ／白
米が入っているこの料理には白が合います。ブドウ畑はカルカソンヌ郊外の中世の趣の残る小さな村、ラグラッスに広がります。バナナを思わせる香りと僅かな酸味が持ち味。白い花からフルーティーに移り変わる香りはやさしく魅惑的です。

### Château Lastours "Les Graviers" blanc Gaillac
シャトー・ラストゥール "レ・グラヴィエ" ブラン・ガイヤック

産地：シュッド・ウエスト／品種：ロアン・ド・ロィユ、ソーヴィニョン・ブラン、セミヨン、ミュスカデル、モザック／白
ガイヤック地方は隠れた名酒の里として、古い歴史と伝統を誇ります。ラストゥールの白はエレガントで透明感があって、白いフルーツの繊細な香り、パイナップルのシャーベットやユーカリの清涼感をもちます。

### 材料 6人分

鴨の首づる、手羽、内臓 cou, aileron, abats de canard ― 4羽分（1640g）

塩 sel ― 14g

黒コショウ poivre noir du moulin ― 適量

鴨脂 graisse de canard ― 160g

ヴァントレッシュ ventrèche ― 150g

プティオニオン petits oignons ― 12個

にんにく（薄切り） ail émincé ― 20g

トマトの果肉 pulpe de tomates ― 150g（2個分）

オリーヴ（黒・緑） olives noires et vertes ― 合わせて200g

にんじん carottes ― 200g（細4本）

パプリカ（赤・緑） poivron rouge et vert ― 270g（各1/2個）

シャンピニヨン champignons de Paris ― 135g

アーティチョーク・ヴィオレ*1 artichauts violets ― 150g（正味5個分）

トマトピュレ purée de tomate ― 200g

白ワイン vin blanc ― 500g

フォン・ド・ヴォライユ fond de volaille ― 320g

タイム thym ― 4〜5枝

ローリエ laurier ― 4枚

ピマン・デスペレット piment d'Espelette ― 少量

マルセイェット米*2 riz de Marseillette ― 200g

*1＝アーティチョークは若いつぼみを食用とする花菜類。和名：チョウセンアザミ。フランスでは、ブルターニュで多く栽培されるマコー［artichaut de Macau］と、この南仏原産のヴィオレ・ド・プロヴァンス［artichaut viole,violet de Provence］の2種類が主流。

### ✤ Conseil

好きな品種はピチョリーヌ。実が引き締まっていてカリカリした歯応えの良い、種入りのグリーンオリーヴです。煮込んでも形が残るので料理に使うのはもちろん、フレッシュでほんのり苦味のある味わいも魅力。アペリティフの時におつまみとしてそのまま食べても美味しいです。

*2＝マルセイェットは、カルカソンヌから東に15km、地中海から40kmほどに位置する町。マルセイェット干潟で知られる。干潟はアンリ14世によって耕作地とする事業が始められるも難航し、1851年に近くを流れるオード川の水を引くための灌漑用水路が完成してできた。

Occitanie | 47

**1** ヴァントレッシュは1cm角×2cm長さの棒状に切る。トマトは2cm角に切る。オリーヴはゆでて塩抜きし、水気をきる。にんじんは1cm幅の輪切り、パプリカは2cm角、シャンピニョンは半分に切る。アーティチョーク・ヴィオレは茎と萼（がく）を取り、つぼみを半分に切る。

**2** 砂肝などの内臓は食べやすい大きさに切り、首づる、手羽先と合わせ、塩、黒コショウをふる。

**3** フライパンに鴨脂80gを熱し、2を焼く。

🍴 強火で両面をカリカリになるまでよく焼く。よく焼くと鴨の味が出る。

**4** 鍋に鴨脂80gを熱し、ヴァントレッシュ、プティオニオンを順に加えて炒める。脂が出てきたら、にんにくを加えて炒める。

**5** にんにくが薄く色づいたら、にんじん、パプリカ、シャンピニョン、アーティチョーク・ヴィオレを加えて炒める。

**6** 鴨は裏返し、全面をしっかり焼く。鴨に焼き色がつくまで時間がかかる時は、野菜の鍋を火から外しておく。

**7** 鴨の表面がカリカリになるまで焼けたら、鍋に加える。

🍴 鴨の脂がたくさん出ている時は、軽く脂をきって加える。脂は焼き色をつけるために必要だが、煮込みに多くは必要ない。

**8** トマト、オリーヴを加えて混ぜ、3～4分煮る。

**9** トマトピュレを加えて軽く混ぜ、白ワインを加え、2～3分煮る。

🍴 少しずつ時間をおいて加えることで、それぞれの素材の味が入り、馴染んでいく。

**10** フォン・ド・ヴォライユ、タイム、ローリエ、ピマン・デスペレットを加え、10分ほど煮る。

🍴 このあと米を煮るためのスープが必要なので、フォンは素材が隠れるくらい加える。

**11** 弱火にし、蓋をして1時間煮る。

**12** 米を加えて軽く混ぜ、弱火で20～25分煮る。火を止め、蓋をして食べるまで蒸らす。

🍴 米に美味しいソースを吸わせる。時間は米の種類に合わせて調整する。

| Occitanie

Occitanie | 49

# Pintade aux olives de Bize-Minervois

[ホロホロ鶏のソテ、ビーズ＝ミネルヴォワ産オリーヴ添え]

ホロホロ鳥はアフリカ、サハラ砂漠以南に生息するホロホロチョウ科の鳥の総称で、中世末にポルトガル人がアフリカからヨーロッパに持ち込み、フランスにも伝わりました。英語のguinea fowl（ギニアの鳥）は、ギニア産であることを裏づけます。風味は雉に似て鳥のなかでは強め、脂肪分が少なくて野性味があります。

　もともとフランスの鳥ではないので、つまり飼い慣らした家禽なので名産地というものはなく、飼育地はフランス全土に広がります。また、フランスはホロホロ鳥の飼育が世界一盛ん。一般家庭でも食べますし、レストランでも使われ、土地の数だけルセットがあります。1羽そのままでもいいですし、おろしてもいい。雉を使う料理はすべてホロホロ鳥にも置き換えられ、鶏料理にも当てはまります。脂身が少ないホロホロ鳥は、煮込みすぎるとぱさついてしまうのが難点。美味しい食べ方は、ローストかポワレです。

　ホロホロ鳥はオリーヴと相性がいいですから、今回はオクシタニー名産のオリーヴを合わせた料理を作りました。オリーヴはビーズ＝ミネルヴォワ産。ビーズ＝ミネルヴォワは人口1000人ほどの小さな村で、ワイナリーも多い地域です。オリーヴの品種はリュック[Lucques]といって、AOCに認定されています。起源はイタリアのトスカーナにあるリュケから来たもの、あるいはスペインはアンダルシアのルケという町だとするもの、諸説あります。いずれにしても実はグリーン色で三日月のような楕円形で、実に対して種が大きいのが特徴。アペリティフでそのまま出しても美味で、フランスでは種をしゃぶるように食べます。アペリティフを楽しんでいるのが庭ならば、口の中に残った種をぷっと吹き飛ばします。

### Domaine de L'Oustal Blanc "Giocoso" Minervois
ドメーヌ・ド・ルスタル・ブラン "ジョコソ" ミネルヴォワ

産地：ラングドック／
品種：グルナッシュ、シラー、カリニャン／赤

まず造り手の女性、イザベル氏が素晴らしい。ご夫君を亡くされてからもワイナリーを続けていますが、女性1人で切り盛りするのは大変なこと。しかし彼女の信念と温かい人柄もあって、土地の人々の協力を得ながらワイン造りに励んでいます。ミネルヴォワの畑のなかで、彼女のワイナリーは小さいけれども一番良い場所にあります。ルスタル・ブランはオック語で白い家を意味しますが、同時にドメースのかつての所有者であり、閉鎖されていた納屋でのワイン造りを許可してくれたブランシュ夫人への敬意も込められています。

　ジョコソはベリー系の香りとスパイシーな感じに、上品でいてパワフルな後味。酸味とこくがあります。ホロホロ鳥のソテは、オリーヴの塩気やトマトの風味を効かせた料理。料理とワインの共通点は、酸味とこく。同じ要素をもつもの同士、抜群に合う組み合わせです。またこの赤は鳥料理全般、兎にも合います。

# Pintade aux olives de Bize-Minervois

**材料** 4人分

ホロホロ鳥 pintade ― 1羽（1.7kg、正味1.2kg）
オリーヴ（黒・緑）olives noires et vertes ― 合わせて250g
オリーヴ油 huile d'olive ― 50g
白ワイン vin blanc ― 150g
フォン・ド・ヴォ fond de veau ― 400g
※またはフォン・ド・ヴォライユ
タイム thym ― 5〜6枝
ローリエ laurier ― 2〜3枚
ピマン・デスペレット piment d'Espelette ― 少量
塩 sel ― 10g
黒コショウ poivre noir du moulin ― 適量
イタリアンパセリ（みじん切り）persil plat haché ― 適量

ソース・トマト・オリーヴ sauce tomate aux olives：
ヴァントレッシュ ventrèche ― 120g
エシャロット échalotes ― 3個
ピンクにんにく ails roses ― 25g
トマト tomates ― 95g（4個）
オリーヴ油 huile d'olive ― 40g

ガルニチュール garniture：
《鴨風味のマカロニ Macaronis à la graisse de canard》
マカロニ macaronis ― 300g
A│水 eau ― 800g
　│にんにく gousse d'ail épluchée ― 1かけ
　│固形ブイヨン（市販）bouillon cube ― 1個
　│粗塩 sel ― 4g
鴨脂 graisse de canard ― 80g
黒コショウ poivre noir du moulin ― 適量

ホロホロ鳥はマルシェや精肉店［boucherie］の他に、ヴォライエ［volailler］という店でも売られている。ヴォライエは鳥肉と兎の生肉や缶詰などを扱う専門店で、家禽を自分たちで育てて販売までを行う。餌も上質で、ヴォライエの肉はやや値が張るが美味しい。

**1** ホロホロ鳥は下処理をし、各部位に分ける（p.55）。もも肉、胸肉、首づる、アバ［abats］（レバー、腎臓、砂肝）に塩9g、黒コショウを両面にふる。

**2** {blanchir} オリーヴは熱湯で10分ゆでて塩抜きし、水気をきる。

**3** ソースの下準備。ヴァントレッシュは1cm角2cm長さの棒状に切る。エシャロット、にんにくはみじん切りにする。トマトは皮をむいて種を取り、2cm角に切る。

52　│ *Occitanie*

**4** 肉を焼く。フライパンにオリーヴ油を熱し、もも肉、胸肉、首づるを皮を下にして入れ、色づくまで焼く。

**7** ソースのヴァントレッシュがこんがりしてきたら、エシャロットを加えて炒める。

**10** 残った油でアバを焼く。弱火でゆっくり焼き、焼けたらバットに取り出す。

**13** ソースはトマトから出た水分が飛んだ状態。

**5** 並行してソースを作る。鍋にオリーヴ油を熱し、ヴァントレッシュを炒める。

**8** エシャロットが透き通ったら、にんにくを加えて炒める。にんにくが色づいたら、トマトを加えて水分を出しながら炒める。

**11** {déglacer} 余分な油脂を捨て、白ワインを加える。鍋底についた鳥の美味しい部分（suc de pintade）を溶かしながら、2〜3分煮詰める。

**14** ソースの鍋に12を加えて混ぜる。

**6** ホロホロ鳥に焼き色がついたら裏返し、火を弱めて裏面も焼く。

**9** ホロホロ鳥に焼き色がついたら、バットに取り出す。

**12** フォン・ド・ヴォを加え、2〜3分煮詰める。オリーヴを加え、さらに2〜3分煮詰める。

**15** もも肉、胸肉、首づるを皮を上にして加える。

*Occitanie*

**16** タイム、ローリエ、ピマン・デスペレット、塩1g、黒コショウを加え、弱火にし、蓋をして30分煮る。

**18** マカロニが水分を吸ったら、鴨脂を加えて混ぜ、黒コショウをふる。
🗡 鴨脂は風味を加えるため。バターでも代用可能。

**17** ガルニチュールを作る。鍋にAを入れて火にかけ、沸騰したらマカロニを加える。水面がふつふつする火加減で12〜13分ゆでる。水分がなくなってきたら木べらで混ぜる。
🗡 美味しいスープ同様のゆで汁をマカロニにすべて吸わせる。マカロニが多少崩れても問題ない。

**19** ホロホロ鳥を30分煮たら、アバを加えて10分煮る。器に盛り、イタリアンパセリを散らす。

---

## フランスの食風景

*Scène de la cuisine française*

# ヌイユ

[nouilles]

フランス料理ではパスタをつけ合わせに用いることがあります。ヌイユとは麺のこと。手打ちの生パスタ生地はパータ・ヌイユ [pâte à nouilles] といって、強力粉に塩、卵を加えてよく練り、薄くのばしてから細長く切ります。それをたっぷりの熱湯でゆでて、バターやオリーヴ油、塩、コショウなどで味つけします。

ホロホロ鳥のソテのガルニチュールは、乾麺のマカロニを使ったもの。あらかじめ美味しいスープを作ってマカロニをゆでますが、ゆで上がる頃にはスープがなくなるように分量を計算します。マカロニはスープの中で踊ったりしません。崩れてしまっていいのです。崩れるくらいになったら、美味しいスープを全部吸った証拠。それにフランス人はアルデンテが好きではありませんから、芯まで柔らかくゆでるのがフランス流です。最後は油脂分をからめて風味をつけます。

# ホロホロ鳥の下処理
## アビエする [habiller]

**1** {flamber} ホロホロ鳥は直火にあて、毛を焼く。
♪ ホロホロ鳥は羽を抜いて売っているので、表面に残っている細かい毛をあぶって取り除く。

**2** {parer} 手羽先や足を切り落とす。

**3** 首の皮に背側から縦に切り込みを入れ、首づるから皮をはがす。

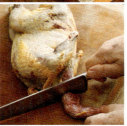

**4** 首の皮を頭のきわで切り離し、首づるを根元で切り落とし、半分に切る。

**5** {vider} 首の切り口から指を入れ、筋を引っ張って切る。肛門から手を入れ、内臓を引き出す。
♪ 筋を切っておくと簡単に内臓が取り出せる。

**6** 内臓=アバ [abats] はレバー、腎臓、砂肝を使用する。肺や筋などは不要。レバーは苦い緑の部分を切り取る。砂肝は半分に切り、中の砂などを出して洗い、皮を取る。

**7** {désosser} もものつけ根の関節に包丁を入れ、皮や軟骨を切りながら、ももを切り離す。

**8** 背骨に沿って包丁を入れる。

**9** 首のつけ根にあるV字形の叉骨=ブレシェ [brèchet]（フルシェット [fourchette] ともいう）に沿って切り込みを入れ、はがして取り除く。
＊叉骨（さこつ）は鳥類の鎖骨。左右の鎖骨が中央で癒合し、V字形になっている。

**10** 背骨から肋骨に沿って切り進め、胸肉を切り離す。もも肉、胸肉は半分に切る。

*Occitanie* | 55

カルカソンヌを巡る

*Carcassonne et ses alentours*

# マルシェ

［marché］

豊かなフランスの食を支えているのはマルシェです。移ろう旬の食材を知り、季節の到来を体感するのもマルシェです。カルカソンヌの街はカルノ広場を中心に碁盤の目に広がっていますが、マルシェが立つのはカルノ広場とそこからのびる通り。夏は日曜以外毎日、冬は土曜だけ、朝の4〜5時から昼頃まで開かれ、安くて新鮮な食材を求める地元の人々で賑わいます。主な食材は旬の野菜や果物。他にはチーズやオリーヴ、蜂蜜、パン、日用品などと多様で、エピスリ（食料品店）やフロマジュリ（チーズ専門店）などの商店も並びます。肉や魚などの生鮮食品を扱う店はカルノ広場に隣接

　する建物の中にあり、この常設のマルシェにはプロスペール・モンタニェの名前が冠されています。人々はみな買い物袋を小脇に抱えて、贔屓の店を目指します。

　マルシェは買い物をするだけではなく、社交の場でもあります。店の人とのおしゃべりを楽しんだり、知人を見つけては立ち話に花を咲かせたり。お年寄りたちの目的は旬の食材よりもむしろ、友人と過ごす和やかな早朝のひとときだったりします。マルシェのまわりにはカフェやレストランもたくさんありますから、一服する場所に困ることはありません。

　私の姉のロリータは農業を営んでいましたから、マルシェが立つ日は日が昇る前から畑に向かい、新鮮な野菜を店に並べていました。もう高齢なので引退していますが、息子たちが小さな頃は夏休みにカルカソンヌへ行くと、畑で収穫を手伝い、ロリータ伯母さんと一緒にマルシェで野菜を売って、お小遣いをもらったりしていました。余談ですが、ロリータの得意料理はトマトのファルシです。野菜を熟知していますから、その扱いも秀逸。親戚が集まる食事で腕をふるってくれます。

*Occitanie*

# Soupe à l'ail
## ～ Aïgo boulido salva la vido ～

[にんにくのスープ]

58 | Occitanie

Aïgo boulido salva la vido（アイゴ・ボリード・サルヴァ・ラ・ヴィード）はオック語で、単語の意味は順に「にんにく、ゆでる、助ける、人生」。Aïgo には地域によって水の意味もあり、和訳は「沸かした水は命を救う」です。

　これは体を休めるためのスープで、飲みすぎたり食べすぎたりした翌日などに食べます。にんにくが体にいいのは万国共通。血行を良くし、消化を助け、ダイエットのお手伝いもしてくれます。風邪気味かな？という時に食べれば効果てきめん。健康効果もあり財布にもやさしく、とにかく"salva la vido！"なのです。

　ラングドックはもとより、ミディ＝ピレネー、プロヴァンスと、広く南フランスで親しまれていて、どの家庭のおばあちゃんもスペシャリストです。昔はフォンなどありませんでしたから、水だけでにんにくをゆでるのが一般的でした。家庭料理ですから、卵は入れてもいいし、入れなくてもいい。ヴァーミセリもお好みで構いません。約束ごとは、にんにくをたっぷり！　これに尽きます。

**材料** 4人分

にんにく gousses d'ail épluchées — 70g
水 eau — 2ℓ
固形ブイヨン（市販）bouillon cube — 1個
※またはフォン・ド・ヴォライユ
ヴァーミセリ*¹ vermicelles — 130g
全卵 œufs — 4個

クルトン croûtons：
バゲット baguette — 適量
鴨脂 graisse de canard — 適量

＊1＝イタリアのパスタの一つで、直径は1.0〜1.2mm前後。細くて長い虫をヴェルメ［verme］といい、その小さくて可愛いらしいものの意。伊：ヴェルミチェッリ。

**1** にんにくは潰す。クルトンのバゲットは厚めの薄切りにする。

**2** 鍋に水、固形ブイヨン、にんにくを入れて弱火にかけ、蓋をせず30分煮る。

**3** 30分経ってにんにくが柔らかくなったら、ヴァーミセリを加え、10分煮る。
🔥 すぐに食べない時は蓋をしておく。ヴァーミセリが柔らかくなるのも美味。

**4** クルトンを作る。フライパンに鴨脂を熱し、バゲットを入れて両面を焼く。
🔥 クルトンを鴨脂で焼くのはオクシタニー地方の特徴。風味が良くなる。

**5** ボウルに卵をよく溶きほぐし、シノワで回し入れる。卵に火が入り、浮き上がってきたら完成。
🔥 卵は卵黄だけでも美味しい。

**6** 器にクルトンを置き、スープを注ぐ。

# *Pélardons rôtis en salade du berger*

[羊飼いのサラダ]

羊飼いのサラダという名前の秘密はチーズにあります。bergerとは羊や山羊を育てる仕事をしている人のことですが、羊飼いが育てた山羊のミルクで作ったチーズをサラダに使うため。

　フランスのチーズは、産地、原料乳、製造法、かたさなどで分類されますが、ペラルドンは山羊乳チーズのシェーヴルタイプ（chèvre）に属します。ペラルドンはラングドック原産で、山羊の生のミルクから作られていて、チーズ自体は柔らか。表皮は洗っておらずナチュラルです。また、AOCに認定されています。AOCはチーズやバター、ワイン、農業製品に与えられる認証で、「Appellation d'Origine Contrôlée」の略。チーズであれば、生産地域や原料乳、伝統ある製法であることなど、特定の条件を満たしたものに付与されます。山羊の飼育法や場所にも決まりがあり、基本になるのは標高と屋外で育てる日数。標高800m以下の場所では210日間、標高800m以上なら180日を外で育て、1頭につき2000平方メートルのスペースを与えなければいけません。

　ペラルドンは冷たくても温かくても食べられるチーズです。そのままワゴンにも並べますし、ローストしてサラダに加えることもあります。フランスでチーズは食事の最後に食べるものですが、温かくすると前菜として出すことができます。クルトンはお好みで、その土地で採れるアーモンドや松の実、オリーヴなどを加えると美味しいです。ソースのお勧めはオリーヴ油で作るヴィネグレットです。

### Domaine Les Terres de Fagayra "Fagayra Blanc" Maury

ドメーヌ・レ・テール・ド・ファゲイラ "ファゲイラ・ブラン" モーリ

産地：ルシヨン／
品種：グルナッシュ・グリー、マッカブ／甘口
サラダのヴィネグレットとワインはバッティングしてしまいます。だけれどこれは山羊のチーズを楽しむ料理。チーズと考えれば、甘口の白ワインが合います。珍しいブドウの品種を使ったこのワインは、蜂蜜を口にしているような、それを濃縮して上品にした感じ。サラダに蜂蜜をかけなくても、蜂蜜の代わりにもなるような白です。デザート、フォアグラにも合いますし、チーズならとくに山羊と青カビが合います。

### Château Borie Neuve "Chemin de Traverse" Minervois

シャトー・ボリー・ヌーヴ "シュマン・ド・トラヴェルス" ミネルヴォワ

産地：ラングドック／品種：ミュスカ・ブラン・ア・プティ・グラン、ヴェルメンティーノ／白
甘口のワインは好まないという場合は、甘さ控えめの白を。ボリー・ヌーヴはカルカソンヌの我が家から5分の場所に位置するドメーヌです。甘さ控えめで、酸味とふんわり残るフルーティーさが心地よい白ワイン。「チーズには白ワイン」の原則は同じです。

# Pélardons rôtis en salade du berger

**材料** 6人分

シェーヴル〈ペラルドン〉*¹ chèvre — 6個（1個50g）

シコレ*² chicorée — 1株

クルトン・にんにく風味（p.85） croûtons ailés — 6枚

オリーヴ油 huile d'olive — 適量

にんにく（みじん切り） ail haché — 5g

ミニトマト tomates cerises — 適量

松の実 pignon de pin — 適量

イタリアンパセリ（みじん切り） persil plat haché — 適量

蜂蜜 miel — 適量

ソース・ヴィネグレット sauce vinaigrette：

パパの赤ワイン酢（p.65） vinaigre maison — 15g
※または赤ワイン酢

塩 sel — 5g

黒コショウ poivre noir du moulin — 適量

オリーヴ油 huile d'olive — 45g

\*1＝ペラルドン［pélardon］はラングドック＝ルシヨンで作られる、円筒形の山羊乳のチーズ。薄い白カビ、青カビがつくことがあり、白くなめらかで後味に強い旨味がある。熟成が進むと表皮が黒っぽくなる。

\*2＝細かく縮れた葉が特徴で、結球しない。株の中心は黄色で外側ほど緑色になり、根元は白い。主に地中海沿岸地方で栽培される。エンダイブとも呼び、アンディーヴやトレヴィスとともに「チコリ類」に分類される。

**1** シコレは食べやすい大きさにちぎり、冷水に浸けてパリッとさせ、水気をきる。

🍴 シコレは黄色い部分が柔らかくて美味しい。緑の部分はかたいので少しだけ使う。

**2** ソース・ヴィネグレットを作る（p.64）。

**3** クルトンを作り、にんにくの切り口をこすりつける。

**4** クルトンにペラルドンを重ね、バットなどに置き、オリーヴ油をかける。オーヴンで柔らかくなるまで焼く。

🍴 ペラルドンは焼き色にはこだわらない。柔らかくするのが目的。

**5** ソース・ヴィネグレットににんにくのみじん切り、シコレを加え、混ぜる。

**6** 皿に盛り、4、半分に切ったトマトを飾り、松の実、イタリアンパセリを散らす。ペラルドンに蜂蜜をかける。

フランスの
食風景

*Scène de la cuisine française*

# サラダ用葉野菜

[feuilles de salade]

●**レタス** [laitue]
フランス語で laitues は巻きの緩いレタス、日本でいうサラダ菜を指す。巻きがしっかりしている一般的なレタスは laitues iceberg（[氷山レタス] の意）。多くが春から秋に収穫される。フランスならではの品種もあり、葉が丸くて芯がかたく、独特の風味をもつシュクリーヌ [sucrine] は主にフランス南部で栽培されている。

●**クレソン** [cresson]
アブラナ科の多年生植物。水耕栽培に適し、旬は春。ほどよい辛味があり、茎ごとサラダや肉料理のつけ合わせにする。「クレソニエール風ポタージュ」などピュレにしてポタージュにも。ヨーロッパ原産で、日本に伝わったのは明治初期。

●**ロケット** [roquette]
葉は肉厚で、ゴマのような風味、ほのかな辛味、ほろ苦さがある。地中海沿岸原産の一年草。イタリア語は「ルーコラ」。

●**アンディーヴ** [endive]
細長い砲弾形で、全体的に白いが葉先だけが黄緑色を帯びている。主にフランス北部で栽培され、秋から冬に旬を迎え、肉厚な葉は歯ごたえがよい。ベルギーチコリとも呼ばれる。

●**トレヴィス** [trévise]
ヨーロッパ原産のキク科キクニガナの一種。イタリア北部の産地、トレビーゾ [Treviso] に由来。葉先は赤紫色で葉脈と根元が白い。葉は柔らかく、味は苦味がある。結球するものと細長いものがある。紫キャベツとは別物。

## *Salade d'hiver*

[アンディーヴの冬サラダ]

冬に美味しい食材を集めたサラダを紹介します。家庭料理ですからソース・ヴィネグレットは食卓に出す器で作ります。アンディーヴは薄い黄色と紫色の2色で彩り良く。サラダに使うのは甘くて柔らかい葉先だけ。根元はグラタンなど火を加える料理に使います。アクセントのクルミを加えて混ぜたら、冬トリュフをスライスして完成です。

*Occitanie*

# Sauce vinaigrette
［ソース・ヴィネグレット］

**材料**　作りやすい分量

※分量は各ページのルセットを参照する

赤ワイン酢 vinaigre de vin rouge ― 15g
塩 sel ― 5g
黒コショウ poivre noir du moulin ― 適量
オリーヴ油 huile d'olive ― 45g

**1** ボウルに赤ワイン酢、塩、黒コショウを入れ、泡立て器でよく混ぜる。

▸ 塩は油を加えると溶けないので、ここでしっかり溶かしておく。

**2** {émulsionner} 手を休めずに混ぜながら、オリーヴ油を細く垂らして加え、乳化させる。

**3** 乳化すると濁るのが特徴。もったりと重くなり、とろみがついたら完成。

### Conseil

ソース・ヴィネグレットには白ワイン酢か赤ワイン酢を用いるのが一般的ですが、シェリー酢、バルサミコ酢、エストラゴン酢、フランボワーズ酢などを使っても個性的に仕上がります。私がソース・ヴィネグレットに合うと思うのは赤ワイン酢。こくと深みがあるのが魅力です。

## パッションの美学
*Vision d'André Pachon*

# ワイン酢
[vinaigre]

酢はワインから造られます。フランス語で酢を表すヴィネグル［vinaigre］の綴りを見れば一目瞭然。「酸っぱい」［aigre］と「ワイン」［vin］という言葉から成り立っています。

　ワインから造られるということは、各地方に名産のワインがあるように、地方独自の酢もあるということ。カタラン風海の幸と山の恵みの煮込みで使ったバニュルスヴィネガーは、オクシタニーの甘口ワイン〈Banyuls〉から造られています。同様に、ランスの〈Reims〉、アルザスの〈Melfor〉、シャラントの〈Charentes〉などもあります。変わったところでは、シードルから造られるバスクの〈Sagarno〉。酢は果物由来のアルコールを酢酸菌で発酵させて造るものですから、リンゴのシードルもフルーティーな酢に変わります。

§

パッション家には"パパの赤ワイン酢"が愛称の秘蔵の酢があります。昔は家庭でも地下室で自家製の酢を作っていました。ブドウの収穫後に畑の葉っぱの下を見るとブドウが残っているのですが、それを拾っても咎められないのは暗黙の了解。そのブドウが自家製の酢の材料になるのです。度数が高いワインでなければ酢にはならないので、自家製の場合は暗くて温度の高い場所で発酵させること、空気に触れさせることが重要です。酵母が生じて完成した自家製の酢は、赤ワインを継ぎ足すことで発酵し続けます。食事のあとにワインが残れば注ぎ入れるといった具合。"パパの赤ワイン酢"は私の父が赤ワインから作った酢で、まろやかさと豊かな香りが自慢。客人にふるまえば、その評価は上々です。

# *Brandade nîmoise*

### ［ニーム風ブランダード］

鱈は北欧の国、ノルウェーやデンマークの名産でした。北欧の国々では塩が採れなかったので、南仏のカマルグの塩と鱈を交換することを思いつきます。カマルグはマルセイユの西、アルルの南の海岸地帯で、フランスでも自然海塩の産地として名高い地域。上質の塩は豊富ですが、鱈は獲れません。両者の目的が合致するわけです。その昔、北欧から南仏までは2週間から1カ月はかかりましたから、運ぶ途中で鱈が腐らないようにと塩漬けにしました。物々交換の結果、塩漬けの干し鱈の利用法としてブランダードが南仏に誕生。ニームのスペシャリテとして定着します。

　ブランダードは塩抜きした干し鱈をゆでてほぐし、オリーヴ油と生クリームや牛乳など加え混ぜて、白くなめらかなペースト状にしたもの。プロヴァンス語でブランダードは「混ぜる」という意味があって、名前は作り方に由来しています。

　南仏で干し鱈は一般的な食材で、スーパーでも手に入ります。フランスでは干し鱈をモリュ［morue］、生の鱈をカビヨ［cabillaud］と呼んで区別しています。ちなみに冷凍品もカビヨです。乾燥した干し鱈はかちかちで板のよう。ですから水で24時間もどさなければ調理ができません。それに保存性を高めるために塩気も多いので、塩抜きする必要もあります。日本には干し鱈がないので、生の鱈を塩漬けして作りました。

### Domaine Cathare "Caretas" Franck Schisano Limoux

ドメーヌ・カタール
"カレタス" フランク・チサノ・リムー

産地：ラングドック／品種：モーザック／白
ブランダードはオードヴルあるいはアミューズの気軽な料理。オイリーでボリュームがあるので、すっきりした白ワインが合います。モーザックのワインはミネラル感とコクがあって、オイリーな料理に最適。造り手は元ラグビー選手のフランク・チサノ氏で、引退後に地元ラングドックに戻り、「シャトーは不要、美味しいワインを造ることが重要だ」という信念のもとリムーでワイン造りを始めました。リムーは地中海と北側の山の気候が混ざった、日中は暑く朝晩は涼しい、少しブルゴーニュやロワールなどに似た気候。気温差がある土地はミネラル感があってキリッとした白ワイン造りを叶えます。これはローマ時代から変わらないリムーの美点。またモーザックはリムーにしかない品種。ラングドックで一番バランスの良い白ワインができます。

### Château Rives-Blanques "La Trilogie" Limoux

シャトー・リヴ＝ブランク "ラ・トリロジー" リムー

産地：ラングドック／品種：シャルドネ、モーザック、シュナン・ブラン／白
三つの品種をそれぞれ熟成させてから最後にブレンドした白は、ミネラル感があって瑞々しく酸味のバランスが魅力です。三つの品種を調和させる面白さはラングドックならでは。ドメーヌはリヴ・ブランク、イギリス人とオランダ人のカップルですが、ラングドックはワイン造りの規制と地域の法律が他地方より緩いので、外国人や若者がワイン造りを始めやすいという背景があります。この自由度の高さは、個性が際立つ唯一のワインを完成させるという利点をも生み出します。

# Brandade nîmoise

**材料**　作りやすい分量

鱈 cabillaud ― 1kg
カマルグ産の塩 sel de Camargue ― 適量
A｜水 eau ― 適量
　｜牛乳 lait ― 適量（水と同量）
　｜にんにく gousses d'ail épluchées ― 2かけ
ジャガイモ pommes de terre ― 800g（4個）
にんにく（みじん切り）ail haché ― 15g
オリーヴ油 huile d'olive ― 300㎖
生クリーム crème ― 200㎖
白コショウ poivre blanc du moulin ― 適量

飾り décor：
タイム風味の種なし黒オリーヴ
　　olives noires dénoyautées au thym ― 適量
パセリ（みじん切り）persil haché ― 適量
オリーヴ油 huile d'olive ― 適量
クルトン（p.85）croûtons ― 適量

**1** 前日。鱈に塩をまぶす。全体にたっぷりまぶす。ラップをかけ、冷蔵庫に一晩おく。

**2** 当日。ジャガイモは皮つきのまま鍋に入れ、たっぷりの水を加え、弱火にかける。30分ほどかけてゆっくりと柔らかくなるまでゆでる。
🌶 ジャガイモは蒸してもよい。

**3** 熱いうちに皮をむき、マッシャーで潰す。

**4** 一晩おいた鱈は流水に1〜2時間さらし、塩抜きをする。水気を拭き、4等分に切る。

**5** 鍋にA、鱈を入れて火にかける。
🌶 水と牛乳は同量、鱈がかぶるくらいの量にする。

**6** 沸騰したら弱火にし、3〜5分ゆでる。取り出して皮をむき、骨があれば取り除く。

**7** {effilocher} ボウルに鱈、みじん切りのにんにくを入れ、手で鱈をざっくりほぐす。

**10** 潰したジャガイモを温かいうちに加え、しっかり混ぜてなめらかなペースト状にする。かたければ生クリームを足す。

**11** 白コショウを加えて混ぜる。器に盛り、オリーヴを飾り、オリーヴ油をかけ、パセリを散らし、クルトンを添える。

🍶 塩抜きの加減で塩分が異なるので、味をみて塩を加えて調整する。

**8** 温めたオリーヴ油を少しずつ加え、泡立て器で混ぜる。

🍶 オリーヴ油は鱈と同じ温度にしておくと、混ぜやすく、馴染みやすい。次に加える生クリームも同じ。また、泡立て器を使うと鱈がほぐれやすく、オリーヴ油ともよく混ざる。

**9** 温めた生クリームを少しずつ加え、木べらで混ぜる。

🍶 粘りが出てくるので木べらに変え、底からすくって返すように大きく混ぜる。

### ✾ Conseil

ブランダードはクルトンにたっぷりのせて召し上がれ。他にはグラタンにしたり。その時は少しチーズをかけてオーヴンへ。赤ピーマンに詰めてファルシにしたものをオーヴンで焼いても美味しいです。

*Occitanie*

# Encornets farcis façon grand-mère

［イカのファルシ、グランメール風］

フランスでは料理書にも載っている定番の料理ですが、私にとっては思い出の味。オクシタニー地方ではイカをよく食べますが、パッション家では祖母も母も得意とする料理。食卓には大皿に盛りつけたイカのファルシがたびたび並びました。中身を詰めたイカをフライパンで焼き始めると、心躍らせる香りが家中に漂って、その香りが忘れられません。キッチンに立つ母の姿も胸に焼きついています。

　私はイカのファルシには豚肉のミンチを詰めるのが好きですが、野菜だけにしたり、米を詰めることもあります。野菜ならばラタトゥイユを詰めても美味しいです。

　フランス語で cornet は軟骨の意味があり、encornet［するめいか］は「中に軟骨が入っている」ということ。フランスではするめいかの他に筒イカ類［calamar］や甲イカ類［seiche］を料理に使い、ソース・トマトやソース・アメリケーヌ、白ワインなどで煮込んだり、揚げ物などにします。

## Château Champ des Sœurs Corbières blanc

シャトー・シャン・デ・スール・コルビエール・ブラン

産地：ラングドック／品種：グルナッシュ・ブラン、ルサーヌ／白

イカのファルシは地中海の料理ですから、海のワインをご紹介しましょう。南仏は赤のイメージがありますが、とても美味しい白ワインも造っています。造り手はローラン・メナディエ氏。歴史あるヴィニョロン家系の生まれですが、独立して地中海沿いのフィト村でワイン造りを始めます。

　ローラン氏は実に意欲的で、面白い試みを次々と実践する天才です。彼は白ワインを地中海の湾の海底で熟成させました。すると潮、海水の温度、海藻などの影響を受けて熟成感に変化が生じる。6カ月から1年熟成させて海から出すと、ボトルに貝殻がついていたりと自然ならではの副産物も。海の底で熟成させたワインは海の香りを纏います。南仏のイメージを覆すようなフレッシュさがあって、海のワインですから海の幸の料理には抜群に合います。

　醸造はフィトですが、畑はコルビエールと異なるので、「コルビエールの白」となります。

# Encornets farcis façon grand-mère

**材料** 6人分

するめいか encornets ― 6杯
チョリソ chorizo ― 200g
豚ひき肉（赤身2：脂身1）chair à saucisse ― 600g
バゲットの中身 mie de pain ― 1/4本分
牛乳 lait ― 250mℓ
パセリ（みじん切り）persil haché ― 20〜30g
にんにく（みじん切り）ail haché ― 30g
全卵 œufs ― 2個
塩 sel ― 3〜4g
白コショウ poivre blanc du moulin ― 適量
ピマン・デスペレット piment d'Espelette ― 適量
オリーヴ油 huile d'olive ― 60mℓ
ブランデー〈コニャック〉eau de vie ― 60mℓ

ソース・トマト sauce tomate：

トマト tomates ― 1.3kg
※缶詰のカットタイプ、または完熟の生を漉す
鴨脂 graisse de canard ― 30g
玉ねぎ oignons ― 2個
にんにく（みじん切り）ail haché ― 40g
白ワイン vin blanc ― 250mℓ
トマトシロップ*1 sirop de tomate ― 50mℓ

A ｜ ローリエ laurier ― 2枚
　　タイム thym ― 5〜6枝
　　フォン・ド・ヴォライユ fond de volaille ― 200g
　　塩 sel ― 6〜8g
　　黒コショウ poivre noir du moulin ― 適量
　　ピマン・デスペレット piment d'Espelette ― 適量

アイヨリ（p.159）aïoli ― 適量

飾り décor：
パセリ（みじん切り）persil haché ― 適量

**1** ソース・トマトを作る。浅い角型の両手鍋に鴨脂を熱し、玉ねぎを加えて炒める。

**3** トマトシロップ、トマトを加えて混ぜる。

**2** しんなりしたら、にんにく、白ワインを加え、2〜3分煮る。

**4** Aを加える。弱火で30分ほど、焦げつかないように混ぜながら煮る。

### Sirop TOMATE 1883 -Maison Routin-
［トマトシロップ 1883］

*1＝酸味と甘味のあるフレッシュなトマトをジャムにしたような凝縮した味わい。フランス東部シャンベリーに創業したメゾンルータンのトマトフレーバーシロップ。

*Occitanie* | 73

**5** いかのファルシを作る。いかは足を内臓ごと引き抜き、軟骨を取る。耳を胴からはがし、皮をむく。足から内臓、目、くちばしを取り、吸盤をこそげ取り、洗って水気を拭く。

**6** いかの足と耳は細かく切る。チョリソは1cm角に切る。バゲットの中身は小さくちぎり、牛乳に浸す。

**7** フライパンにオリーヴ油30mlを熱し、いかの足と耳を焼く。

⚡ 強火で一気に焼き、いかの香りを出す。

**8** {flamber} 水分が出てきたら、ブランデー30gを加え、火をつけてアルコール分を飛ばす。

**9** ボウルに豚ひき肉、チョリソ、牛乳に浸したバゲット、8を入れ、軽く混ぜる。

**10** パセリ、にんにく、卵、塩、白コショウ、ピマン・デスペレットを順に加え、混ぜる。

**11** いかを肉叩きで叩く。

⚡ 叩いておくと、焼いても縮まらない。

**12** 絞り袋に10を入れ、いかの胴に詰める。八分目まで詰め、口をつまんで竹串でとめる。

⚡ 焼く時に爆発しないように、空気が入らないようにする。

**13** フライパンにオリーヴ油30ml、いかを入れ、弱火で焼き色がつくまで焼く。

⚡ いかは冷たいフライパンに入れる。熱いところに加えると爆発するので注意。

**14** {flamber} 両面に焼き色がついたら、ブランデー30gを加え、火をつけてアルコール分を飛ばす。

**15** ソース・トマトの鍋に加え、混ぜる。いかのジュースも残さず加える。

**16** 蓋またはアルミ箔をかけ、180℃のオーヴンで30分加熱する。皿にソース・トマトを敷き、輪切りにしたいかを並べ、パセリを散らし、アイヨリを添える。

74 | *Occitanie*

カルカソンヌを巡る

*Carcassonne et ses alentours*

# 地中海

[Méditerranée]

地中海はフランス語でメディテラネ [Méditerranée] といい、ラテン語では「大地に囲まれた海」の意味。確かに西側はジブラルタル海峡で大西洋に開かれていますが、北と東をユーラシア大陸、南をアフリカ大陸に囲まれています。地中海は海水の塩分濃度が高いので、泳いでみると他の海よりもよく浮かびます。

地中海では150種もの魚介が獲れます。大西洋で獲れたスズキは [bar]、地中海で獲れたものは [loup] と呼ぶなど名前が異なったり、ラスカス rascasses（カサゴ）、サソリ魚、ルジェ rouget（ヒメジ）などは地中海特有の魚。ルーセット roussette というトラザメ、これはウナギのように長くてピンク色の魚なのですが、地中海にしか生息していません。ルーセットは小さな骨がなくて食べやすく肉質もいいので、南仏ではブイヤベースに使いますし、ムニエルにしても美味しいです。ブジーク産の牡蠣など、とにかく魚介類が豊富です。

オクシタニー地方の郷土料理にセート風ブリードやイカのファルシなど海の幸の名前が挙がるのは、地中海の恩恵によるもの。オクシタニーの東側の沿岸にはセート、ブジーク、ナルボンヌ、ルカート、ペルピニャンと良港やリゾート地が並び、街ごとに海の幸に特化したマルシェがあります。セートなどはさながら日本のかつての築地のような賑わいです。私の故郷カルカソンヌから地中海までは車で1時間ほどですから、魚介類を揃えるのも容易。山の幸も海の幸も味わえる環境にあります。

*Occitanie*

フランスの
食風景

*Scène de la cuisine française*

# 家庭の調理道具

[ustensiles et matériel de cuisine]

昔の熱源は暖炉の火でしたから、道具はおのずと暖炉にかけられる鍋が多くなります。材質は陶製（土鍋）か銅製。土鍋は蓋つきと、カスレのカソール [cassole] のように焼き色をつけるための蓋なしがあります。銅製はキャスロール [casserole] という厚手の片手鍋が一般的。大小のキャスロールがずらりとキッチンの壁にかけられている様子は、現代の家庭でもよく見られます。かつての銅製の鍋にはショードロン [chaudron] というものがありました。これは暖炉の中に吊り下げるタイプで、チェーンを使って吊るします。どこの家庭にもあったのは、ボウル、ただし当時はステンレスなどありませんでしたからカソールのような陶製です。それにシノワ（柄のついた円錐形の漉し器）やパソワール（水きり＝小さな穴の開いたボウル）、レードル、スパチュラ（木べら）、泡立て器など。形や材質はクラシックですが、今と同じ品目です。また、ソーセージも家庭で作るのが当たり前でしたから、手動のミンサー（hachoir à viande）や素朴なソーセージフィーラー（entonnoir à saucisse）、みじん切り用ナイフ（hachoir berceuse）も行き渡っていました。

*La mar y muntanya catalan*

# *La mar y muntanya catalan*
[カタラン風海の幸と山の恵みの煮込み]

カタランはカタルーニャ地域のこと。スペイン北東部の地中海沿岸に位置して、昔はフランスのペルピニャンまでを含みました。オクシタニー地方のとりわけ東側は、食も文化もカタルーニャの影響を色濃く受けています。

　この煮込みはおおらかです。海の幸、山の幸は何を使っても構いません。ただ一つ守るべきは、ピカダを入れること。カタルーニャ独自のソースですが、単品のソースとしてではなく、調味料として使うのが特徴で、リエゾンのために用います。ピカダはアーモンドやにんにく、パン・ド・カンパーニュなどを潰して混ぜますが、この潰す作業から名前がつきました。カタラン語で潰すことをピレ[piler]というのが語源です。

　海と山の幸を使って贅沢な姿をしていますが、カタランでは一般的な家庭料理。親戚や友人が集まる日に大きな鍋で作ります。テーブルの真ん中に熱々の鍋を気前よく置いて、みんなで賑やかに囲みます。この料理にはつきものがあって、それはポロ[porro]というワインを飲むためのガラスの容器。大きな水差しの形をしていて、大人数集まる時はグラスを使わず、ポロに入れたワインをみんなで回し飲みします。ポロの注ぎ口は唇に触れないようにするのがルール。利き手でポロを持って、注ぎ口を自分の口に向かって定めます。口を大きく開けたところにポロを傾け、細く出てきたワインをこぼさないように飲むという仕組み。ワインが口の中に入ったら、腕を伸ばしていきます。上級者ともなるとポロを持つ腕を目一杯伸ばして遠くから口の中に命中させることができて、それはそれは盛り上がります。

### Domaine Lafage "Centenaire" Côtes du Roussillon
ドメーヌ・ラファージュ "サントネール" コート・デュ・ルシヨン

産地：ルシヨン／品種：グルナッシュ・ブラン／白

この煮込み料理には個性的な白かミディアムボディの赤。まずはルシヨンを代表するドメーヌ・ラファージュの白。ジャン・マルク・ラファージュ氏のワインは類いまれな安定感があって、誰が飲んでも美味しいと言わせる逸品です。加えて彼は興味深いワインも造ります。

　フランスのワイナリーは19世紀終盤、バクテリアの病気で全滅しました。ところがラファージュ氏やルシヨンの一部のワイナリーは生き延びた。理由は土の性質で、砂のような土壌にはバクテリアの魔の手が及ばなかったのです。ラファージュ氏はこの危機を乗り越えた樹齢100年以上のブドウの樹を持っています。サントネールが100年の意味。上品でこくとミネラル感があり、色はやさしいゴールド。樹木は太く奥深くまでミネラルを吸うので、若い樹にはない妙味が出ます。ブドウの実は少なく商売の面では優秀とは言い難いですが、世界中にこれほど素晴らしい樹はありません。この樹を守り続けているのはラファージュ氏の故郷愛、地域貢献の表れです。

### Domaine Lafage "Cayrol" Côtes Catalanes
ドメーヌ・ラファージュ "カイロール" コート・カタラーヌ

産地：ルシヨン／品種：カリニャン／赤

同じくラファージュ氏の赤。料理の味は個性的ですが、だからといって強すぎるワインは否。海の幸の良さが生かされません。

　ヴィエイユ・ヴィーニュは「古いブドウの樹」の意味で、カリニャン種は南仏独自の他の地方にはない品種。ブルーベリーやチェリーの香り、ベリーやヴァニラ、スパイスの風味は海の幸にも山の幸にも合います。

**材料** 8人分

兎 lapin ── 1.7kg（1羽）

豚頬肉 joues de porc ── 900g

若鶏の骨つきもも肉と胸肉 cuisse de poulet avec os et poitrine ── 1羽分（820g）

豚足 pieds de porc ── 310g
※たっぷりの水で2時間ゆで、骨を取る。
　このゆで汁が豚足ブイヨンになる

ヴァントレッシュ ventrèche ── 200g

生ハム jambon cru ── 100g

アンコウ lotte ── 500g

やりいか calamars ── 300g（3杯）

海老 gambas ── 8尾

エスカルゴの身 escargots ── 16個

玉ねぎ（みじん切り） oignons hachés ── 2個

トマト tomates ── 800g（5個）

タイム thym ── 2枝

ローリエ laurier ── 2枚

シナモンパウダー cannelle en poudre ── 200g

白ワイン*1 vin blanc ── 500㎖

豚足ブイヨン bouillon de pieds de porc ── 250㎖
※上記の豚足のゆで汁

フォン・ド・ヴォライユ fond de volaille ── 200㎖

ピマン・デスペレット piment d'Espelette ── 少量

塩 sel ──【肉用】12g,【いか用】1.5g,【アンコウ用】3g

黒コショウ poivre noir du moulin ── 適量

オリーヴ油 huile d'olive ── 310㎖

ピカダ picada：

アーモンド amandes ── 150g

にんにく gousses d'ail épluchées ── 25g（4かけ）

パン・ド・カンパーニュ pain de campagne ── 120g

オリーヴ油 huile d'olive ── 40㎖

クーヴェルチュール chocolat de couverture ── 50g
※カカオ分70%のブラックチョコレート、
　ヴァローナ社「グアナラ」を使用

パセリ persil ── 25g

赤ワイン酢〈バニュルスヴィネガー〉*2
　vinaigre de vin rouge〈vinaigre de Banyuls〉── 40g

サフラン pistils de safran ── 1g

*2＝オクシタニー地方の天然甘口ワイン、バニュルスで造った酢。

## CLOS DES FÉES
［クロ・デ・フェ］

*1＝〈Domaine du Clos des Fées -Grenache Blanc Vieilles Vignes-〉。コート・カタラーヌ地方の白ワイン。1981年フランス・若手ソムリエチャンピオンに輝いたエルヴェ・ビゼル氏が1998年に始めたドメーヌ。化学肥料や農薬、除草剤などを極力使用しない栽培方法、リュット・レゾネを採用。果実味豊かでエレガントな味わい。

**1** {mise en place} 豚頬肉、若鶏のもも肉と胸肉はぶつ切りにする。豚足は2cm角に切る。ヴァントレッシュ、生ハムは1〜2cm角に切る。いかは足を内臓ごと引き抜き、軟骨を取る。耳を胴からはがし、皮をむく。足から内臓、目、くちばしを取り、吸盤をこそげ取り、洗って水気を拭く。海老はひげを取る。トマトは皮をむいて種を取り、2cm角に切る。ピカダのにんにくは半分に切る。パン・ド・カンパーニュは1cm厚さに切る。

**2** 兎はぶつ切りにする。レバー、腎臓も使用し、頭は縦に割る。

**3** 兎、若鶏、豚頬肉に塩、黒コショウをふる。

*Occitanie*

**4** 全面にシナモンパウダーをまぶし、余分は落とす。

**5** 鍋にオリーヴ油100mlを熱し、玉ねぎを炒める。しんなりしたら、豚足、ヴァントレッシュ、生ハムを加え、2〜3分炒める。

**6** トマト、タイム、ローリエを加え、4〜5分煮る。

**7** フライパンにオリーヴ油50mlを熱し、兎を焼く。焼き色がついたら鍋に加える。
🔥 強火で表面に焼き色をつけ、肉の味を出す。

**8** 若鶏、豚頬肉も同様に焼き、鍋に加える。

**9** 白ワイン、豚足ブイヨン、フォン・ド・ヴォライユ、ピマン・デスペレットを加え、蓋をして45分煮込む。
🔥 煮込むと肉は小さくなって沈むので、頭が出ていてもよい。

**10** 9を7〜8分煮込んだところで、エスカルゴを加える。再び蓋をして煮込む。

**11** ピカダを作る。アーモンドはフライパンでから炒りし、フードプロセッサーに入れて粗めに粉砕する。

**12** フライパンにオリーヴ油、にんにくを入れて熱し、パン・ド・カンパーニュを焼き、両面に焼き色をつける。

**13** にんにくごとフードプロセッサーに加える。クーヴェルチュール、パセリを加え、粉砕する。

**14** ボウルに移し、赤ワイン酢、サフランを加え、混ぜる。

**15** アンコウは骨、皮を取り除き、8等分にぶつ切りにする。いかは食べやすい大きさに切る。

**16** いか、アンコウにそれぞれ塩、黒コショウをふる。フライパンにオリーヴ油40㎖、いかを入れ、弱火で焼く。火が通ったら鍋に加える。
🔥 いかは冷たいフライパンに入れ、白く焼き上げる。

**19** ピカダを加えて混ぜる。魚介類が崩れないように、鍋を揺すって混ぜる。

**17** フライパンにオリーヴ油20㎖を熱し、強火でアンコウの両面を焼き、鍋に加える。

**18** 海老は油を使わずに強火で焼き色をつけ、鍋に加える。9で煮込み始めてから約30分経過。ここから15分煮込む。

Occitanie | 81

82 | Occitanie

# Bourride de lotte sétoise

## [セート風アンコウのブリード]

Bourride はオック語で煮る、ゆでること。つまり魚をゆでる料理です。アンコウだけではなくて、とは言えアンコウが最も一般的なのですが、魚はいろいろな種類を使います。その時には料理名を少し変えて、使用した魚の名前を含めます。例えばスズキならば、Bourride de bar sétoise といった風。

　ブリードはアイヨリを加えるのが伝統のルセットで必須条件です。アイヨリはプロヴァンス独特のソースですが、地中海沿岸の料理にはよく用いられます。フランスでアンコウは頭を落として皮をむいた状態で店頭に並びます。アンコウの尾 [queue de lotte]、ジゴ [gigot de lotte] など、肉に近い部位名です。調理名や料理名も肉のようで、切り身をメダイヨン [médaillon]、ムニエルをステーキと呼びます。日本と違い、フランス料理ではアンコウのレバー（肝）を忘れがちですが、実はとても美味しい部位。基本的にフォアグラと同じように使え、ポワレ、ロースト、グリル、フランなどができ、とくにテリーヌに仕立てると「海のフォアグラ」といいます。

　セートは地中海に面した地域。今でこそリゾート地としても人気がありますが、1681年にミディ運河ができるまでは漁村でした。現在でも"魚のマルシェ"は活気に溢れ、オクシタニーの胃袋を支えています。

### Laurent Miquel "Auzines" Albarino Corbières

ローラン・ミケル
"オジーヌ" アルバリーノ
コルビエール

産地：ラングドック／品種：アルバリーニョ／白

アルバリーニョ種はスペインで最も高貴な白ワイン用の品種と評されています。昔、カタルーニャの修道院ではアルバリーニョを植えていた背景があります。ローラン氏はその歴史に着目。自分のワイナリーにアルバリーニョ種を植えました。彼は一流企業でのビジネス経験があるのですが、ワインの抜群の安定感も、土地、その土に合う品種を選ぶ彼の巧みな戦略によるものです。

### Laurent Miquel "Vérité" Viognier Languedoc

ローラン・ミケル
"ヴェリテ" ヴィオニエ
ラングドック

産地：ラングドック／品種：ヴィオニエ／白
ローラン・ミケル氏からランクの高い白をもう1本。ヴィオニエ種は南仏の品種。ボリューム感があり、太陽の熟成感とエキゾチックな香りがします。樽熟成で上品でフレッシュ、最後にくるのはコショウのスパイシーな芳香。ミケル氏のヴィオニエは魚料理全般によく合います。

# Bourride de lotte sétoise

**材料** 6人分

アンコウ lotte — 720g

フュメ・ド・ロト fumet de lotte：
アンコウの骨や皮 parures de lotte — 1.2kg分
エシャロット échalotes — 1個 (20g)
フヌイユ fenouil — 50g
ポワロー poireaux — 100g
オリーヴ油 huile d'olive — 50ml
ブーケ・ガルニ bouquet garni pour poissons — 1束
粒白コショウ poivre blanc en grains — 10粒
白ワイン vin blanc — 250ml
水 eau — 700ml
塩 sel — 2g

トマト・フォンデュ tomate fondue：
トマト tomates — 800g (5個)
オリーヴ油 huile d'olive — 25ml
にんにく（みじん切り） ail haché — 25g
ブーケ・ガルニ bouquet garni pour poissons — 1束
塩 sel — 4g
白コショウ poivre blanc du moulin — 適量

アイヨリ aïoli：
卵黄 jaunes d'œuf — 3個
ディジョンマスタード moutarde de Dijon — 15g
にんにく（みじん切り） ail haché — 10g
オリーヴ油 huile d'olive — 150ml
サラダ油 huile végétale — 150ml
塩 sel — 5g
白コショウ poivre blanc du moulin — 適量
カイエンヌペッパー poivre de cayenne — 少量
レモン果汁 jus de citron — 1/2個分

仕上げ finition：
クルトン・にんにく風味 (p.85) croûtons aillés — 12枚
パセリ（みじん切り） persil haché — 適量

**1** フュメ・ド・ロトを作る。アンコウは骨、皮を取り、これをぶつ切りにする。身はあとで使う。エシャロットはみじん切り、フヌイユ、ポワローは薄切りにする。

**2** 鍋にオリーヴ油を熱し、エシャロット、フヌイユ、ポワローを色づかないように炒める。

**3** 軽く炒めたら、アンコウの骨と皮、ブーケ・ガルニを加え、水分が出てくるまで3〜4分炒める。

**4** 粒白コショウ、白ワイン、水、塩を順に加える。弱火でアクを取りながら30分ほど煮る。

**5** 同時にトマト・フォンデュを作る。トマトは皮をむいて種を取り、1cm角に切る。鍋にオリーヴ油、にんにくを入れ、炒める。色づいたらトマト、ブーケ・ガルニを加え、弱火で4〜5分煮る。

**6** トマト・フォンデュに塩、白コショウを加え、水分がなくなるまで煮る。

| Occitanie

**7** {passer} フュメ・ド・ロトを30分ほど煮たら、シノワで漉す。

**8** {pocher} アンコウの身は12等分になるように約1cm厚さに切る。鍋にフュメ・ド・ロトを入れて温め、アンコウを入れる。オーヴンペーパーで落とし蓋をし、弱火で10分煮る。
🐟 アンコウが重ならないように鍋は底の広いものを選ぶ。火加減は弱火で柔らかく仕上げる。

**9** 裏返し、再び落とし蓋をして1分煮る。バットに取り出す。

**10** ゆで汁（キュイソン・ド・ロト）を漉す。

**11** ボウルにアイヨリを作る（p.159）。10を少しずつ加え、泡立て器で混ぜる。加える目安は200〜250㎖ほど。

**12** ボウルの底を温めながら混ぜ、とろみをつける。
🐟 熱すぎると分離するので注意。

**13** 皿にクルトンを並べ、アンコウを重ね、12のアイヨリのソースをかける。トマト・フォンデュをのせ、パセリを散らす。

# *croûtons、 croûtons aillés*

[クルトン]

**材料** 12枚分
※分量は各ページのルセットを参照する

バゲット baguette ― 約1/2本
オリーヴ油 huile d'olive ― 50〜70㎖
にんにく gousse d'ail épluchée ― 1/2かけ

### ✤ *Conseil*

クルトンは大きさも厚みも自由ですが、皮つきであることは必須。一般的にはバゲットを薄切りにして作りますが、他のパンでも構いません。にんにくを使う料理、南フランスの料理にはにんにく風味のクルトンを添えます。ちなみに croûte はカリカリに焼いたパンの皮、croûton はもう一度バターや油で焼き上げたパンのかけらのこと。

**1** バゲットは1.5cm厚さに切る。フライパンにオリーヴ油（または他の油脂）を熱し、バゲットを入れる。両面に焼き色をつけ、カリッと焼き上げる。
🐟 均一な焼き色をつけるために多めの油で焼く。

**2** 余熱でも色づいていくので、美味しそうな焼き色がついたら取り出す。

**3** にんにく風味にする場合は、バゲットににんにくの切り口をこすりつける。
🐟 バゲットが熱いうちにこすりつけると風味が良くなる。

*Occitanie* | 85

*Paella catalane*

# Paella catalane

### [カタラン風パエリア]

パエリアと聞いて思い浮かぶのはスペインではないでしょうか？確かにスペインを代表する料理で、とりわけバレンシアのものが有名です。バレンシア語でもパエリアはフライパンを意味します。ですけれど、パエリアが愛されているのはスペインばかりではありません。フランスでも、とくに南フランスでは郷土料理として根づいています。パエリアはフランスでもフライパンを意味するポワル［poêle］に由来します。フライパンの中の料理ということです。ただし、フライパンのように1本の柄ではなく、二つの耳がついている鍋を使うことが原則です。

　カタランはカタルーニャの形容詞で、フランスでの呼称。カタルーニャとはスペイン北東部の地中海岸にあって、オクシタニー地方の一部を含む地域です。具材はさまざまあって、海が近ければ海の幸を、山の地域なら豚や兎を加えます。必須なのはチョリソで、これはスペインの流儀を踏襲しています。今回のパエリアに「カタラン風」とつけたのは、カタルーニャの旗の色を意識して。カタルーニャの旗は赤と黄色でデザインされているのですが、パプリカの赤と黄色、サフランでこの2色を表現しました。

　オクシタニーのパエリアはたくさんの具材を加えますが、スペインは米の割合が多いのが特徴です。スペインは米の生産量が多く、ヨーロッパでも突出しています。スペイン人は米をよく食べ、日本の米文化とも通じるものがあるように思います。また、スペインは狩猟も盛んですから兎料理も多く、今ほど豊かではなかった時代のパエリアは、米と兎という組み合わせがよく見られました。昔は家にある食材、残ったものを入れて作っていた料理ですから、要するに具材は自由でいいのです。

　パエリアは外で作って、大人数で食べることに楽しみがあります。2人前のパエリアは面白くありません。今回は直径70cmのパエリア鍋で作りましたが、もっと大きな鍋もあり、南フランスではほとんどの家庭にパエリア鍋があります。

### Domaine du Clos des Fées "Les Sorcières" Côtes Catalanes

ドメーヌ・クロ・デ・フェ
"レ・ソルシエール"
コート・カタラーヌ

産地：ルシヨン／品種：グルナッシュ・ブラン、マカブー、ルサンヌ／白
たくさんの魚介を使い、レモンの酸味も効いたパエリアには、白かロゼが合います。まずは同じ土地から、魔女という名の白を。ブドウの樹が若いので、酸味があってフレッシュ。海のミネラル感を感じながら、魚介の風味を生かします。料理とともに海の香りを楽しめるワインです。

### Château Argentiès "L'Alaric" rosé Languedoc

シャトー・アルジャンティエス
"ララリック" ロゼ
ラングドック

産地：ラングドック／品種：グルナッシュ、サンソー、シラー／ロゼ
ロゼは白に近いけれども、赤と両方を楽しめる感覚があります。パエリアの魚介だけでなく、肉を意識する場合、またボリューム感を味わうならロゼ。冷やすとさらに魚介との相性が良くなります。パエリアは大勢集まって屋外で食べるのが醍醐味。夏がイメージの料理ですから、爽やかでフレッシュな酸味のあるワインが合います。

**材料** 24人分（直径70cmのパエリア鍋1枚分）

ムール貝 moules ── 48個

A｜白コショウ poivre blanc du moulin ── 適量
　　エシャロット（みじん切り）échalotes hachées ── 50g
　　白ワイン vin blanc ── 50㎖
　　ブイヨン bouillon ── 50㎖
　　※または水

やりいか calamars ── 2kg
海老〈ブルーシュリンプ〉crevettes bleues ── 48尾
豚肩ロース肉 échines de porc ── 1kg
兎もも肉 cuisses de lapin ── 4個
若鶏もも肉 cuisses de poulet ── 4個
チョリソ*1 chorizo ── 1本（300g）
玉ねぎ（みじん切り）oignons haché ── 350g（2個）
トマト tomates ── 500g
パプリカ（赤・黄・緑）poivrons doux rouges, jaunes et verts ── 各3個
グリンピース petits pois frais ── 200g
にんにく（みじん切り）ail haché ── 90g
白ワイン vin blanc ── 750㎖
フォン・ド・ヴォライユ fond de volaille ── 2.5ℓ
ローリエ laurier ── 4枚
カマルグ米*2 riz de Camargue ── 2kg
レモン（輪切り）rondelles de citron ── 2個
パセリ（みじん切り）persil haché ── 適量
塩 sel ── 50g
白コショウ poivre blanc du moulin ── 適量
ピマン・デスペレット piment d'Espelette ── 適量
サフランパウダー safran en poudre ── 15g
サフラン pistils de safran ── 1～2g
オリーヴ油 huile d'olive ── 450㎖

*1＝イベリア半島発祥のソーセージ。豚肉に香辛料などを合わせて腸に詰め、干して作る。パプリカ風味で辛味は少ない。スペインのパエリアには必ず入る。使用したのはフランス産。

*2＝カマルグはローヌ川の分岐点に位置するアルルと地中海に囲まれたフランス南部の自然保護地域。塩の知名度も高いが米も有名で「フランスの米どころといえばカマルグ」といわれるほど。

**1**　{mise en place} 鍋にムール貝、Aを入れ、蓋をして強火で蒸す（p.324の1～3）。蒸し汁は漉してとっておき、上殻を外す。

**2**　いかは足を内臓ごと引き抜き、軟骨を取る。耳を胴からはがし、皮をむく。足から内臓、目、くちばしを取り、吸盤をこそげ取る。洗って水気を拭き、一口大に切る。

**3**　肉（豚、兎、若鶏）は2～3cm角に切り、塩35g、白コショウ、ピマン・デスペレットをふる。チョリソは輪切りにする。

**4**　トマトは皮をむいて種を取り、1cm角に切る。パプリカは3/4量を1cm幅の細切り、1/4量を5mm角に切る。グリンピースはさやから出し、ゆでて水気をきる。

**5**　鍋にオリーヴ油100㎖、にんにく40gを入れて火にかけ、薄く色づくまで炒める。トマトを加え、炒める。

**6**　フライパンにオリーヴ油を熱し、肉を焼く。肉はフライパンのサイズに合わせて分けて焼く。オリーヴ油の目安は肉全量に対して約100㎖。

Occitanie | 89

**7** 色づいてきたら玉ねぎを加え、肉全体に薄く焼き色がつくまで炒め合わせる。サフランパウダー8gを加えて炒め合わせ、トマトの鍋に加える。

❢ サフランを加えたらしっかり炒め、肉に色をつける。

**8** いかに塩2g、白コショウ、ピマン・デスペレットをふる。フライパンにオリーヴ油50㎖、いかを入れて火にかける。色が変わったらサフランパウダー7gを加えて炒め合わせ、鍋に加える。

**9** 鍋に白ワイン、ムール貝の蒸し汁、フォン・ド・ヴォライユ、角切りのパプリカを加え、煮る。

**10** 鍋に塩10g、ピマン・デスペレット、ローリエを加え、弱火で25分煮る。

❢ 肉の中まで火を入れ、具材の味を馴染ませる。

**11** フライパンにオリーヴ油50㎖を熱し、海老を焼く。両面を焼き、取り出す。

**12** フライパンにオリーヴ油50㎖を熱し、細切りのパプリカを焼く。塩3gをふり、取り出す。

**13** パエリア鍋にオリーヴ油100㎖を熱し、にんにく50gを炒める。香りが立ったらチョリソを加え、軽く炒める。

**14** 米を加え、木べらで混ぜながら透き通るまで2〜3分炒める。

**15** 10を加えてひと混ぜし、2〜3分煮る。サフランを加え、さらに2〜3分煮る。

❢ 火加減は弱め。小さくふつふつする状態を保つ。

**16** 細切りのパプリカを彩りよく並べ、2〜3分煮る。

**17** 海老、ムール貝を順に並べ、グリンピースを散らす。レモンは中央まで切り込みを入れてねじって飾り、パセリをふる。

**18** アルミ箔で蓋をし、弱火で20〜25分煮る。

❢ 米は芯まで柔らかいのが美味。全体に熱がまわるようにアルミ箔をかぶせ、スープを米の芯まで染み込ませる。オーヴンを使う場合はアルミ箔はせず、低めの温度で同じ時間加熱する。

| Occitanie

フランスの
食風景

*Scène de la cuisine française*

# 金曜日は魚の日

[Le vendredi c'est le jour du poisson]

フランス人は金曜日に魚を食べます。遡ればキリスト教の慣習に端を発しますが、現在でも金曜日は食卓に魚料理が登場します。家庭ではもちろん、レストランの賄いなども魚料理です。

ですから魚屋も売り上げがいいのは金曜日です。魚の種類と鮮度も金曜日が一番。フランスで美味しい魚を食べたいなら、金曜日に限ります。

家庭ではグリエやムニエルにするのが一般的。私の父は鰯のグリエが好物でした。骨つきのまま鰯をグリエしてから、みじん切りのパセリとにんにくをのせて、レモン汁をかけたもの。皮つきでゆでたジャガイモと、アイヨリを添えていただきます。父は隠し味に醤油をかけていました。私が日本で暮すようになってからの話ですが、フランスに帰る際はいつも、「忘れずに醤油を買ってきてね」と催促の連絡が入りました。

§

「金曜日は魚の日」の背景です。キリスト教カトリックは、イエス・キリストの断食修行の苦難を追体験する断食や肉断ちを信者に義務づけました。中世の頃、復活祭*1 前の40日間に及ぶ四旬節*2 や祝日の前日の他、キリストが十字架に架けられた金曜日など、食事制限を課せられた日数は100日にのぼったといいます。断食は日没後1食だけ、その1度の食事もパンと水以外のほとんどの食品を絶たなければいけませんでした。やがて昼の食事と朝夕に軽食が認められるとともに、魚は食べることが許されて、肉断ちが義務づけられることになったのです。肉断ちが定着した中世には魚の需要が一気に高まり、その期間の食料を確保するために干鱈や塩漬けニシンが広まります。

食材に lard maigre と lard gras がありますが、前者は脂肪分の少ない脂身、つまり豚バラ肉を指し、後者は脂肪分の多い背脂を指します。maigre は「脂肪分の少ない」、gras は「脂肪分の多い」という意味で、ここから gras は「肉を使った」、maigre は「肉を使わない」という意味が派生しました。

*1＝十字架に架けられて亡くなったイエス・キリストの復活を記念する、キリスト教の最も大切な祭日。春分後の最初の満月の次の日曜日で、日程は毎年異なる。芽吹きの時期にあたり、復活を象徴する卵がつきもので、彩色した卵を配る風習がある。仏：パック［Pâques］、英：イースター［easter］。
*2＝「40日の期間」という意味で、イエスが荒れ野で40日間断食をしたことに由来。古くから復活祭に洗礼を受ける志願者の直前の準備期間と考えられてきた。実際には、復活祭の46日前の水曜日（灰の水曜日）から始まる。

*Occitanie* | 91

フランスの
食風景

Scène de la cuisine française

鴨 〜カルカソンヌのキッチンから〜

[Les canards gras 〜 de la cuisine de Carcassonne 〜]

鴨は最古の家禽です。中国では4000年の昔から、ヨーロッパでも紀元前後には飼育が始まっています。フランスで大きな割合を占めるのは、バリケン種のバルバリー鴨。これは大型でよく肥育して、水場がなくても飼育ができます。あまり鳴かないので飼いやすいというのも理由です。フランス南西部は鴨の料理が多いですが、産地ではラングドック地方やペリゴール地方が有名。カルカソンヌの鴨はやや大きめです。

　フランス人は先祖ガリア人の時代から鴨を余すところなく美食に変える術を心得ています。鴨は捨てるところがありません。あらゆる鴨の部位で作るいくつもの郷土料理をご紹介しましょう。まずは鴨をさばくところから。

## 鴨のさばき方
アビエする [habiller]

**1** 足は関節から切り落とす。手羽先は先端を切り落とす。

**2** 首を根元で切り落とす。

**3** 背骨に沿って背骨の両側に包丁を入れる。

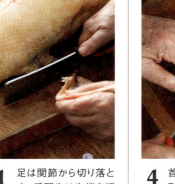

**4** 首のつけ根にあるV字形の叉骨＝ブレシェ[brèchet]（フルシェット[fourchette]ともいう）に沿って切り込みを入れる。

**5** V字形の叉骨を起こして外す。

《鴨を使う料理と部位など》
アリキュイ（p.44）：
　　首づる、手羽先、内臓（砂肝、心臓、腎臓）
フォアグラの瓶詰め（p.97）：フォアグラ
フォアグラ入り鴨首のファルシ（p.100）：
　　首づる（首の皮）、ガラについた肉
テリーヌ（p.105）：首づる、ガラについた肉
グラトン（p.105）：皮、脂
カスレ（p.136）：鴨の胸肉ともも肉のコンフィ
フォアグラのロティ（p.204）：フォアグラ
鴨のコンフィ（p.222）：胸肉、もも肉
その他〈フォン、鴨脂など〉：ガラ、脂など

Occitanie

### 胸肉ともも肉を切り離す

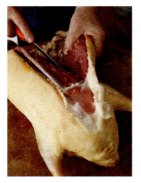

**1** 首側を手前に向けて置き、背骨から肋骨に沿って切り進める。胸肉ともも肉をつけた状態で、ガラから切り離す。

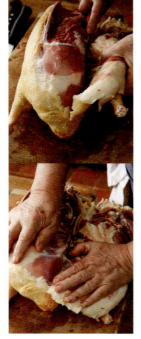

**2** 足のつけ根の部分は力が必要。包丁で切りはがし、開いてはいでいく。

**3** 片側の胸肉ともも肉を切り離した。

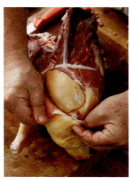

**4** もう片側の胸肉ともも肉も切り離すが、無駄なく、フォアグラを傷つけることなく切り離せるように、フォアグラのまわりの皮を広げておく。

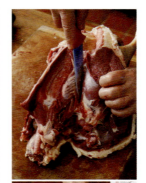

**5** 首側を奥に向けて置き、もう片側の胸肉ともも肉も同様に切り離す。フォアグラを傷つけないように慎重に切り進める。

**6** 左右の胸肉ともも肉、フォアグラに分けた状態。

**7** ここまでで切り取った頭、首、手羽先、足など。どの部位も使うのでとっておく。

94 | *Occitanie*

| フォアグラを外す | フォアグラの下処理 | 内臓を取り出す | 脂を集める |
|---|---|---|---|
| 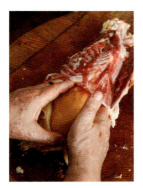 **1** フォアグラのきわに指を入れ、はがす。フォアグラが傷つくので包丁は使わない。<br><br>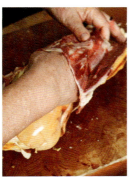<br><br> **2** はがしながら奥まで手を入れ、フォアグラを取り出す。 |  **1** 苦味がある緑色の部分、筋などを取る。<br><br> **2** {dégorger} 流水にさらし、血抜きをする。<br><br> **3** 氷水に浸け、冷蔵庫に一晩おく。 | <br><br>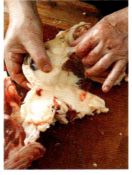 **1** 胴に手を入れ、脂に包まれている内臓を引っ張り出し、筋を切る。<br><br> **2** 脂をはがし、砂肝を切り取る。心臓、腎臓もとっておく。内臓＝アバ[abats]はこの3種類を使用する。 |  **1** 脂を集める。<br><br> **2** 腸のまわりの脂も丁寧に取る。この部分の脂は香りがよく美味しい。<br><br> **3** 鴨4羽分の皮と脂。これでグラトンを作る。手前は砂肝、奥は首など。捨てる部位がない。 |

*Occitanie* | 95

## 胸肉ともも肉を分ける　　　　　首づる、手羽先、内臓の下処理

**1** 胸肉ともも肉を切り分ける。

**2** 胸肉、もも肉、それぞれの脂を切り取る。もも肉は骨と肉を残して、形を整える。脂は他の部位の脂と合わせてとっておく。

**3** 胸肉もフィレを残して脂を切り取り、形を整える。

**4** 切り整えた胸肉ともも肉。

**1** 頭をきわで切り落とす。首の皮をめくって裏返し、首づるなどの中身を出す。

**2** 首づるから食道（写真手前）、筋を取り除く。皮は脂を取って整える。皮はフォアグラ入り鴨首のファルシに使用する。

**3** 首づるの脂を取り、一口大に切る。写真右下は首づるの入った首。

**4** 砂肝は半分に切り、中の砂などを出して洗う。皮を取って半分に切り、心臓、腎臓と合わせる。

**5** 手羽先はぶつ切りにする。首づる、内臓とまとめておき、アリキュイに使用する。

# *Foie gras de canard en bocaux*
### ［フォアグラの瓶詰め］

フォアグラの瓶詰めは、フォアグラを保存するために生まれた料理です。料理より、むしろ方法と呼ぶべきものかもしれません。季節は冬。冷蔵庫のない時代ですから寒く食材の傷まない時期に、鴨をさばくところから保存食の仕込みまでを一挙に行います。保存食は瓶詰めやコンフィなど。日本で保存食の漬物を冬に仕込むのと同じです。

今でこそ1年中フォアグラを手に入れることができますが、昔はそうではありませんでした。フレッシュは11〜1月、それ以外の時期は保存用に加工したものです。これは家庭だけでなく、レストランでも同じ作業をします。ですからレストランの冬は仕込みで大忙し。トリュフも同様で、フレッシュのトリュフを蒸留酒などアルコール度数の高い酒に漬けていました。

殺菌をステリリゼ［stérilisé］といって、加熱して脱気したフォアグラの瓶詰めは地下室で保存します。フランスの地下室、カーヴ［cave］は田舎ならほとんどの家にあって、家を建てる際にカーヴを作ります。昔のカーヴは部屋とまでもいかない穴のようなものもあって、私の父は庭にカーヴを掘っていました。昔はパリのような都会にもありましたし、今でもパリのアパートにはカーヴがあって、ワインなどをストックしています。

瓶詰めにしたフォアグラは、カーヴで1年ほど保存ができます。保存するにあたって良くないのは温度が変動すること。カーヴ内の温度は年間を通して10〜12℃。夏は涼しく冬は凍ることなく、一定の温度に保たれた環境は保存に最適です。フォアグラの瓶詰めだけでなくコンフィやワインも然り。カーヴは食材を蓄え、年間を通じてフランスの食を豊かにすることを可能にしました。フランスの保存文化は、カーヴの歴史とともにあります。

### Clos du Gravillas "Douce Providence" Muscat de St. Jean de Minervois
クロ・デュ・グラヴィヤス
"ドゥース・プロヴィダンス"
ミュスカ・ド・サン・ジャン・ド・ミネルヴォワ

産地：ラングドック／品種：マスカット／甘口
フォアグラには甘口のマスカットワインが至適。調理に使ったワインと同じマスカットなら保証つきです。造り手はフランス系アメリカ人のジョン氏とニコル氏のカップル。小さなドメーヌで、白と赤を造っていますが本数は少なく貴重。繊細でフローラル、最後は花の蜜の風味がします。その甘さがフォアグラの脂を包み込むさまが、控えめに言っても素晴らしいです。

### 材料　容量500mlの瓶4個分

フォアグラ foie gras ― 3個（1874g）

塩 sel ― 28g
※フォアグラ100gに対し1.5g（1.5%）

黒コショウ poivre noir en du moulin ― 6g
※フォアグラ1kgに対し3g（0.3%）

マスカットワイン*1 vin de muscat
　― 100ml

**1** フォアグラは冷水に浸け、冷蔵庫に一晩おく（p.95）。水気を拭き、30分ほど室温において柔らかくする。

**2** まな板にオーヴンペーパーを敷いて作業する。割れ目から大小に分け、それぞれ手で開く。筋や血管のみペティナイフでフォアグラを傷つけないように切り取る。
🔖 開くのは必ず手で。崩さないように丁寧に扱う。

*1＝ミュスカ・ド・サン・ジャン・ド・ミネルヴォワ〈Muscat de Saint-Jean de Minervois〉は、旧ラングドック＝ルシヨン地方ミネルヴォア産の天然甘口ワインでAOC認定。ミュスカはフランス語で白ブドウのこと。ブドウ畑はセヴェンヌ山脈からオード川流域に広がり、地中海性気候で年中通して気温は高め。この地に吹く強い風「トラモンタン」が、ブドウを頑強に生育させる。

**3** 塩、黒コショウを混ぜ、フォアグラにふる。

**4** 開いた面を内側にして巻く。外側にも塩、黒コショウを混ぜたものをふる。

**5** 10分ほどおき、塩を浸透させる。

**6** バットなどにフォアグラを平らに入れ、フォアグラが隠れるまでワイン40㎖を注ぐ。ラップをし、冷蔵庫または涼しい場所に2〜3時間おく。

**7** 保存用の耐熱ガラス瓶を煮沸消毒し、フォアグラを詰める。空気が入らないように、形を崩さないように詰める。
🔖 空気が入るとそこに脂が溜まり、むらになる。無理に押し込むとピュレになるので注意する。

**8** 瓶の縁をきれいに拭き、ワインを加える。1瓶につき15㎖ほど。蓋をして密閉する。

**9** 鍋の底に布巾を敷いて水を入れ、火にかける。80℃になったらフォアグラを入れ、80〜90℃を保って40〜45分加熱し、脱気する。
🔖 殺菌をステリリゼ［stérilisé］といい、保存のためには空気が入らないことが重要。瓶が動かないように布巾を敷き、水は瓶がかぶる量にする。加熱しすぎるとフォアグラが溶けるので、加熱時間は重さに合わせて加減する。

**10** 湯が冷めたら取り出し、粗熱がとれたら冷蔵庫で保存する。3カ月〜1年は保存可能。

# *Cou de canard farci aux lentilles*

［フォアグラ入り鴨首のファルシ、レンズ豆添え］

Occitanie

閃きに富んだアレンジや盛りつけで華やかに変身する料理もありますが、すべてのフランス料理の根底にあるのは家庭料理です。この鴨首のファルシも家庭から始まったもの。材料を残さず大事に使いきりましょうという精神が、それはすでに当たり前の習慣ですが、如実に料理に現れます。鴨首のファルシは、首を切り落として皮と中身に分けたら、皮を袋に見立てて肉を詰めます。ソーセージにおける腸の役割をするのが首の皮です。中に詰める肉も立派な部位ではありません。形を整えた時に出る切れ端や、骨についた僅かな肉もこそげ取って利用します。

　調理法は料理名の「鴨のコンフィ」などと同じ、コンフィ。コンフィは低温の脂で火を通す調理法です。脂も肉と同じその素材から取ったもの。加熱したものを脂で覆って保存すれば、数カ月から1年は持ちます。肉は家畜や家禽など。鴨がよく知られていますが、豚や兎でも作ります。

　レンズ豆を合わせているのは、美味しさを優先したことと、ガルニチュールの選択肢を広げた結果。鴨のコンフィと同じようにジャガイモのソテを選んでもかまいませんが、ファルシにはレンズ豆もよく合います。レンズ豆はル・ピュイの緑レンズ豆がAOC／AOP、ベリー地方のものはIGPに認定されるなど、フランスが誇る高品質な食材で、いろいろな料理との相性も良く万能です。

　鴨首のファルシは温冷どちらでも楽しめ、冷たくしてテリーヌのように出すのも気が利いています。また、ガルビュールやポトフ、アジナートに入れても美味しいです。

### Jean-Luc Colombo "Les Fées Brunes" Crozes-Hermitage

ジャン゠リュック・コロンボ
"レ・フェ・ブリューヌ"
クローズ・エルミタージュ

産地：ローヌ／品種：シラー／赤
鴨首のファルシはオクシタニー地方の料理でもありますが、もう少し広い範囲の地方でも愛されています。ローヌもその一つですから、同じ土地のワインが合わないわけがありません。ジャン゠リュック・コロンボの造り手は2代目のロール氏。若手人気醸造家としても注目されていて、従来のローヌワインとは異なる、繊細で軽快な果実味溢れる赤ワインを造っています。バランスの良さとシラーの心地よさはオールマイティーで、使い勝手のいい1本です。

# Cou de canard farci aux lentilles

**材料** 6人分

※ファルシ1個は2人分
※ファルシは4個作り、3個はこの料理に、
　1個は「鴨のすべて（p.105）に使用」

鴨の首の皮 peaux de cou de canard ― 4羽分

アパレイユ appareil：
※でき上がり約2150g。ファルシに1000g使用し、残りはテリーヌに使用

ソーセージ用ファルス（p.202）chair à saucisse ― 800g
鴨のガラについた肉 chairs de carcasses de canards
　　― 90g（4羽分）
生ハム jambon cru ― 100g
エシャロット échalotes ― 40g（2個）
シャンピニョン champignons de Paris ― 8個
パン・ド・カンパーニュ pain de campagne ― 250g
牛乳 lait ― 300㎖
全卵 œufs ― 2個
フォアグラ foie gras ― 200g（小1/2個）
※フレッシュがない場合はテリーヌを使用する
トリュフ truffe ― 50g（1個）
にんにく（みじん切り）ail haché ― 10g
コリントレーズン raisins de Corinthe ― 40g
ブランデー〈コニャック〉eau de vie ― 50㎖
松の実 pignons de pin ― 40g
塩 sel ― 5g
黒コショウ poivre noir du moulin ― 適量
鴨脂 graisse de canard ― 適量

ガルニチュール garniture：
《レンズ豆のラグー Ragoût de lentilles》
レンズ豆*1 lentilles ― 500g
ジャガイモ pommes de terre ― 500g
玉ねぎ oignons ― 380g
にんじん carottes ― 270g
にんにく（みじん切り）ail haché ― 20g
鴨脂 graisse de canard ― 150g
ベーコン poitrine fumée ― 100g
ブイヨン bouillon ― 750㎖
※またはフォン・ド・ヴォライユ、もしくはフォン・ド・カナール
水 eau ― 適量
塩 sel ― 5g
黒コショウ poivre noir du moulin ― 適量
ローリエ laurier ― 2枚

仕上げ finition：
イタリアンパセリ persil plat ― 適量

*1＝緑色、茶色、黄色があり、平たいさやに丸く平たく中央が厚い豆が2個ずつ入っている。オーヴェルニュ＝ローヌ＝アルプ地方ル・ピュイの緑レンズ豆［lentille verte du Puy］は小粒で深い緑色をしておりAOC/AOP認定。サントル＝ヴァル・ド・ロワール地方ベリー地域の緑レンズ豆［lentille verre du Berry］は味・質ともに評価が高くIGP認定。

**1** 1日目。アパレイユを作る。鴨のガラについた肉をスプーンなどでこそげ取る。鴨肉、生ハムは粗みじん切り、エシャロット、シャンピニオンはみじん切りにする。レーズンはブランデーに30分浸ける。

**2** フライパンに鴨脂20gを熱し、エシャロットを軽く炒める。シャンピニオンを加え、出てきた水分が飛ぶまで炒める。粗熱をとる。

**3** パン・ド・カンパーニュは小さくちぎり、牛乳に浸けておき、もみ込む。卵を加えて混ぜる。

**4** フォアグラは厚みが均一になるように開き、1cm角に切る。

**5** トリュフはみじん切りにする。

**6** ボウルにソーセージ用ファルス、にんにく、炒めたシャンピニオンを入れ、木べらで混ぜる。

⚠ シャンピニオンは冷ましてから加える。熱いとフォアグラが溶けてしまう。

**7** 鴨肉、生ハム、フォアグラ、トリュフ、松の実、3、レーズンをブランデーごと加えて混ぜる。塩、たっぷりの黒コショウを加えて混ぜる。

**8** 鴨首の細いほう（頭側）をたこ糸で縛る。

**9** 内側の脂を軽くこそげ取る。脂はとっておいて、鴨脂として使う。

**10** 鴨首にアパレイユを八分目まで詰める。

**11** 針にたこ糸を通し、口をまつる。糸端は残しておき、最後までまつったら両端を結ぶ。アパレイユは1個につき約250g使用。残った分はテリーヌに使用する。

*Occitanie* | 103

**12** {confire} 鍋に並べ、鴨首のファルシが隠れるくらいまで鴨脂を加える。火にかけ、80℃で1時間20分ほど加熱する。

**13** 金串を刺し、透明なジュースが出てきたら完成。血が出てきたらもう少し加熱する。鴨脂に浸けたまま粗熱をとり、涼しい場所におく。

▲ 鴨脂に浸けたまま1日おいたほうが美味しい。また、冷蔵庫で1週間は保存ができる。

**14** {tremper} 2日目。ガルニチュールを作る。レンズ豆はたっぷりの水に浸け、1時間おいてもどす。

**15** ジャガイモ、玉ねぎは1cm角に切る。にんじんは1cm幅の輪切りにする。ベーコンは1cm角×3cm長さの棒状に切る。

**16** 鍋に鴨脂を熱し、ベーコンを炒める。色が変わってきたら、にんにく、玉ねぎを順に加えて炒める。

**17** 玉ねぎがブロンズになるまで炒めたら、水気をきったレンズ豆を加え、炒め合わせる。

**18** にんじん、ジャガイモを順に加え、炒める。

**19** ブイヨン、材料が隠れる量の水、塩、黒コショウ、ローリエを加え、水分がなくなるまで1時間煮る。

**20** 仕上げる。フライパンで鴨首のファルシを焼く。両面に濃い焼き色をつける。

**21** 19を45分煮たところで、焼き色をつけた鴨首のファルシを加え、15分煮る。

**22** 鴨首のファルシを取り出し、1.5cm厚さに切る。皿にレンズ豆のラグーを敷き、鴨首のファルシを並べ、イタリアンパセリを飾る。

# Tout dans le canard :
terrine, grattons, cou farci au foie gras,
Foie gras de canard en bocaux

# *Tout dans le canard :*
## *terrine, grattons, cou farci au foie gras, Foie gras de canard en bocaux*

[鴨のすべて：テリーヌ、グラトン、フォアグラ入り鴨首のファルシ、フォアグラの瓶詰め]

　鴨は捨てるところがありません。鴨に限ったことではありませんが、大切なことですから繰り返します。フランスのお母さんは、食材を余すことなく使いきります。土地への感謝と自然への敬意、家族の健康と笑顔を思って料理を作る。日本のお母さんたちと同じです。

　ここでご紹介するのは、鴨のあらゆる部位を使った料理です。主役ではないけれども、フランスの食卓には欠かせない料理です。一つ目は日本でもお馴染みのテリーヌ。定義はブルターニュ風パテ・ド・カンパーニュのページでお話ししていますが、中身はパテと同じです。手短に言って、テリーヌ型に入れて火を通すのがテリーヌです。型は楕円形も長方形もあります。入れ物からきている料理名なので、カスレも「テリーヌ・ド・カスレ」とも呼びます。

　グラトンの材料は、鴨の脂身と肉の破片。火にかけると脂が溶けて、その脂で肉が加熱されてでき上がります。そのまま食べたり、サラダなどにも合わせます。この本では、コルス地方のポンプにも利用しています。グラトンは地方によって呼び名が異なり、リヨン [rillons]、グリヨン [grillons]、フリトン [fritons] など。鴨以外にも豚や鷲鳥のグラトンもあって、ですから正確に言うと「鴨のグラトン」となります。いずれもオードヴルで、ワインやバゲットがどんどん進む料理です。

### Borie La Vitarèle
### "Les Terres Blanches"
### Saint-Chinian
ボリー・ラ・ヴィタレル
"レ・テール・ブランシュ"
サン゠シニアン

産地：ラングドック／品種：グルナッシュ、ムールヴェードル、シラー／赤
天才と言われていたご夫君が亡くなり、夫人とお嬢さんが営んでいるドメーヌ。日照の強い丘にあって、小石混じりの石灰質の土壌をもつ絶妙な環境です。タンク熟成なので、ブドウの良さがそのまま表現され、味わいはフレッシュ。チェリーや、ガリーグという乾燥地の香りも豊かで、南フランスの特徴もしっかりと感じられる心地よい赤ワインです。気楽に飲めて、テリーヌやパテなどの冷製料理やオードヴルによく合います。

Occitanie | 107

**材料**

テリーヌ（下記）terrine ― テリーヌ型1台
グラトン（p.109）grattons ― 鴨4羽分
フォアグラ入り鴨首のファルシ（p.100）
　cou de canard farci au foie gras ― 1/2個
フォアグラの瓶詰め（p.97）
　Foie gras de canard en bocaux ― 1個

つけ合わせ accompagnements：
コルニッション cornichons ― 適量
オリーヴ（緑）olives vertes ― 適量
好みのパン pain au choix ― 適量

# *terrine*

[テリーヌ]

**材料** 容量1200mlのテリーヌ型1台分

アパレイユ（p.102）
　appareil ― 1kg
　※鴨首のファルシの
　　アパレイユを使用

ヴァントレッシュ
　ventrèche ― 200g
　※または網脂か背脂

ローリエ laurier ― 2枚
タイム thym ― 3〜4枝

❧ *Conseil*

アパレイユを包むのは網脂か背脂が本式ですが、ヴァントレッシュを利用すればより家庭的で手軽です。

**1** {barder} ヴァントレッシュは薄切りにし、型に敷く。上部にかぶせる分を垂らしておく。

**2** アパレイユを詰める。

**3** ヴァントレッシュで蓋をし、ローリエとタイムを挟む。

**4** {bain-marie} 蓋をし、水を注いだ深めのバットに入れ、直火にかける。

**5** 沸騰したら180℃のオーヴンに移し、45分〜1時間湯煎焼きにする。金串を刺し、すっと入り、唇に当てて熱ければ火が入っている。これを "C'est chaud, C'est cuit" という。

108　|　Occitanie

# *grattons*
[グラトン]

**材料** 作りやすい分量

鴨の皮と脂 parures de canard — 鴨4羽分（2kg）

### ❧ *Conseil*

鴨の皮と脂を加熱していく途中で出てきた脂を鴨のコンフィ（p.222）に利用します。その時に鴨のコンフィにすり込んだ塩が移りますから、グラトン用の皮と脂に塩はしません。もし塩を加えるとしても、最後に味をみて調える程度です。

　グラトンは無駄を出さない精神から生まれた料理ですが、実のところ皮と脂だけでは妙味に欠けます。それを補うのがコンフィの肉の美味しさ。コンフィはグラトンの脂を借りる一方で、グラトンに胸肉やもも肉の風味を与えます。

**1** 鴨4羽をさばき、皮と脂を集める。（p.93-96）

**2** 鍋に入れ、弱火にかける。焦がさないように脂を溶かす。最終的に皮は残ってカリカリになる。

**3** 溶けた脂は鴨のコンフィに使用する。皮も入れたまま加熱する。

**4** コンフィを取り出した状態。脂はコンフィの保存に使用するので残り少ない。皮はさらに加熱されている。

**5** 弱火で加熱する。脂がなくなり、皮が茶色に色づいてカリカリになったら完成。保存はラップをし、冷蔵庫で1週間は可能。

*Occitanie* | 109

フランスの
食風景

*Scène de la cuisine française*

# 冬の風物詩

[Coutumes et traditions d'hiver]

私が小さい頃よりさらに前、電気も冷蔵庫もなかった時代の話です。フランスの家庭では、春になると鵞鳥や鴨のひなを買い、自分の家の庭で育てていました。当時は鴨だけでなく、鶏や豚も庭で飼っていましたし、自らの畑で野菜を作るのも一般的でした。ひなたちが大きくなる冬は、強制給餌の時期です。2週間ほどの間、鵞鳥のくちばしの中へ餌を押し込みます。餌はトウモロコシを粉にしたもの。おばあちゃんが足の間に鵞鳥を挟んで動かないようにして、片方の手で鵞鳥の首を掴んでマッサージをするようにさすり、鵞鳥が餌を飲み込むのを促します。水も少し入れて、餌が喉を通りやすくします。そうして毎日、トウモロコシをたらふく食べさせられた鵞鳥は太り、あまり動けなくなるので体は肥え、肝臓にも脂肪を蓄えます。丸々と太ったら、いよいよ解体です。

鵞鳥の首にナイフを刺して、血を抜きます。この血はあとで料理に使うのでとっておきます。次に羽根を毟りますが、おなかのあたりの羽根は柔らかく軽く上質なので、これで枕を作ります。このあと続けて肉をさばいていきますが、さばき方は鴨と同じ。もも肉などはコンフィに、フォアグラは瓶詰めにと、次のシーズンまで保存するための仕込みをします。

この解体と仕込みは冬の風物詩。どの家庭でも鴨などを飼っていましたから、解体の時期は重なります。田舎では日曜日に解体をしていましたが、その数は大量。とうてい自分たちだけではこなせません。そこでご近所の人たちが助け合いながら、日曜ごとに作業を進めました。その時に、お礼も兼ねてふるまわれるのが血のオムレツ。オムレツといっても卵は使いません。解体の最初に首から抜いた血で作ります。フライパンに鵞鳥か鴨の脂を熱して、玉ねぎと切れ端の肉を炒めたら、血を加えます。すると血が固まって、赤黒いオムレツが完成。血は火を入れすぎるとゴムのような食感になってしまうので、少しばかりの技術が必要ですが、美味しいです。この血のオムレツは若鶏でも同じように作れます。

*Occitanie*

Occitanie | 111

## カルカソンヌを巡る
*Carcassonne et ses alentours*

# トリュフ
[truffe]

### 黒いダイヤ
美食家のブリア＝サヴァランはトリュフを食卓の「黒いダイヤ」と呼びましたが、もともとは貧しい人たちの食べ物。昔はジャガイモが高級品でしたから、貴族がジャガイモを求め、農民たちは同じ土の中にあっても黒いトリュフをジャガイモの代わりに食べていました。それが時を経て、高級料理を象徴する食材に。オクシタニーのトリュフが脚光を浴び出したのも近頃のことです。あとに登場するカヴールも「昔から採れていたけれど、地元の人は誰も気にすることなく腐るほど食べていた」と話していました。

トリュフが一番美味しい時期は9月の終わりから2月の中旬頃まで。この日のトリュフ狩りは1月のある日。私の故郷カルカソンヌから北東へ車で1時間ほどの場所に位置する山、モンターニュ・ノワール [Montagne Noir] のトラサネル [Trassanel]、カブルスピーヌ [Cabrespine] 側での様子です。

### トリュフの宿主
トリュフは地下に眠っているキノコです。胞子を出して増殖し、他のキノコと同じように胞子の拡散と発芽によって菌糸体を作ります。トリュフはコナラ [chêne] の木の根元に生育します。地下に伸びた菌糸体が1カ

月から1年、あるいは数年後に木の根と結びついて育ちます。そしてトリュフが発する成分の作用で木のまわりには草が生えなくなります。ですからトリュフ狩りでは、草が生えていない場所を探します。木の下に草が生えていればトリュフはないと判断します。

### 種類

トリュフにもいくつかの種類があります。大きく分けると、黒トリュフと白トリュフ。基本的にフランスで採れるのは黒で、さらに夏トリュフと冬トリュフがあります。同じ木の根元にできますが、夏トリュフは香りが弱いのが特徴です。冬に採れる黒トリュフはかつての主産地であったペリゴール地方にちなんで、ペリゴールトリュフとも言います。

### トリュフを探す者

トリュフを採取する人をカヴール［caveur］と呼び、彼らには健脚と忍耐力が求められます。トリュフを採取する際は、「採る」や「拾う」、「掘る」とは少しニュアンスの違う、カヴェ［caver］という、これは動詞なのですが、専用の表現があります。

トリュフを発見するのは、嗅覚の鋭い豚か犬。近年ではほとんど犬を利用します。なぜなら、豚は見つけたトリュフを食べてしまうから。犬ほど賢くないのでカ

ヴールの指示に従わないこともありますし、動きも鈍い。犬はトリュフの匂いを嗅ぎ分けるために、小さい頃から訓練を受けます。トリュフの匂いをたくさん嗅がせます。すると地中に潜んでいるトリュフの香りに気づくようになり、香りがした場所に鼻をこすりつけて、前足で土を掘り起こします。その時に犬がトリュフを傷つけないように、達する前に止めるのがカヴールの役目。すかさずおやつをあげると、犬は「トリュフを見つけたらご褒美がもらえる」と覚えます。トリュフよりおやつのほうが美味しいですから、より従順になりますし、トリュフ探しも上達します。犬がご褒美を食べている間にカヴールが丁寧に掘り進めて、トリュフを取り出します。掘った土を穴に戻しておくのもトリュフ狩りのマナーです。

　豚と犬以外にもトリュフを追跡できる生き物がいます。それは蠅。私が昔トリュフ探しをしていた頃は、蠅がたむろしている下の土を掘りました。匂いに敏感な蠅は、トリュフの香りを察知して集まります。ただし、蠅の活躍を期待できるのは天気の良い日。土の匂いを高めるのでしょうか、太陽が照っている日に限ります。蠅を見つけたら、そっと歩いて近づきます。早く歩くと蠅が飛んで行ってしまいますから。一つあれば、その近くからいくつか"カヴェ"できます。トリュフは根に沿って育つ性質もあるのです。

### 山と植樹

トリュフが生育する山には所有者がいます。当然ですが、所有者の許可なくトリュフ狩りをすることはできません。あるいはカヴールが山の一部を購入して、トリュフを採取し商売をするケースもあります。

　自生する土地を維持する程度のことしかできなかったトリュフですが、発生の仕組みが徐々に解明されてきました。フランスではトリュフの菌根がついた苗木を植樹する、トリュフの栽培が試みられています。カヴールも自分の土地に植樹していましたが、トリュフを産するようになるまでは最低でも6〜8年ほどかかるそうです。

### 鑑定士

今回のトリュフ狩りをコーディネートし、同行してくれたのは鑑定士のバリエール氏なのですが、彼らのような鑑定士によってトリュフの値段がつけられます。シーズンごとに品質や量などを鑑みて、「今年は1kgいくら」という風に決まります。トリュフが採れる山を擁する大きな町では、土曜か日曜にトリュフのマルシェが出ますが、そこに並ぶトリュフはすべて鑑定を受けたもの。ト

リュフの値段は自由に決められるわけではないのです。

### トリュフの目利き

小さなナイフでトリュフをちょっとだけ切ってみるとクオリティーがわかります。白と黒のコントラストがしっかりしていて、マーブルの線が細かく入り組んでいるのが上質なトリュフです。デリケートな食材ですから、採取後はできれば1カ月以内に食べるのがベスト。保存する場合は、いろいろな方法がありますが、冷蔵、冷凍、真空、瓶詰め、缶詰め、オイル漬けなど。瓶詰めはブランデーを注ぎます。オイル漬けはドレッシングを作る時に便利です。保存できると言っても、トリュフは香り！　日が経つにつれ香りが落ちていきますから、本当に美味しいトリュフを楽しみたいならば、フレッシュな状態で食べることが一番です。

## カルカソンヌのトリュフ料理店

トリュフ鑑定士のバリエール氏はシテ・ド・カルカソンヌのほど近くでトリュフ専門店を経営しています。料理はトリュフ尽くし。帆立のカルパッチョやマッシュポテトから、デザートのティラミスまで、カジュアルで気の利いた品が並びます。

# Omelette aux truffes d'hiver du Pays Cathare

[ペイ・カタール冬トリュフのオムレツ]

トリュフには黒トリュフと白トリュフがあります。さらに黒トリュフは夏トリュフと冬トリュフに分かれ、オムレツにはより香りの強い冬トリュフを使いました。ペイ・カタールはフランス南西部の地域で、オクシタニーが誇るトリュフの名産地です。

オムレツは具材の有無を問いませんが、トリュフとの相性は最高。野菜ならば全般合いますし、季節のものを加えます。初夏ならばアスペルジュ・ソバージュなど。ジャンボンやグラトンを入れても美味しいです。グラトン入りのオムレツはピーマンも合わせて、「ル・コントワール・オクシタン」でも出しています。

コルス地方にはブロッチュチーズのオムレツ [omelette au brocciu]、ノルマンディー地方にはメール・プラールのオムレツ [omelette de la mère Poulard] など、代表的なオムレツがいくつかの地方に存在します。モン・サン＝ミシェルの卵を泡立てて作るふわふわのオムレツも知られるようになりました。

焼き方は柔らかく仕上げるか、しっかり火を通すか。中が半熟になるように焼くことを baveuse（バブーズ）、よく焼くことを non baveuse（ノン・バブーズ）と言って、バブーズは直訳すると「ヨダレを垂らした」。私の好みはバブーズです。

少年時代のクリスマスの休みには毎年、モンターニュ・ノワールの村に住んでいた祖母の家に泊まりに行きました。私は日中、山でトリュフを探します。2個3個と見つけて家に帰ると、夕食は祖母が腕をふるってトリュフのオムレツを作ってくれるのです。ジャガイモと玉ねぎと生ハムの組み合わせは祖母の十八番で、トリュフは見つけた数だけたっぷりと。当時のトリュフは今ほど貴重ではありませんでしたが、ご馳走に違いなく、家庭ならではの贅沢でした。祖母との思い出の料理。あまたある卵料理のなかで、このオムレツにひときわ愛着を抱く所以です。

### Domaine Mayoussier "Le Rouge de Mayoussier" Isère

ドメーヌ・マイユシエ
"ル・ルージュ・マイユシエ"
イゼール

産地：サヴォワ／品種：シラー、グルナッシュ／赤

夏トリュフなら白を合わせますが、ラングドックの冬の黒トリュフには赤が合います。ドメーヌはヴェルコール自然公園内にありますが、かつてワインを造っていたところを再現したもの。馬を使う古来の製法を採用しています。面白いのは、南フランスのブドウの品種を使っているところ。太陽の光を必要とするブドウを涼しい土地で育てると、重すぎず軽すぎずバランスの良いワインができます。若くパワフルなブドウだけれど上品なワインになって、ゴージャスなオムレツに見合います。

### Château Mirausse "L'Azerole" Vieilles Vignes Minervois

シャトー・ミローズ
"ラゼロール" ヴィエイユ・ヴィーニュ
ミネルヴォワ

産地：ラングドック／品種：カリニャン、グルナッシュ、シラー／赤

地元の人間に言わせれば、地元のトリュフには地元で育ったブドウが一番合うでしょうとなります。興味深いのは樹齢80年以上の樹の作用。若いとタンニンが強く重いブドウが、樹齢が古いと落ち着いた味わいになります。人間と同じです。樹がベテランですから、ボリュームがあっても円熟味のある落ち着いた仕上がりに。同じ土地で育ったトリュフと同じ香りがするのも神秘的な魅力。典型的なラングドックワインとは異なる個性が生まれます。

# Omelette aux truffes d'hiver du Pays Cathare

**材料** 4〜6人分

全卵 œufs — 12個

トリュフ truffe — 50g（1個）

ジャガイモ pommes de terre — 750g（5個）

生ハム jambon cru — 80g

イタリアンパセリ（みじん切り） persil plat haché — 適量

塩 sel — 6g

黒コショウ poivre noir du moulin — 適量

鴨脂 graisse de canard — 50g

飾り décor：

トリュフ（薄切り） truffes émincées — 適量

鴨脂 graisse de canard — 適量

フルール・ド・セル*1 fleur de sel — 適量

*1＝塩田の表面にできる細かいうろこ状の結晶をすくい取ったフレーク状の天日塩。海塩には、海水を塩田に引き込んで天日と風で水を蒸発させて得る天日塩と、同様に海水を濃縮したあとに煮詰める煎ごう塩がある。天日塩には広い土地と乾燥した気候が適し、ゲランド、レ島、ノワールムティエ島、カマルグ地方が有名。

**1** トリュフは形を整え、飾り用の薄切りを切る。切り端と残りはみじん切りにする。

**2** ボウルに卵、トリュフのみじん切りを入れる。

🍴 他の材料を用意する間も、卵とトリュフを一緒にして香りを移す。ただし混ぜずにおくこと。混ぜたらすぐに焼く。

**3** ジャガイモは1cm角に切る。

**4** 生ハムは皮を切り落とし、身の部分を粗みじん切りにする。皮はカスレなどの煮込みに使用する。

**5** トリュフの薄切りに鴨脂を塗り、フルール・ド・セルをふる。

**6** 直径28cmのフライパンに鴨脂を熱し、ジャガイモを入れて焼く。少し色づいてきたら生ハムを加え、カリカリになるまで揚げ焼きにする。塩4g、黒コショウをふる。

**7** 卵にイタリアンパセリ、塩2g、黒コショウを加え、卵白をきるように溶きほぐす。

> 卵は混ぜすぎるとこしがなくなるので、卵黄をほぐす程度にとどめる。また、混ぜすぎると卵白が泡立ってメレンゲ状になり、ふわっとした焼き上がりになってしまう。オムレツは平らに焼くのがよい。

**8** フライパンに流し入れる。

**9** フライパンを揺すりながら、木べらで混ぜる。全体的に火が入ったら混ぜるのをやめ、30〜40秒待つ。

**10** 蓋をしてそのまま裏返し、蓋を滑らせてフライパンに戻す。フライパンに戻し入れたら火を止める。

**11** 皿に盛り、5の鴨脂を塗ってフルール・ド・セルをのせたトリュフを飾る。

トリュフは卵と一緒に蓋つきの容器に入れておきましょう。トリュフの芳醇な香りが卵に移ります。米でも同じようにするといいです。その米でリゾットを作ったら最高です。

# Oreillette

[オレイェット]

フランス語で耳のことをオレイユ［oreille］といいますが、オレイェットは耳を覆う形をしていることが名前の由来。2〜3月、ラングドックのカーニバルを飾る揚げ菓子です。カーニバル以外の時期にもマルシェで売られていますが、大きさはさまざまあって、大きいものは「おばあちゃん風」で家庭的なイメージ。子供たちは歩きながら食べています。

　南仏にはルシヨン地方のスペイン国境近くにブーニェット［bougnette］、プロヴァンス地方にビューニュ［bugne］という揚げ菓子がありますが、これはオレイェットと同じもの。ブーニェットはカタラン語で、地方によって呼び名が異なります。また、プロヴァンスには同じく「オレイェット」もあって、こちらは柔らかくて生地に厚みがあります。同じように砂糖がたっぷりかかっています。オクシタニーのオレイェットは薄くてパリパリした食感が醍醐味。乾いた気候の南仏では、湿気てふやっとすることがありません。

　フランスには他にもカーニバルで食べられる伝統菓子があります。例えばニースのガンス［ganse］。ガンスは飾り紐を意味します。あるいはリヨンの素晴らしいものを意味するメルヴェイユ［merveille］、またはビーニュ・ド・リヨン［bugne de Lyon］。いずれも薄くてパリパリの揚げ菓子です。

　どうしてカーニバルのお菓子が揚げ菓子かというと、たくさんのお客さんが来てもどんどん作れるからです。加えて、春の訪れへの感謝。麗らかな春の日差しを、揚げ菓子の太陽の色、黄金色と表現することから。料理の本にも"黄金色に揚げる"と書いてあります。

### Antech
### Blanquette Méthode Ancestrale
### Limoux

アンティッシュ・
ブランケット・メトード・アンセストラール・
リムー

産地：ラングドック／品種：モーザック／スパークリング・ワイン

昔ながらの製法で造った甘口のデザート用スパークリング・ワイン。造り手はリムーのアンティッシュ。リムーは世界最古のスパークリング・ワインの地域です。よく冷やしたリムーの甘口は、オレンジの香りがするオレイェットとは絶妙な相性。最初はドライのスパークリング、締めのデセールには甘口のスパークリングを飲むのがオクシタニーの食文化で、家ではオレイェットをかじりながら、シュワっと冷たいワインを楽しみます。菓子全般に合うスパークリングです。

### Heidseick & Co. Monopole
### "Goût Américain" Extra Dry
### Champagne

エドシック・モノポール
"グー・アメリカン" エキストラ・ドライ・
シャンパーニュ

産地：シャンパーニュ／品種：ピノ・ノワール、シャルドネ、ピノ・ムニエ／スパークリング・ワイン

ワイン名にアメリカンが含まれているのには物語があります。20世紀初頭、スパークリング・ワインをアメリカに輸送している途中、北欧の海で船が沈没。21世紀に入って沈没船を発見します。船の中に眠っていたスパークリング・ワインを飲んでみると美味しかった。海の底の冷たい環境が保存に適していたんです。そこで古い資料を探しだして再現。昔は少し甘いものが評価されていたこともあって、このスパークリングも甘味の強いタイプです。

# Oreillette

**材料** 12枚分

薄力粉 farine de blé type 45 ― 500g

ベーキングパウダー levure ― 6g
※薄力粉とベーキングパウダーは合わせてふるう

オレンジの表皮（すりおろす） zeste d'orange râpé ― 1個分

レモンの表皮（すりおろす） zeste de citron râpé ― 1個分

塩 sel ― 3g

グラニュー糖 sucre granulé ― 80g

バター beurre doux ― 100g
※室温で柔らかくしておく

全卵 œufs ― 4個

ラム酒〈BACARDI〉 rhum ― 100g

【揚げ油】サラダ油 huile végétale ― 適量

【仕上げ用】グラニュー糖 sucre granulé ― 適量

**1** ボウルに合わせてふるった薄力粉とベーキングパウダー、オレンジとレモンの表皮のすりおろしを入れる。
⚠ 皮の白い部分には苦味があるので、入れないようにする。

**2** 塩、グラニュー糖、バター、卵、ラム酒を加える。

**3** 手で混ぜる。混ざればよい。
⚠ 混ぜすぎるとグルテンが出るので注意。また、量が多い場合はフードプロセッサーを使用してもよい。

**4** 空気が入らないようにラップをし、冷蔵庫で1日寝かせる。
⚠ 冷蔵庫で寝かせて生地を安定させ、揚げむらをなくす。

**5** 生地を12等分する。台に打ち粉をし、手粉をつけ、生地を麺棒でのばす。目安は直径24cm×1mm厚さ。

**6** フライパンにサラダ油を180℃に熱し、生地を入れる。

**7** あっという間に（1〜2秒で）膨らんでくる。

**8** 薄く色づいたら裏返し、もう片面も揚げる。

**9** 再び裏返し、両面が美味しそうに色づくまで揚げる。

**10** ペーパータオルにのせ、グラニュー糖をふる。1枚につき10g目安。

---

フランスの
食風景

*Scène de la cuisine française*

# ブランケット・ド・リムー

[Blanquette de Limoux]

リムーはスパークリング・ワイン発祥の地です。これは地元リムーの造り手なら誰もが知っている話です。1531年、ローマ人がリムーの地でワインを本格的に作り始めました。リムーは南と北の境目に位置し、少し高台になっていて、いい白ワインができる環境を備えています。ですからリムーは白ワインが美味しい。今でもラングドックではリムーが最も素晴らしいシャルドネを作ります。

さて中世の頃、ローマ人が始めたワイン作りは修道院に受け継がれ、自らの畑をもち、いずれ売買をするまでになりました。ところがある年、白ワインが発泡していることに気づきます。飲んでみると不思議な感覚で面白い。偶然の産物でしたが、地元で出回り、流行します。ただし保存ができませんし、同じように作れるかもわかりません。それを100年、200年と長い歳月をかけて技術を磨き、安定的に発泡させられるように品質を向上させました。

1700年代、北の地方のキリスト教協会の人間が、"発泡するワイン"の噂を聞きつけてリムーを訪れます。その人物がドン・ペリニヨン。ちなみにドンとは英語のトップという意味合いで、彼は位の高い僧侶でした。ペリニヨンはリムーで"発泡するワイン"の技術と知識を教わり、シャンパーニュ地方に持ち帰ります。そしてシャルドネ種で試みると、見事に発泡するワインができた。それがシャンパンです。ちなみに、ラングドックの発泡するワインはモザック種で作られていました。王室のあるパリに近いというシャンパーニュの地の利を生かし、時代の勢いにも後押しされ、シャンパンは名を馳せ、揺ぎない地位を築き、今に至ります。

リムーで誕生し、今も作り続けられているスパークリング・ワインがブランケット・ド・リムー。ワイン作りを始めた修道院「Abbaye de Saint-Hilaire」は現存しています。

# *Pets de nonnes*
[ペ・ド・ノンヌ]

修道院が発祥のパータ・シューで作る丸い揚げ菓子です。直訳すると「修道女のおなら」。大きな声では言えません。控えめに「修道女のため息」を意味するスピール・ド・ノンヌ［soupir de nonne］と呼ぶこともあります。

　発祥は他の地方という説もあるようですが、人々に愛され土地に根づいているという意味では、間違いなくオクシタニーの菓子です。マルシェでも人気で、大人も子供も大好き。指を砂糖まみれにしながらパクパクと頬張っています。時代の流れで廃れる菓子や料理もあれば、何らかの理由で発展や進化を遂げるものもある。それも歴史の流れです。ある地域で受け継がれているということは、その土地に合っていて、求められているということ。オクシタニーでいえば、調理にはバターよりもオリーヴ油などの油脂を多く使うので、揚げ菓子を作りやすい背景があります。また、乾燥した気候が揚げ菓子を日持ちさせることも継承されている理由かもしれません。

### Château Bouscassé "Les Larmes Céleste" Pacherenc du Vic-Bilh

シャトー・ブースカッセ
"レ・ラルム・セレスト"
パシュラン・デュ・ヴィック＝ビル

産地：シュッド・ウエスト／
品種：プティ・マンサン、グロ・マンサン、プティ・クリュブ／甘口

シュッド・ウエスト（フランス南西地方）の可能性を世界に広めた立役者、アラン・ブリュモン氏。彼は伝統品種タナを復興させた南西フランス最高の生産者でもあります。シャトー・ブースカッセはマディラン地方の名門です。自然の甘味に富んだ心地よい飲み口が秀逸。アプリコットやピーチの香り、フルーティーな甘さが揚げ菓子に合いますが、デザートワインやアペリティフにも適しています。

## *Pets de nonnes*

**材料**　作りやすい分量

パータ・シュー pâte à choux：
強力粉 farine de blé type 65 — 75g
薄力粉 farine de blé type 45 — 75g
牛乳 lait — 125g
水 eau — 125g
バター beurre doux — 125g
塩 sel — 2.5g
グラニュー糖 sucre granulé — 7.5g
全卵 œufs — 5個

【揚げ油】サラダ油 huile végétale — 適量
【仕上げ用】グラニュー糖 sucre granulé — 適量

**1**　強力粉、薄力粉は合わせてふるう。
🍴 合わせてふるうとだまにならない。

**2**　鍋に牛乳、水、バター、塩、グラニュー糖を入れ、火にかける。

**3**　沸騰したら火を止め、1を加える。
🍴 沸騰したところに粉を入れるとだまになる。

**4**　木べらで一方方向に混ぜる。
🍴 一方方向に混ぜるとだまにならない。

**5**　混ざったら中火にし、混ぜながら水分を飛ばす。

**6**　鍋底に貼りつくようになったら混ぜ上がり。

**7**　ボウルに移し、溶きほぐしておいた卵を少しずつ加え、ゴムべらで混ぜる。

**8**　すくうと落ちず、ゴムべらに大きくとどまるようになったら生地の完成。

**9**　絞り袋に直径13mmの丸口金をつけ、生地を入れる。

**10**　フライパンにサラダ油を170〜180℃に熱し、生地を入れる。3〜4cm出し、ナイフで切り落とす。

**11** 油を混ぜながら、美味しそうに色づくまで揚げる。

**12** 油をきってボウルに入れ、熱いうちにグラニュー糖をふって上下を返す。

フランスの
食風景

*Scène de la cuisine française*

# 小麦粉

[farines]

日本では小麦粉をタンパク質の多い順に強力粉、準強力粉、中力粉、薄力粉と分類されているようですが、フランスでは灰分量によって細かく分類されています。灰分量はミネラル含有量に相当するもので、ミネラル分の多い外皮や胚芽が多いほど灰分量が多くなり、色はくすんで粒子が粗くなります。種類は「type ティプ＝タイプ」の数字で分類されています。

**数字で表すフランスの小麦粉**

| 小麦粉の種類 | 灰分 | 麦1粒中使用% | 特徴 | 用途 |
|---|---|---|---|---|
| type45 | 0.5%以下 | 70% | 非常に白い | 菓子用の発酵生地、ブリオッシュ生地、クレープなど液状の生地、ソースやクリームのつなぎ |
| type55 | 0.5〜0.6% | 75% | 白い | パン、菓子の生地、パイやパテの生地など |
| type65 | 0.6〜0.75% | 78% | クリーム色がかっている | バゲット、パン・ド・カンパーニュなど |
| type80 farine bise | 0.75〜0.9% | 82% | 灰褐色 | パン・ド・カンパーニュ、パン・リュスティックなど |
| type110 farine semi-complète | 1〜1.2% | 86% | 半全粒粉。褐色でふすまの粒が見える | パン・コンプレ |
| type150 farine complète | 1.4%以上 | 92% | 全粒粉。全体に褐色 | パン・コンプレ、パン・オ・ソン |

*Occitanie* | 127

# *Millas*
## ［ミヤス］

ミエ［millet］の種、つまり粟で作ったのがミヤスの始まりです。アジアから伝わった菓子で、フランスではやがてトウモロコシの粉を使うように。材料は土地のものへと移り変わるけれど、名前に名残があるのがなんともノスタルジックです。

　また、ミヤスはミヤスゥ［millassou］とも呼ぶことも。ミヤスは西の地方やボルドー地方にもあるので、発音の違いといったところでしょうか。

　ミヤスは温かいのが美味しいです。マルシェでも売られていますが、大きく作ったものを切ってその場で焼いて熱々を渡してくれます。蜂蜜をかけるとさらに美味。ふわりとオレンジの花の香りを纏うのは南フランス特有です。家庭では日曜日など家族が集まった時に食べます。

　ミヤスには甘く作ってデザートにするものと、砂糖を加えずに料理のつけ合わせにするものがあります。つけ合わせは鴨やフォアグラによく合います。香り立つような名前をつけるなら、Millas à la fleur d'oranger et au miel de Garrigues［フルール・ドランジュと蜂蜜風味ミヤス］。Garrigues はカルカソンヌにある山の名前で、その山で採れる蜂蜜をかければオクシタニー料理として完璧です。

### Domaine du Tariquet "Premières Grives" Côtes de Gascogne
ドメーヌ・デュ・タリケ "プルミエール・グリヴ" コート・ド・ガスコーニュ

産地：シュッド・ウエスト／
品種：グロ・マンサン／甘口
ドメーヌ・デュ・タリケは白ワインのスペシャリスト。プルミエール・グリヴは豊かな風味とかすかな甘味が特徴で、デセールの他に白身魚やフォアグラなどにも合います。グリヴ（グリーヴ）はツグミのこと。秋のジビエとして食べることもあるのですが、このツグミがブドウを食べにやってくるのが熟成、つまり収穫の合図。エチケットにもツグミの絵が描かれていたりと機知に富んでいます。

### Domaine du Tariquet "Dernières Grives" Côtes de Gascogne
ドメーヌ・デュ・タリケ "デルニエール・グリヴ" コート・ド・ガスコーニュ

産地：シュッド・ウエスト／
品種：プティ・マンサン／甘口
一方、デルニエール・グリヴは「最後のツグミ」の意味。しっかりと熟成したブドウの最後の収穫を告げるのもやはりツグミで、味わいもリッチで濃密さに溢れています。

　コート・ド・ガスコーニュのグラッサ兄弟が生み出すのは、「最初の収穫」と「最後の収穫」のワイン。双方甘いですが、前者はフレッシュ。後者は約2カ月後のブドウですから熟成が進んで高糖度、見た目も萎んでいます。プルミエールは白ワイン用のグラス、デルニエールは甘口用のグラスで飲むのも粋です。

# Millas

**材料**　内寸30×11×高さ8cmのテリーヌ型1本分

牛乳 lait —— 750g

バター beurre doux —— 50g

トウモロコシ粉*¹ farine de maïs —— 100g

全卵 œufs —— 4個

グラニュー糖 sucre granulé —— 200g

レモンの表皮（すりおろす）zeste de citron râpé —— 1個分

フルール・ドランジュ*² fleur d'Oranger —— 8滴

仕上げ finition：

強力粉 farine de blé type 65 —— 適量

バター beurre doux —— 40g

蜂蜜 miel —— 適量

＊1＝トウモロコシはアンデス山脈原産で、ヨーロッパには15世紀に伝わる。フランスでトウモロコシを挽いた粉をコーングリッツまたはコーンミール（semoule de maïs）と呼び、細かく挽いた粉はコーンフラワー（farine de maïs）と呼ぶ。

＊2＝天然のオレンジの花の香りのエッセンス。オレンジの花を水蒸気蒸留して得る。名産地はコート・ダジュールだが、現在では輸入も多い。クレープ、スイカのコンフィチュール、グレープフルーツのロティ、ベニエなどに風味づけとして使う。

**1**　型にバター（分量外）を塗る。

**2**　鍋に牛乳、バター、トウモロコシ粉を入れて火にかけ、泡立て器で混ぜながら温める。

**3**　ボウルに卵を溶きほぐし、グラニュー糖を加え、泡立て器で混ぜる。

130　| Occitanie

**4** 2の牛乳が沸騰したら、卵のボウルに少しずつ混ぜながら加える。

**7** レモンの表皮のすりおろし、フルール・ドランジュを加え、混ぜる。

**10** 型から出し、2cm幅に切る。

**5** 鍋に戻し、中火にかけ、泡立て器で混ぜる。

**8** 型に入れ、台などに打ちつけて空気を抜き、表面をゴムべらで平らにする。

**11** 全面に強力粉をまぶす。
粉をまぶすことで、むらなく美味しそうな焼き色がつく。

**6** 手を休めずに混ぜ続け、鍋肌が焦げつかないように注意する。ふつっとしたら煮上がり。

**9** {bain-marie} 天板に型を置いて水を注ぎ、180℃のコンヴェクションオーヴンで1時間焼く。粗熱がとれたら冷蔵庫で冷やす。

**12** フライパンにバターを熱し、中火で両面を焼く。美味しそうな焼き色がつけばよい。皿に盛り、蜂蜜をかける。

# オクシタニーが生んだ偉大な料理人

### プロスペール・モンタニェ
**Prosper Montagné（1865-1948）**

近年までプロスペール・モンタニェという料理人の名はあまり知られていませんでした。彼の出生地であるカルカソンヌでの話です。昔の田舎では本も情報もなく、レストランに行くのは裕福な人々でしたから、庶民が名店や高名なシェフを知る由もありません。数年前、私が発起人となって彼の生家に記念の石板を設置したことで、「カルカソンヌ生まれの有名な料理人がいたのだな」と人々が関心をもつようになったのが実際のところです。

§

プロスペール・モンタニェは1865年、ホテル経営者で料理人の父のもとカルカソンヌに生まれます。主にホテルの厨房で腕を磨いたあと、若くして才能を発揮し「パヴィヨン・ダルムノンヴィル」「ルドワイヤン」、パリの「グラン・ドテル」の料理長を歴任しました。1907年から著作活動と料理の研究に専念し、雑誌に多数の論文を投稿しながら5冊の料理書を著しています。第一次世界大戦の折りには兵士に温かい食事を運ぶ容器を考案するなど、初のケータリング屋としての顔ももちます。1920年にはパリ中のグルメを魅了した伝説のレストラン「モンタニェ・トレトゥール」を開きますが経営は不得手で10年で店は差し押さえられ、陶器の町セーブルに移り、1948年に永眠します。

1929年に7000ルセットを収録した大著『料理大全』を刊行。さらにゴットシャルク博士とともにフランス料理の集大成、『ラルース料理大辞典』を著しました。『Le guide culinaire』に先駆けて料理の盛りつけの簡素化を主張し、フランス料理の近代化への道筋を示すなど、ベル・エポックの時代にオーギュスト・エスコフィエと肩を並べた偉大な料理人です。

### マルセル・エムリック
**Marcel Aymeric（生年・没年不詳）**

私の恩師で「カスレの王様」と呼ばれた人物です。1960年代、カルカソンヌの町のはずれのナルボンヌへ向かう国道沿いに「ロジト・トランカベル」というレストランを経営していました。美味しい料理とカスレで有名で、ホテルも併設、ミシュラン一つ星を獲得する繁盛店。年に一度は第16代フランス大統領ヴァンサン・オリオールに所望されてカスレを送るほどに、評判で素晴らしいカスレだったのです。

厨房で働いていたのはシェフと私を含む16歳ほどの料理人が3人、冷製と洗い場に1人ずつ。私は手先が器用で料理の勘所を心得ていたので魚を担当。よく出ていたのは平日のグリエで、当時はイギリス式に大皿で供していました。「ロジト・トランカベル」のスペシャリテはニジマスのファルシ、アンコウのブリード、伊勢海老のアルモリケーヌ、鶏のモリーユ、鴨のコンフィ、フォアグラ、言わずもがなのカスレ。デザートではオムレット・ノベルジェンヌなど。

忙しかったのは夏の日曜日。フランス人がレストランに行くのは休みの日ですから、土日は盛況です。天気のいい日はテラス席も出したので客席は60あまり。ホールにはマダムがいて4人でサービスを担っていました。私たちの労働時間は朝8時に厨房に入り、終わるのは夜の11時。カスレを作る日は7時入りと決まっていました。修業はたいてい3年で、給料はありません。同僚と休憩時間に遊びに行く算段をしていると、勤勉なエムリック氏からいんげん豆が飛んできたものです。エムリック氏は厳しい料理人でしたが寛大な人柄で、人生の薫陶を受け、多くの料理を学びました。私はエムリック氏の弟子第1号で、彼のもとでたくさんの経験を積めたのは料理人として幸運なことでした。

プロスペール・モンタニェの著書『Le Festin Occitan』

カルカソンヌの通りにあるモンタニェの生家。掲げられた石板には「この家にフランス料理のグランメートル、プロスペール・モンタニェが1865年11月14日に生まれた」の文字が刻まれています

恩師エムリック氏。私のアルバムの中の1枚

マルセル・エムリックの著書『joies de la gastronomie』

Occitanie | 133

パッションの美学
*Vision d'André Pachon*

# 尊敬するフランスの料理人

## オーギュスト・エスコフィエ
### Auguste Escoffier(1846-1935)

「料理人の王様であり、王様の料理人である」と称えられ、世界にフランス料理を広めた人物。彼が出版した本、『Le guide culinaire』では5000種以上のルセットと基本技術をまとめ、現代のフランス料理の基礎を築き、前世紀の料理界のバイブルになっています。

## プロスペール・モンタニェ
### Prosper Montagné (1865-1948)

彼の名言である"美味しい料理は良い食材でしか作れない"や"カスレをキリスト教の三位一体で表すと、父なる神はカステルノダリー、神の子はカルカソンヌ、聖霊はトゥールーズ"は、いまだに料理人たちのスピーチなどで使われています。また彼の著書には『Le Festin Occitan（ル・フェステン・オクシタン）』があり、食の大辞典『Larousse gastronomique（ラルース・ガストロノミック）』の出版に至っては彼の最も重要な功績と言えます。

## マルセル・エムリック
### Marcel Aymeric（生年・没年不詳）

私の恩師であり、カスレの王様。メートル・キュイジニエ・ド・フランスである彼は料理と若い料理人の育成に人生を捧げました。当時、料理人には3年という修業期間制度があったため、16〜19歳という若い子供たちはとても厳しい条件のなかで働いていました（長い労働時間、休みや給料などはオーナーが決定）。エムリック氏はいつも言っていました。"辛い修業があるからこそ将来君たちはシェフになる"

## ポール・ボキューズ
### Paul Bocuse(1926-2018)

ミシュランガイドで三つ星を53年守り続け、20世紀最高の料理人として知られる彼は、伝統料理とシンプルで正統な料理を守り続ける人。彼のテロワール料理への情熱と誠実さは、私が愛する料理そのものです。

# 私が好きなオクシタニー地方のシェフとレストラン

### クロード・ロドリゲス
「シャトー・サンマルタン・トレンカヴェル」カルカソンヌ
Claude Rodriguez, Château st Martin Trencavel Carcassonne

1960年代「ロジト・トランカベル」での修業時代の戦友。テロワール料理を大事にし、料理に人生を捧げてきました。アカデミー・ユニヴェルセ・デュ・カスレの創立メンバーである彼は、カルカソンヌをはじめオクシタニーの料理大使とも言える存在。

### ジル・グジョン
「オベルジュ・ドゥ・ヴィウ・ピュイ」フォンジョンクージュ
Gilles Goujon, Auberge du vieux puits Fonjoncouge

オートクチュールな料理の裏には情熱的な男がいます。MOF（フランス最優秀職人）、ミシュランガイド三つ星の彼は世界的に有名な料理人。コルビエール地方の山奥に隠れたレストランでは世界中の美食家たちを魅了する料理を提供しています。

### フランク・ピュトラ
「レストラン・ル・パルク」カルカソンヌ
Frank Putelat, Restaurant le Parc Carcassonne

寛大かつ情熱をもった料理人。自らの料理を"クラシック・フィックション"と名づけ、伝統料理に手を加え、違う時代の料理に生まれ変わらせています。MOF、ミシュランガイド二つ星である彼は、オクシタニーの料理人のなかで一番の成功者。

### ジャンマルク・ボワイエ
「レストラン・ル・ピュイ・ドゥ・トレゾール」ラストゥールス
Jean Marc Boyer, Restaurant le Puits du Trésor Lastours

技術を会得するために学びを重ね、働き、技術を磨く努力家。常に人のためを考える心の広い料理人。ガリーグ（garrigue：石灰岩に生える低木の林やワイナリー。野生のハーブが自生し、トリュフやエスカルゴが生息する）が香る料理を作ります。

### ジェローム・リオン
「レストラン・ラ・バルバカーヌ」
カルカソンヌ（オテル・ド・ラ・シテ内）
Jerome Ryon, Restaurant la Barbacane
Hôtel de la cité Carcassonne

彼は季節感やテロワールの食材を使った料理を作ります。シェフを務めるのは、数々の有名人などが宿泊したシテ・ド・カルカソンヌ内に建つホテルの中にあるレストラン。そこは私が料理人の道を歩むきっかけとなった場所。

### フィリップ・デシャン
「ドメーヌ・ドリアック」カルカソンヌ
Philippe Deschamps, Domaine D'Auriac Carcassonne

クラシックな内装、広々とした庭があるレストラン。オクシタニー地方料理が中心で、クラシックな心地よいサービスがとても印象的な私好みのレストラン。

# *Cassoulet de mon maître Marcel Aymeric*

[恩師マルセル・エムリックのカスレ]

カスレはオクシタニー地方の料理の神と呼ばれています。私たちはキリスト教の教義である三位一体に置き換えて、父なる神はカステルノダリー、神の子はカルカソンヌ、聖霊はトゥールーズであると表現しています。これはプロスペール・モンタニェが唱え始めたことで、三つのカスレのどれもが本質で、優劣はなく平等で価値があることを意味しています。

他の郷土料理と違わず、カスレもオクシタニーのお母さんが作る家庭料理です。家族が集まる日曜日にふるまう料理。カスレに火を通すのは時間がかかるので、あらかじめカソールに仕込んでおき、日曜になるとカスレをパン屋に持っていって、竈で焼いてもらっていました。パンは朝のうちに焼くので、そのあとは空くのです。竈の火は落としてしまいますが、余熱で充分。美味しそうな焼き色がつくのです。

三つのカスレの話に戻りますが、具材はそれぞれ異なります。私のカスレは恩師であるマルセル・エムリック氏のルセットを踏襲したもの。彼はカステルノダリーの生まれでしたが、カルカソンヌに店を開いていたので、三つの都市のどれとも少し異なり、独自のルセットで作り、またそれが人気を博していました。使っている白いんげん豆も料理人によって違い、私はタルブ種を愛用しています。もっちりとした食感で、煮込んでも皮が破れずきれいな形を保ったまま仕上がるのが魅力です。他にはロラゲ産の白いんげん豆も。ムンジェットはオック語で白いんげん豆のことなのですが、ミディ＝ピレネーにはムンジェタード［munjetade］という、カスレに極めて似た料理があります。

### Château de la Soujeole Malepère
シャトー・ド・ラ・スジョール
マルペール

産地：ラングドック／
品種：カベルネ・フラン、マルベック、メルロー／赤

シャトーはカスレのセレモニーが行われる町にあって、オーナーのジェラール・ベルトランは元ラグビー選手でフランスの英雄。引退後、お父さまの畑を引き継ぎます。長けたブランディング力や現代的な美意識で古さを刷新、ラングドックワインの名を世に知らしめる功績をあげます。同時に伝統にも重きを置き、カスレなどの行事にも積極的に尽力し、尊敬を集めています。彼のワインの面白さはいろいろな地方のブドウの品種を使っていること。力強さのなかに洗練されたイメージが加わり、家庭で食べるイメージのカスレをハイエンドに引き上げます。現代のカスレに合う赤ワインです。

### Château La Tour Boisé "Marie-Claude" rouge Minervois
シャトー・ラ・トゥール・ボワゼ
"マリ・クロード" ルージュ・
ミネルヴォワ

産地：ラングドック／
品種：シラー、グルナッシュ、カリニャン／赤

もう1本はカスレ信奉者をも納得させる赤。熟成感たっぷりの赤いベリーの風味、スパイシーさはいい意味でラングドック臭さがあり、南仏の香り、テロワールを求める人たちにうってつけ。煮込み料理との相性は秀逸です。オーナーのブドゥー氏が父の大親友である縁も格別。カルカソンヌの"マルセル・エムリックのカスレ"のための選択で、地元の祭りなどではこのタイプのワインが出てきます。これがトゥールーズのカスレならばマルベックでしょうとなるのですが、その話はまたいつか。

# Cassoulet de mon maître Marcel Aymeric

**材料** 40人分

白いんげん豆〈タルブ〉*¹ haricots tarbais — 2kg
豚肩ロース肉 echine de porc — 2kg
トゥールーズソーセージ saucisses de Toulouse — 2kg
鴨の胸肉ともも肉のコンフィ (p.222)
　　confit de canard aile ou cuisse — 20個
※胸肉、もも肉を各10個使用。あるいはどちらかを20個

オニオンピケ oignons piqués de clous de girofle — 2個
ブーケ・ガルニ bouquets garnis pour viandes — 大2束
玉ねぎ oignons — 600g
にんにく（みじん切り） ail haché — 100g
トマトピュレ purée de tomate — 20g
塩 sel — 50g
黒コショウ poivre noir du moulin — 25g
鴨脂 graisse de canard — 105g

フォン・ド・カスレ fond de cassoulet：
豚肩ロースの骨 os dé échines de porc — 上記から全量
※上記の豚肩ロース肉の骨を使用

豚足 pied de porc — 4本
豚すね肉 jarret de porc — 2個
豚の皮 cuénne de porc — 300g
生ハム jambon cru — 300g
オニオンピケ oignon piqué de clous de girofle — 1個
水 eau — 10ℓ

*1＝オクシタニー地方の都市タルブ [Tarbes] 周辺で栽培されるタルブ種。食感はもっちりとしていて、煮込んでも皮が破れずきれいな形を保ったまま仕上がるのが特長。

**1** 1日目。{dégorger, blanchir} フォン・ド・カスレを作る。豚肉の各部位はきれいにして洗い、生ハムとともに鍋に入れ、たっぷりの水を入れて火にかける。沸騰したら5分ゆで、水気をきる。

**2** {écumer} 再び水10ℓを加え、火にかける。沸騰したらアクを取る。

**3** オニオンピケを加え、弱火で2時間煮る。そのまま一晩おく。

🔥 夏は粗熱をとって冷蔵庫に、冬は室温におく。

**4** 白いんげん豆は洗い、たっぷりの水に浸し、一晩おく。

**5** 2日目。一晩おいたフォン・ド・カスレ。脂が固まり、ゼラチン状になっている状態。

**6** 肉類を取り出し、骨を取り除く。肉を取りにくい場合は鍋を少し火にかけて脂を溶かす。

🦴 豚足は爪先まで細かい骨があるので注意して取る。

**7** 豚肩ロース肉は4〜5cm角に切る。塩20g、黒コショウ10gをふる。

**8** フォンをとった肉類は大きなものがあれば一口大に切る。写真は他に、豚肩ロース肉、ソーセージ、鴨のコンフィ。すべてカスレに使う肉。

**9** 一晩おいた白いんげん豆は2倍ほどの大きさになっている。上が浸水前、下が浸水後。

**10** {blanchir, écumer} 水気をきって鍋に戻し、たっぷりの水を入れて火にかける。アクを取り、沸騰してから5分ゆで、水気をきる。

**11** 鍋に白いんげん豆を入れる。フォン・ド・カスレをシノワで漉し入れ、火にかける。

**12** フォンをとった肉類を加えて混ぜる。さらにフォンを加えて煮る。

🦴 最終的に加えるフォンの量は6ℓ。材料が隠れるようにする。

**13** 塩28g、黒コショウ14gを加える。

🦴 黒コショウは表面を覆うほどたっぷり加える。コショウが味の決め手になる。

**14** オニオンピケ1個、ブーケ・ガルニ1束を加える。ここでいったん火を止める。

**15** フライパンに鴨脂75gを熱し、豚肩ロース肉を焼く。全面がカリカリになるまで強火で焼く。

**16** 豚肩ロース肉がカリカリになって焼き色がついたら、別の新しい鍋に入れる。

**17** 玉ねぎはすりおろす。フライパンに豚肩ロース肉を焼いて出た脂を熱し、玉ねぎ、半量のにんにくを炒める。薄く色づく程度に炒める。

*Occitanie* | 139

**18** 16に残りのにんにくを加え、香りが出るまで炒める。

**19** 17の玉ねぎを半量加える。この時の玉ねぎは薄く色づく程度でよい。残りの玉ねぎは炒め続ける。

**20** フォン・ド・カスレ2ℓをシノワで漉し入れる。

**21** オニオンピケ1個、ブーケ・ガルニ1束、トマトピュレ、塩2g、黒コショウ1gを加える。蓋をし、弱火で40分煮る。

▲ トマトピュレは色づけのため。カスレが美味しそうに見える。

**22** 17の残りの玉ねぎの水分が飛んで茶色になったら、14の白いんげん豆の鍋に加える。蓋を少しずらし、弱火で1時間煮る。

▲ ここからはカスレの色を出すため、アクを取らない。

**23** 21と22を煮ている間にソーセージを焼く。フライパンに鴨脂30gを熱し、ソーセージを焼く。裏返して脂を捨て、両面にしっかり焼き色をつける。中まで火は通っていなくてもよい。

**24** 白いんげん豆の鍋を40分煮たら、21の豚肩ロース肉を加え、蓋を少しずらし、弱火で20分煮る。

**25** オニオンピケ、ブーケ・ガルニを取り出す。土鍋（カソール）に具とフォンをバランスよく八〜九分目まで盛る。

**26** ソーセージを40等分に切り、放射状に並べる。鴨のコンフィは半分に切り、ソーセージの間に並べる。ソーセージと鴨のコンフィは1人1切れずつ行き渡るようにする。

**27** 180〜200℃のオーブンで1時間ほど焼く。表面の膜をスパチュラで押す。冷めたら冷蔵庫で寝かせる。

▲ 2〜3日から1週間後が食べ頃。2週間は保存可能。冷凍もできるが勧めない。

**28** 供する日。寝かせたカスレ。供する前に180℃のオーヴンで焼く。これで2回膜ができることになる。焼き時間は量によって調整する。8人分で1時間15分、1人分なら25分ほど。熱々を供する。

# cassole

カスレの名前は、厚手の煮込み鍋「カソール[cassole]」に由来します。カソールはカステルノダリーから北へ5kmほどに位置するイセル[Issel]名産の土鍋ですが、カステルノダリー、カルカソンヌ、トゥールーズによって形状が異なります。カステルノダリーのカソールは底が狭く、側面は直線的。カルカソンヌ、トゥールーズは同じカソールを使いますが、底が広くて側面は曲線、丸みを帯びた形状です。どちらのカソールも控えめな持ち手がついています。

## 魔法の数字

カスレの焼き皮に一家言ある料理人もいるようです。曰く、「オーヴンで焼き、表面に張ってくる香ばしい焼き皮を6回壊さなければならない。7回目の皮が張ったらでき上がりである」。オーヴンで焼いて皮ができたら、押して沈め、また新しい皮を作る。その通りなのですが、私が皮を作るのは2回だけ。作る時と、寝かせておいて食べる時。2回にとどめる理由は、何度も皮を破っては美味しいジュースが蒸発してしまうから。7はラッキーな数字ですから、"7回の皮"に幸運をかけているのかもしれませんが、私は美味しさ優先です。

## aco v'aimi

カスレの決まりごとを一つ。カスレのセレモニーで役職を任命された人は、表彰状を贈呈される時に、「Aco v'aimi（アコ・バイミ）」と受け取るのがしきたりです。これはオック語で「これ、好き」という意味。カスレを食べた感想にも使えますし、他の料理の美味しさを讃える際にも使えます。

# 三都市の肉の種類

父なる神はカステルノダリー、神の子はカルカソンヌ、聖霊はトゥールーズ。三都市のカスレをキリスト教の教義になぞらえて表現しているのは、カスレがオクシタニー地方にとって極めて大切な料理であることを謳うため。三都市のカスレの違いは、中に入れる肉の種類です。具体的には以下のよう。

●カステルノダリー：豚肉全般、鴨のコンフィ
●カルカソンヌ：豚肉全般、ヤマウズラ
●トゥールーズ：豚肉全般、子羊

白いんげん豆を使うことは大原則、豚肉は共通です。この時の豚肉とは、部位の差異は関係なく、ジャンボンやソーセージなどの豚肉加工品も含めての「豚肉」です。現在ではカルカソンヌのカスレに必須のヤマウズラは手に入りにくくなってしまい、材料の決まりも変わってきました。料理人によっても肉の種類は異なりますし、事実、「カスレの王様」の異名をとる恩師マルセル・エムリック氏のカスレも三つのどれとも合致しません。時代の流れに寄り添いながら進化する。それも伝統料理の在り方なのでしょう。

*Occitanie* | 143

パッションの美学
*Vision d'André Pachon*

# カスレ・ディナー
## [Soirée Cassoulet]

　カスレが本格的に日本に上陸したのは1971年のこと。私アンドレ・パッションが率いる六本木「イル・ド・フランス」のメニューに載ったのが始まりです。当初は純粋にフランスの郷土料理としてのカスレを提供するもので、現在のカスレ・ディナーのようなお祭りの要素はありませんでした。材料の調達もままなりませんでしたから、鴨のコンフィは北京ダックで代用し、白いんげん豆は北海道産を取り寄せるなど奮闘の日々。どうにか本場に近いものを作り上げてはいましたが、白いんげん豆に黒コショウをたっぷりと効かせるカスレは、豆を甘く煮て食べる日本人にはショッキングな料理だったようです。けれどもお客さまは外国の方が多かったので、それなりに好評を博してはいました。

　1984年「レストラン・パッション」のオープンを機に、満を持してカスレ・ディナーを実現させます。目的はカスレの普及、歴史と文化と料理を継承するためです。そうは言っても初めは年に1度ほど、簡単な食事会の様相でした。それが今では"カスレ祭り"と親しまれる賑やかなスタイルに進化し、年に10～12回は開催するほどの人気の催しになりました。感慨深いことに、カスレ・ディナーは2020年で第24章を迎えます。

|開演| この夜ばかりはレストラン・パッションが一変。お祭り仕様に飾り、フランス料理とカスレを愛する人々をお迎えします。期待でいっぱいの熱気が店内に溢れたら、カスレ・ディナーの幕開けです。

|挨拶と乾杯| 感謝のご挨拶と、私の故郷の偉大なる料理、熱い熱いカスレの口上をして乾杯。ブランケット・ド・リムー（p.123）はもちろんワインもオクシタニー産を揃えています。

|料理| アミューズから始まってデセールまで6～7品。シーズン中は何度でも楽しんでいただけるように、カスレ以外のメニューは毎回変えています。

|メンバー入場| カスレアカデミーの会員が軽快な生演奏にのって入場します。赤いマントは会員の証。

|表彰式| カスレを愛しカスレの普及に努めた新しい有志に表彰状を贈呈します。「Aco v'aimi アコ・バイミ」と言って受け取るのが決まり。オック語で「これ大好き！」という意味。

|カスレ登場| お待ちかねのカスレ！　アカデミー会員、スタッフ総出で熱々のカスレをお客さまのテーブルに届けます。行進曲は「メルシー・ムッシュ・パッション」の歌詞でお馴染みのオリジナル。店内は大いに盛り上がります。

|仮面舞踏会| お腹がいっぱいになったら仮面をつけて歌い踊り歩きます。先端に飾りのついたスティックはリムーのカーニバルと同じもの。知り合いを見つけたら、その人の頭をぽんぽんと叩きます。

# カスレの会

●アカデミー・ユニヴェルセル・デュ・カスレ
ジャン・クロード・ロドリゲス氏と私アンドレ・パッションが1994年、世界中にカスレを広める使命のもと発案。1999年にカルカソンヌで登録され、正式なアカデミーに。会長はピエール・ポリ氏。世界中に支部があり、カナダ代表は弟のダニエル・パッション。日本代表は私。このアカデミーが発足してオクシタニーにカスレ街道ができました。メンバー以外は出店できない規則です。

●コンフレリ・デュ・カスレ・ド・カステルノダリー
カスレの団体のなかでは最古であり、本家。普及活動はフランス国内だけで行なっています。カステルノダリーでは8月の最終週の1週間、カスレの祭りを開催。毎日オーケストラ演奏があるなど、街をあげての大イベント。

●コンフレリ・デ・タスト・ムンジェート・デュ・コマンジュ
1960年代サン・ゴデンスにて発足。ムンジェート（ガスコーニュ語で豆）のなかで最も有名なのはAOCラベルのタルブ種、その愛好家らによって維持されている。年に数回の授賞式でムンジェタードをふるまうパーティーを開催。

左から「Confrérie des Tastos Munjetos du Comminges」、「Academie Universelle du Cassoulet」、「Confrérie du Cassoulet de Castelnaudary」のメダル。

# リムーのカーニバル

我がカルカソンヌには、世界で一番長いカーニバルとしてフランスの文化遺産にも登録されている祭りがあります。それがリムーのカーニバル。1月から3月にかけて、毎週末の土日に開催されています。起こりは昔々、村の領主に税を納めたあと、みんなで楽しい時間を過ごしましょうと、領主がふるまってくれた祭りという説。もう一つは、boulanger（パン職人）やcuisinier（料理人）など職人同士のライバル心から、職業ごとにグループに分かれて踊りとお面で争ったという説などがあります。

現在では地元の青年たちがグループを結成して、恰好いい衣装、ゆっくりとした独特な音楽と踊りで村を練り歩き、見物客を魅了します。週末ごとに違うグループが出場しますから飽きません。踊る人は手にスティックを持ち、知人を見つけては頭をぽんぽんと叩きます。けれど叩かれた人は相手がお面をつけているから誰なのかわからない、という楽しさもあります。リムーの中心には広場があってレストランやカフェが軒を連ねているのですが、踊り手のグループは1軒1軒まわっては休憩をはさむので、のんびりとしたもの。村の人々が踊れるようにオーケストラが演奏していたり、子供たちが遊ぶ露店などが出ていたり、日本の盆踊りのような風情です。

カスレ・ディナーは同じ時期に開かれることもあり、マスクやぽんぽんスティックなど、リムーのカーニバルの楽しい要素を多分に取り入れています。

Occitanie | 147

パッションの美学
*Vision d'André Pachon*

# ワインと料理
[vins et gastronomie]

私がワインを飲み始めたのは5歳の頃で、もう記憶にはありません。フランスの子供はワインを水で割って、徐々に体に覚えさせます。薄めて飲むのは赤ワインです。

私の父が朝起きて最初にするのは、ワインを樽から瓶に移して冷蔵庫で冷やすこと。飲むのは冷たいワインだけ。なぜ赤ワインを冷やすのかというと、あまり上質ではなかったから。戦後はどの家庭でも貧乏でした。ボルドーの安いワインを入れたタンカーがマルセイユに向かう途中、ちょうどカルカソンヌのあたりを通ります。その行き帰りにタンカーのドライバーはタンクの底に残ったワインを売っていました。田舎の人たちはワインを安く手に入れるために、ドライバーはささやかな小遣い稼ぎのために。今のワインと比べればお世辞にも美味しいとは言えない代物でしたが、度数の高いワインは冷やすと美味しく飲めるのです。父はお土産などで高級な赤ワインをいただいても、美味しくないと言っていました。本心かどうかはわかりませんけれども。

そんな風に私たちはワインを身近に育ちます。フランス人は小さな頃から食事時には昼も夜もワイン。体が慣れていますから、昼から飲んでも酔いません。Bon pain! Bon vin! Bon fromage! 美味しいパン、美味しいワイン、美味しいチーズ。この三つがあればフランス人は喜びます。

私のシャトーの地下にはワインの貯蔵部屋があって、食事の度にここからワインを選んで食卓に並べます。本書では調理用のワインとは別に、料理に合わせるワインを紹介しています。その選択はワインに精通している長男のパトリックに任せました。彼の知識は私も舌を巻くほどですから折り紙つきです。地下室の壁に吊るした袋にはブドウ畑の土が入っているのですが、それはパトリックがフランス全土のブドウ畑を訪ねてコレクションしたものです。

## 〜パトリックのワイン講座〜

　ワインにルールはありません。ワインは料理を楽しみ、引き立てるものです。料理を出す時、真ん中に皿を置きます。ワイングラスはその右上。料理とワインはそういう関係です。

　高名なワインでも料理がなければ物足りないと感じることがあります。口に料理を入れなければ、ワインの良さが生きない。ワインがあるからこそ料理がもっと美味しくなる。ワインはさらに進む。不思議なチームワークです。また、ワインは場を盛り上げる役目を担うことも。さまざまな側面をもつワインの可能性は無限です。

　ガリア時代、ブドウの栽培は古代ローマ人の侵攻によってフランスに伝わり、初めてブドウの樹が植えられたのはナルボンヌです。19世紀後半、フィロクセラによってフランスのブドウ畑は壊滅的被害を受けますが、いち早く立ち直ったラングドックは北の地方に被害が広がる間も新しい植えつけをするなど迅速に復興を目指します。その甲斐あり、土地の大らかで自由な制度も後押しし、今では私たちの故郷、南西部のワインは国内外から高い注目を集めるようになりました。ワインと深い関係にある土地で育った私たちですから、ワインへの思いはひとしおです。

　父アンドレ・パッションが、フランスの土地土地に根づく現実的で美味しい料理を紹介しているように、私も日本でも手に入って誰もが楽しめるワインを選んでいます。なかには「ル・コントワール・オクシタン」で取り揃えるワインも。この本には食べたことのない料理も味の想像がつかない料理も載っていると思います。けれども必ず合うワインを自信をもって選んでいますから、どうぞ試してみてください。

### ワイン名

Château Argentiès　←……… シャトー、造り手などの名前
"L'Alaric" blanc　←……… 品名（キュヴェ [cuvée] という）
Languedoc　←……… 産地

ワイン名の要素は三つ。最初にシャトー、造り手などの名前、次にキュヴェ、そして産地。「レストラン・パッション」のワインリストはこの順番で（続けて1行で）書いています。ワインによってはキュヴェがないものもあります。

プロヴァンス＝アルプ＝コート・ダジュール地方

# Provence-Alpes-Côte d'Azur

## 地理・気候

フランス南東部。西はオクシタニー地方とローヌ川で区切られ、東はイタリアと国境を接する。アルプス前山地帯を背に地中海に至る地方。マルセイユ南東からイタリア国境までの海岸一帯はコート・ダジュール（「紺碧の海岸」の意味）が続く。風光明媚なこの海岸は、19世紀頃から観光地、別荘地として有名。

地中海性気候の影響から、夏は暑く乾燥しており、冬は暖かい。一年を通して温暖で乾燥しているが、低い頻度で強い北風ミストラルが吹く。

中心都市：マルセイユ

## 特徴

- 地中海で獲れる海の幸が豊富
- 夏にアルプス高地に移牧して育てる子羊が良質
- 温暖な気候から、野菜と果物はフランス最大の産地
- 「プロヴァンス風 à la provençale」と名のつく料理には、トマト、にんにく、オリーヴ油が使われる
- 各地で良質なオリーヴが穫れる
- 油脂といえばオリーヴ油で、料理だけでなく菓子にも使われる
- ブドウ栽培はフランス最古の歴史を誇る
- アイヨリやタプナードなど、個性的かつ知名度の高いソース類が多い
- カマルグの湿地帯では稲作が行われている
- イタリア料理の影響も強い

## 食材

◎肉：カマルグの雄牛、シストロンの乳飲み子羊

◎魚介：地中海の穴子、アンコウ、サルディーヌやアンチョヴィ、岩礁の小魚、スズキ、ボラ、ホヤ、多数

◎野菜：トマト、ナス、ピーマン、ズッキーニ、シコレ、キュウリ、ラディッシュ、カマルグの米

◎果物：桃、洋梨、サクランボ、メロン、アプリコット、ネクタリン、プラム、アルプ・ド・オート＝デュランスのリンゴ、ヴァントゥーのミュスカ種ブドウ、ニースのオリーヴやレ・ボー＝ド＝プロヴァンスの黒オリーヴ

◎チーズ：バノンチーズ

## 代表的な郷土料理

◎前菜
ニース風サラダ [salade niçoise]
◎ポタージュ
ピストゥースープ [soupe au pistou]
◎野菜料理
ズッキーニと南瓜の重ね焼き [tian de courgettes au potiron]
◎魚介料理
スズキのグリエ、フヌイユ風味 [loup grillé au fenouil]、
塩漬け鱈と野菜のポシェ、アイヨリソース [Grand aïoli]
◎肉料理
プロヴァンス風カイエット [caillettes provençales]、
ピエ・エ・パケ [pieds et paquets]
◎軽食
ピサラディエール [pissaladière]、パン・バニャ [pan bagnat]
◎菓子
レモンのタルト [tarte au citron]

*Provence-Alpes-Côte d'Azur*

*Provence-Alpes-Côte d'Azur*

# *Soupe de poisson de roche à l'aïoli*

[スープ・ド・ポワソン 〜磯の香豊かな磯釣り魚のスープ〜]

　プロヴァンスで魚料理と言えば、ブイヤベースと並んでスープ・ド・ポワソンの名前が挙がります。ブイヤベースと同じく、小さかったり見た目が悪かったりして売れない魚を無駄なく使ったのが始まり。岩礁の魚は小さいものが多く、骨もあって食べにくいのですが、安くて味がよく出るので、スープにはうってつけです。ホウボウや鯛など日本でもお馴染みの白身魚を好みで数種類合わせます。頭や骨も一緒に煮込みますから味わいは濃厚。仕上げはクルトンとアイヨリを添えます。これもブイヤベースと同じですが、違いはたっぷりのチーズをのせること。本格的な風味を出すのにはペルノーも欠かせません。ハーブの香りが特徴のリキュールで、スープに爽やかさと奥行きを加味します。

　また、プロヴァンスではサフランをふんだんに使います。サフランは同じ重さで比較すると金の2倍、ヴァニラの10倍の値がつきます。花から雌しべを手で摘み取りますから、高価になるのは当然です。それでもオック語には "Jamai safran a gasta sauce" という言葉があり、「サフランを入れればソースは必ず美味しくなる」という教訓のようなもの。プロヴァンスはカオールやラングドックなどと並ぶ名産地ですから、美味を求めて地元のサフランを惜しみなく使うのです。

　ところで中世のフランスでは、パンをスープと呼んでいました。日持ちのするどっしりと重いパンを薄切りにしてブイヨンや牛乳などの液体に浸して食べていたのですが、この薄切りのパンをスープと呼んでいたのです。フランス語で「ずぶ濡れになった」を trempé comme une soupe と言いますが、これは「スープのように湿った」という表現で、中世にパンをスープと呼んでいた名残です。17世紀にスープの定義は「ブイヨンにパンや他の食べ物が混ざったもの」と変化し、今日の汁物を指す「スープ」に落ち着きます。

### Domaine d'Estoublon Alpilles blanc
ドメーヌ・デストゥブロン・アルピーユ・ブラン

産地：プロヴァンス／品種：グルナッシュ・ブラン、マルサン、ルサンヌ／白
スープと同じ土地のワインを合わせましょう。プロヴァンスのワインといえば白かロゼですが、このスープに合うワインを考える時に鍵となるのはアイヨリの風味。ガーリックにはパンチのある、ボリュームのある白が最適です。このワインは白桃など果実の香りが豊かで、樽の甘いヴァニラと香ばしいナッツの芳香がゴージャス。味わいは目を見張る果実味と酸味があって、新樽の力強い余韻も感じられます。

# Soupe de poisson de roche à l'aïoli

**材料** 12人分

※でき上がり約3ℓ。1人分250㎖。

ホウボウ grondins ⎫
鯛 daurades ⎪
スズキの頭 têtes de bar ⎬ ― 合わせて3kg
的鯛の頭 têtes de Saint-Pierre ⎪
白身魚の頭や骨 têtes et arêtes de poissons blancs ⎭
※魚類は5～6種類、白身の新鮮なものを使用する

玉ねぎ oignons ― 2個
フヌイユの茎 bulbes de fenouil ― 1/2個
ポワロー poireau ― 太1本
トマト tomates ― 400g（2個）
オリーヴ油 huile d'olive ― 200㎖
にんにく（みじん切り）ail haché ― 30g
白ワイン vin blanc ― 370㎖
ぬるま湯 eau tiède ― 3.3ℓ
ペルノー*1 pernod ― 100㎖
カイエンヌペッパー poivre de cayenne ― 少量
トマトペースト concentré de tomates ― 30g
サフラン*2 pistils de safran ― 1g
サフランパウダー safran en poudre ― 15g
フヌイユシード graines de fenouil ― 3g
ブーケ・ガルニ bouquet garni pour poissons ― 1束
カマルグ産の塩 sel de Camargue ― 30g

仕上げ finition：
クルトン（p.85）croûtons ― 12枚
アイヨリ（p.157）aïoli ― 400g
グリュイエール gruyère ― 100g

*1＝スターアニス、フヌイユなど複数のハーブを原料とするリキュール。リコリスを使用していないため、EUの規定によるとパスティスではなくアニス酒に分類される。カクテルにも用いられるが、魚料理やそのソースに使用する。

*2＝魚介によく合うスパイスで、水に浸すと黄色成分クロシンが滲み出て水を鮮明な黄色に染める。水はけのよい風の穏やかな砂地で栽培され、種子をまくと花が咲くまで3年かかる。開花した花から3分裂した雌しべを摘み、乾燥させて利用する。手で摘み取るため高価。

154 | Provence-Alpes-Côte d'Azur

**1** 魚類は内臓があるものは取り、ぶつ切りにする。

**2** 玉ねぎは縦半分に切り、繊維を断つように1cm幅に切る。フヌイユの茎、ポワローは、大きいものは1/2〜1/4に切ってから1cm幅に切る。トマトは皮をむいて1cm角に切る。

🔸 トマトの下処理の際は、途中でパッセする時は種を取らなくてよい。

**3** 鍋にオリーヴ油を熱し、玉ねぎ、フヌイユ、ポワローを入れ、炒める。しんなりしたら、にんにくを加えて炒める。

**4** にんにくの香りが立ったら、魚類を加える。水分が出て魚の形がなくなるまで、潰しながら炒める。

**5** トマトを加え、軽く混ぜる。白ワインを加え、2〜3分煮る。

**6** 湯を加え、沸騰したらトマトペースト、サフラン、サフランパウダー、フヌイユシード、ブーケ・ガルニを加える。

🔸 サフランパウダーを加えることで、色味がより鮮やかになる。

**7** 弱火にし、ペルノー、カイエンヌペッパー、塩を加え、40分煮る。

**8** 40分経過した状態。

**9** シノワで漉す。麺棒で潰してから、レードルをシノワに押しつけ、旨味をしっかり出す。

**10** 鍋にスープを入れ、弱火で2/3〜1/2量になるまで煮詰める。アクが出たら取る。

🔸 アクは一度しっかり取り除いておけば出なくなる。

**11** 器に注ぎ、クルトンを浮かべ、アイヨリ、グリュイエールをのせる。

*Provence-Alpes-Côte d'Azur*

# *Bouillabaisse marseillaise*
### ［マルセイユ風ブイヤベース］

*Provence-Alpes-Côte d'Azur*

　世界三大スープの一つとしても謳われるフランスが誇る伝統料理です。語源は諸説ありますが、「煮る」を意味するブイール［bouillir］と、「（温度や火加減など）高いものを下げる」を意味するアベセ［abaisser］からの成り立ちで、「最初だけ強火で、弱火で煮なさい」ということ。由来のプロヴァンス語、bouiabaisso「煮立ったら熱を下げなさい」に通じます。

　ブイヤベースはマルセイユが発祥で、地元の漁師料理。水揚げされたなかで売れない魚、小さかったり見た目が悪い魚を大鍋で煮て食べていました。18世紀頃には食用として普及したトマトを加えるようになり、その美味しさから次第に不可欠な材料に。かつては貧しい人々の料理でしたが、現在では材料も見た目も豪華に仕上げます。

　スープと魚は別々に盛りつけ、まず大皿に盛りつけた状態でお客さまに見せるのが本式です。食べる順番は好き好きで構いませんが、アイヨリとにんにくをこすりつけたクルトンを添えるのはお約束。クルトンにアイヨリを塗ってスープに染み込ませていただきます。アイヨリとルイユの違いは赤唐辛子の有無で、辛味があるのがルイユですが、どちらを合わせるかはお好みです。

　美味しいブイヤベースを作るには4～5種類の魚を使います。rascasses［カサゴ］は必須。海老やムール貝や蟹などを入れるのは贅沢で、これは現代のルセット。本来の材料は骨つきの小さな魚です。各家庭には代々伝わるルセットがあります。お母さんは娘やお嫁さんに教え、秘伝の味を守り、「我が家のブイヤベースが一番美味しい」と自負します。ブイヤベースには作る時の歌があり、その歌詞で「美味しいブイヤベースを作るためには早起きしなければいけない」「パスティスと冷たい水が必要」と言っています。昔のおじいさんはパスティスを"飲みながら"作って、ブイヤベースに使うのは水だけ。それでも口の中はパスティスの風味でいっぱいですから、食べると美味しいブイヤベースの味がするというわけです。

### Domaine Tempier Bandol rosé
ドメーヌ・タンピエ・
バンドール・ロゼ

産地：プロヴァンス／品種：ルームヴェードル、グルナッシュ、サンソー、クレレット／ロゼ
ブイヤベースはさまざまな素材が登場する、具だくさんの妙味。その複雑さに対応するのは、4種のブドウをブレンディングしたロゼ。甘さ、スパイシーさ、フルーティーな風味、いろいろなキャラクターをもつワインです。複雑なもの同士、地中海のもの同士の組み合わせです。

*Provence-Alpes-Côte d'Azur* | 157

## Bouillabaisse marseillaise

**材料** 6〜8人分

鯛 daurades  
カサゴ rascasses  
ホウボウ grondins — 合わせて2kg  
的鯛 Saint-Pierre  
スズキ bar  
穴子 congre  
※魚類は5〜6種類、白身の新鮮なものを使用する

ムール貝 moules — 1kg  
白ワイン vin blanc — 100mℓ  
ジャガイモ pommes de terre — 300g  
スープ・ド・ポワソン (p.152) Soupe de poisson — 3ℓ  
オリーヴ油 huile d'olive — 50mℓ  
ペルノー pernod — 20mℓ  
塩 sel — 適量  
カイエンヌペッパー poivre de cayenne — 少量

仕上げ finition：  
サフラン pistils de safran — 0.3g  
クルトン・にんにく風味 (p.85) croûtons aillés — 適量  
アイヨリ (p.159) aïoli — 適量  
グリュイエール gruyère — 適量

**1** 魚類は内臓を取り、ぶつ切りにする。

**2** 鍋にムール貝、白ワインを入れ、火にかける。上下を返しながら、口が開くまで火を入れる。

**3** 上殻を外す。蒸し汁は漉してとっておく。

**4** ジャガイモは1cm幅に切る。鍋にスープ・ド・ポワソン、ムール貝の蒸し汁、ジャガイモを入れ、強火にかける。

🔥 鍋は底が広い浅型を選び、早く煮え、魚が重ならないようにする。

**5** スープが沸騰したら、魚類を加える。再び沸騰したら5分煮て、弱火で10分煮る。

🔥 最初に強火で魚をしめるが、強火のままにすると煮崩れる。

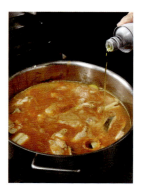

**6** {lier} オリーヴ油を加え、スープと魚をつなぐ。

*Provence-Alpes-Côte d'Azur*

**7** 強火で2〜3分煮る。

**8** ペルノーを加え、味をみてから塩とカイエンヌペッパーを加えて味を調える。3のムール貝を加え、温める。

🥄 塩の分量は必ず味をみてから調整する。

**9** スープと具を別の器に盛り、スープにサフランを加える。クルトン、アイヨリ、グリュイエールを添える。

# *aïoli* ［アイヨリ］

**材料** 作りやすい分量

※でき上がり約420g

卵黄 jaunes d'œuf — 3個
ディジョンマスタード moutarde de Dijon — 15g
にんにく（みじん切り） ail haché — 10g
オリーヴ油 huile d'olive — 150㎖
サラダ油 huile végétale — 150㎖
塩 sel — 5g
白コショウ poivre blanc du moulin — 適量
カイエンヌペッパー poivre de cayenne — 少量
レモン果汁 jus de citron — 1/2個分

###  *Conseil*

アイヨリはプロヴァンス語のalh（にんにく）とòli（油）を組み合わせて作られた名前。オリーヴ油だけでは風味が強すぎるので、サラダ油を合わせます。

**1** ボウルに卵黄、マスタード、にんにくを入れ、泡立て器ですり混ぜる。

**3** サラダ油も同様に加えて混ぜる。

**2** {émulsionner} オリーヴ油を少しずつ垂らし、泡立て器をボウルに沿わせるように動かして混ぜ、乳化させる。

**4** 塩、白コショウ、カイエンヌペッパー、レモン果汁を加えて混ぜる。

🥄 塩を加えると少し重くなる。すくって落とした時にリボン状になるかたさができ上がりの目安。

Provence-Alpes-Côte d'Azur

# Ratatouille niçoise

[ニース風ラタトゥイユ]

*Provence-Alpes-Côte d'Azur*

旬の夏野菜たちをオリーヴ油で炒めて煮込んだ料理です。最初から野菜を一緒に炒めて渾然一体に煮込んだもの、野菜を別々に炒めてから合わせて煮るもの。家庭によって作り方の違いはありますが、トマト、ピーマンまたはパプリカ、ズッキーニ、ナス、にんにくの5種類を使い、オリーヴ油で炒める点は共通しています。味の要はトマト。力強い太陽の光を浴びて真っ赤に色づいた、味の濃い完熟トマトが必須です。私はナスを炒める前にたっぷりの塩をします。ナスから水分が出て味が凝縮して、煮崩れもしなくなると良いこと尽くめ。お勧めの方法です。

　ラタトゥイユは温かく食べてもいいですし、肉や魚料理のガルニチュールにもあつらえむき。冷やして前菜にするのも美味しいです。個人的にはラタトゥイユは冷たいのが好み。冷蔵庫でよく冷やしておいて、バジルかミント、できればバジルの葉をのせていただきます。どの野菜も一年中出回っていますが、ラタトゥイユは何と言っても夏。南フランスの夏の太陽の下で育った野菜で作るのが一番です。それぞれの味が際立って、南の野菜のパワーが満ち溢れるよう。目も眩むような真夏の日差しのなか、テラスでキンキンに冷やしたラタトゥイユを食べるのが最高です。

### Château La Gordonne "La Chapelle Gordonne" rosé Côtes de Provence

シャトー・ラ・ゴルドン
"ラ・シャペル・ゴルドン" ロゼ
コート・ド・プロヴァンス

産地：プロヴァンス／品種：グルナッシュ、シラー／ロゼ

ラタトゥイユは温冷ともに美味しい夏の一皿。野菜料理ですから、爽やかであまり口に残らない、さっぱりと抜けていく軽さのある白かロゼが合います。2本とも同じシャトー・ラ・ゴルドンからご紹介します。ロゼは白に比べてグロゼイユなどのベリーの風味をしっかりと感じられて、重め。上品でフレッシュな口当たりですから、冷やして飲みます。

### Château La Gordonne "La Chapelle Gordonne" blanc Côtes de Provence

シャトー・ラ・ゴルドン
"ラ・シャペル・ゴルドン" ブラン
コート・ド・プロヴァンス

産地：プロヴァンス／品種：セミヨン、ロール、ユニ・ブラン／白

シャトーは地中海に面した斜面に広がり、太陽の恩恵を受ける土地にあります。ワインも太陽の熟成感があって、ライチなどのエキゾチックな香りが印象的。口の中で心地よい夏向きの白です。

　赤はタンニンが強く、野菜の味を生かしきれないので基本的にはお勧めしませんが、軽めの赤なら選択肢として有り得ます。

# Ratatouille niçoise

**材料** 6〜8人分

ナス aubergines — 500g（6本）
【ナス用】塩 sel — 15g
トマト tomates — 640g（4個）
ズッキーニ courgettes — 520g（4本）
パプリカ（赤・黄・緑）
   poivron doux rouges, jaunes et verts
   — 各1個（1個170g）
玉ねぎ oignons — 500g（2個）
にんにく（みじん切り）ail haché — 40g
トマトペースト concentré de tomates — 20g
ブーケ・ガルニ bouquet garni pour viandes — 1束
塩 sel — 6g
黒コショウ poivre noir du moulin — 適量
オリーヴ油 huile d'olive — 250㎖

飾り décor：
バジル basilic — 適量

美味しいラタトゥイユの決め手はトマト。
真っ赤に熟した、かためのものが最適。

**1** ナスは3cm角に切る。ボウルに入れて塩を加え、軽くもみ、1時間ほどおく。
🔪 塩もみをして水分とアクを出す。

**2** {détailler} トマトは皮をむいて2cm角、ズッキーニは縦に4等分にして2〜3cm長さ、パプリカは2cm角、玉ねぎはみじん切りにする。
🔪 家庭料理ならトマトの種は取らなくてよい。ただし皮は口の中に残るので、必ずむく。

**3** 鍋にオリーヴ油80㎖を熱し、玉ねぎを炒める。薄く色づいてきたら、にんにくを加えて炒める。

**4** 2分ほど炒めて玉ねぎが色づいたら、トマトを加え、水分がなくなるまで炒める。

**5** フライパンにオリーヴ油50㎖を熱し、ズッキーニ、パプリカを炒める。

**6** 薄く焼き色がついて、ズッキーニが少し柔らかくなったら、トマトの鍋に加える。
🔪 ズッキーニとパプリカは、半分火が入った状態。

*Provence-Alpes-Côte d'Azur*

**7** 2分ほど炒めたら、トマトペースト、ブーケ・ガルニ、塩、黒コショウを加え、混ぜる。

**8** ナスの水気を絞る。

**9** フライパンにオリーヴ油120mlを熱し、ナスを炒める。
★ たっぷりの油を使って揚げ焼きし、ナスの形を残す。

**10** ナスにしっかり焼き色がつき、鍋のズッキーニが柔らかくなったら、ナスを加える。混ぜ合わせて完成。

**11** 器に盛り、バジルを飾る。冷やして供する場合は、粗熱がとれてから冷蔵庫に入れる。

---

## フランスの食風景

*Scène de la cuisine française*

# ブーケ・ガルニ

[bouquet garni]

タイム、ローリエ、パセリ、セロリ、ポワローなど、ハーブと香味野菜を合わせたもの。たこ糸で縛って、フォンやソース、煮込み料理に使います。

　私は料理の主素材によって組み合わせを使い分けています。肉料理にはタイム、ローリエ、パセリ、セロリ、魚料理にはタイム、ローリエ、パセリ、ポワローの緑色の部分。違いはセロリとポワローで、香りの強いセロリは肉料理に用い、魚料理にはその繊細さを生かすように風味のやさしいポワローを使います。これは料理人の仕事を始めた時に恩師から教わったことで、以来踏襲しています。とは言え絶対ではありませんから、家庭料理ならすべてが揃わなくても、パセリは茎も葉も使っても問題ありません。私はいつも庭のハーブでブーケ・ガルニを作っています。

　ラタトゥイユは南仏の夏の光をたっぷり浴びて育った味の濃い元気な野菜ですから、強さのあるセロリ入りブーケ・ガルニを使いました。

*Provence-Alpes-Côte d'Azur*

Provence-Alpes-Côte d'Azur

# Petits farcis de Provence
### ［プロヴァンス風野菜のファルシ］

プティ・ファルシはどの家庭でもどのレストランでも、プロヴァンスの夏の定番。前菜にもなりますし、ファルスに肉を使っていますからメインディッシュとしても充分です。ファルスは細かく刻んださまざまな材料を混ぜ合わせて調味したもので、詰め物のこと。プティ・ファルシのファルスはひき肉が一般的ですが、野菜だけにしても構いません。

　メインディッシュにする場合は温かくしたほうが好ましいですが、野菜のファルシもラタトゥイユと同様に温冷どちらでも楽しめます。冷製ならば、よく冷やしたクーリ・ド・トマト［coulis de tomate］を皿に敷いたところにのせると洒落た一皿になりますし、フレッシュトマトの風味が加わって美味しいです。クーリは野菜や果物などをそのまま、他の食材を加えずにピュレ状にしたもの。クーリ・ド・トマトはソースの一種で、生の完熟トマトをピュレ状にして塩で味をつけて作ります。ピュレを加熱して作る場合もあります。

　プロヴァンスは温暖な気候の影響もあって、フランス最大の野菜の産地。それぞれの種類も豊富で、フランスには写真のように小ぶりなピーマンもあります。ファルシの野菜は器代わり。小さな野菜にファルスを詰めれば本来の形が活かせますし、大きな野菜は切ってから器にするとファルスがよく見えてボリューム感が出せます。

*Provence-Alpes-Côte d'Azur*

# Petits farcis de Provence

**材料** 6〜8人分

小ナス petites aubergines — 16個
ズッキーニ courgettes — 390g（3本）
ピーマン（緑・黄・橙）
　piments doux verts, jaunes et oranges — 計22個
ミニトマト tomates cerises — 12個
塩 sel — 適量
オリーヴ油 huile d'olive — 50㎖
パルミジャーノ・レッジャーノ parmesan — 100g
※またはグリュイエール
パン粉 chapelure — 100g

アパレイユ appareil：
バゲットの中身 mie de pain — 200g
牛乳 lait — 100g
豚ひき肉（赤身2：脂身1）chair à saucisse — 500g
牛ひき肉 bœuf haché — 500g
生ハム（みじん切り）jambon cru haché — 100g
全卵 œufs — 3個
玉ねぎ（みじん切り）oignons hachés — 100g
にんにく（みじん切り）ail haché — 30g
パセリ（みじん切り）persil haché — 15g
塩 sel — 8g
黒コショウ poivre noir du moulin — 適量

飾り décor：
パセリ（みじん切り）persil haché — 適量
オリーヴ油 huile d'olive — 適量
フルール・ド・セル fleur de sel — 適量
バジル basilic — 適量

## Saint Aix "Aix" rosé Coteaux d'Aix-en-Provence
サン・エックス"エックス"ロゼ・
コトー・デックス゠アン゠プロヴァンス

産地：プロヴァンス／品種：グルナッシュ、シラー、サンソー／ロゼ
夏の料理なのでロゼか、もしくは少し肉が入っているので赤を合わせてもいいと思います。プロヴァンスの古都エクス・アン・プロヴァンス近郊にあって、130年の歴史をもつドメーヌ、サン・エクスのロゼ。特徴はこくと酸味。口に含むとジューシーさがあって、夏向きですがしっかりした味わいで、ワイン好きにもお勧めする1本。ファルシは温冷とも美味ですが、冷たくいただく時に合わせたいのがロゼです。

## Château La Gordonne "La Chapelle Gordonne" rouge Côtes de Provence
シャトー・ラ・ゴルドン
"ラ・シャペル・ゴルドン"ルージュ・
コート・ド・プロヴァンス

産地：プロヴァンス／品種：シラー、グルナッシュ／赤
ニース風ラタトゥイユでお勧めしたシャトー・ラ・ゴルドンから赤を。赤いベリー系のやさしい熟成感が魅力で、重すぎず、少し冷やしてもいいくらいの爽やかな赤ワインです。ブドウはロゼと同じ。淡く染まったところで皮を取り除くロゼに対し、こちらは降り注ぐ太陽のような鮮やかな赤色です。

フランスではナスもピーマンも小さいサイズのものが売られている。器にする野菜は他に、ズッキーニの花やジャガイモ、プティオニオンも合う。

**1** アパレイユを作る。バゲットの中身は小さくちぎり、牛乳に浸す。

**2** 卵を加え、溶きながら混ぜる。

**3** 卵がよく混ざったら、豚ひき肉を加え、もむように混ぜる。

**4** 牛ひき肉、生ハムを順に加え、その都度よく混ぜる。粘りが出るまで混ぜる。

**5** 塩、黒コショウ、玉ねぎ、にんにく、パセリを順に加え、その都度よく混ぜる。

**6** ズッキーニは3cm長さに切る。野菜は中身をくり抜き、器にする。全体に軽く塩をふる。
野菜にも塩をすることで、味がぼやけず、決まる。また、少し塩気が強いほうが美味しい。

**7** {garnir} 絞り袋に直径12mmの丸口金をつけ、アパレイユを入れる。野菜にたっぷり絞り入れる。

**8** 天板にオリーヴ油を敷き、アパレイユを詰めた野菜を並べる。

**9** パルミジャーノ・レッジャーノ、パン粉を順にのせる。180℃のコンヴェクションオーヴンで20分焼く。

**10** 器に盛り、パセリを散らし、オリーヴ油をかけ、フルール・ド・セルをふり、バジルを飾る。

*Provence-Alpes-Côte d'Azur* | 167

# Daube d'agneau provençale

## [プロヴァンス風子羊肉のドーブ]

Provence-Alpes-Côte d'Azur

ドーブは煮込み料理のことで、語源は土鍋のドビエール［daubière］。カスレがカソールで作る料理であるように、ドーブはドビエールで作る煮込みです。広い意味ではラグー［ragoût］ともいえます。

　ドビエールは背が高く蓋つきで、持ち手がついた鍋。足つきの台にのせて、薪火にかけます。肉の決まりはなく、赤ワインか白ワインで煮込みます。子羊は daube d'agneau、牛なら daube de bœuf、羊なら daube de mouton、ジビエなら daube de gibier となり、ドビエールで長時間煮込むうちに美味しい肉汁が少しずつソースに滲み出てきます。マリネは必須ですが、煮込む前に肉を焼くか焼かないかは好き好き。どちらの作り方もあり、それぞれの美味しさがあります。また、煮込むワインは牛や猪は赤、鳥や子羊は白が合います。

　フランスの家庭の数だけドーブがあると言われるほど。地方ごとにその土地の肉とワインを使いますが、プロヴァンスのドーブは名産の子羊。オレンジの皮を加えるのもプロヴァンス式です。柑橘は赤ワインの煮込みに使うトマトの代わり。同じくプロヴァンス名物のオリーヴも加えます。ドビエールは保温力が高く、料理が長時間冷めません。プロヴァンスで農作業をする人たちはドビエールで煮込み料理を作って、鍋ごと持って出かけたそうです。お弁当箱ならぬお弁当鍋です。

### Christophe Dominici "XI" Côtes du Rhône
クリストフ・ドミニシ "XI"
コート・デュ・ローヌ

産地：ローヌ／品種：シラー／赤
子羊には独特の強さ、風味がありますから、しっかりした赤が合います。このワインはローヌの赤でありながら重々しすぎず、スパイシーさや土壌の香りなど、いい意味で癖があって、この癖こそが子羊の風味を引き立てます。造り手のクリストフ・ドミニシ氏はフランスラグビーの英雄で、引退後に南フランスでのワイン造りに情熱を傾けるようになった人。

### Domaine Tempier Bandol rouge
ドメーヌ・タンピエ・バンドール・ルージュ

産地：プロヴァンス／品種：ムールヴェードル、グルナッシュ、サンソー／赤
バンドールの代名詞と称されるほどの長い歴史と名声をもつドメーヌ・タンピエ。この赤ワインはムールヴェードルという力強い品種が主役で、黒いフルーツを思わせる香りがあって、バランスのとれた味わいです。

# Daube d'agneau provençale

**材料** 6人分

子羊の肩肉とバラ肉 épaules, poitrines d'agneau ― 合わせて2.5kg

【子羊肉用】塩 sel ― 25g

【子羊肉用】黒コショウ poivre noir du moulin ― 適量

ヴァントレッシュ ventrèche ― 200g

玉ねぎ oignons ― 500g（2個）

にんじん carottes ― 500g（4本）

シャンピニョン champignons de Paris ― 300g

トマト tomates ― 400g（2個）

にんにく（みじん切り） ail haché ― 40g

ブランデー〈コニャック〉eau de vie ― 50ml

オリーヴ（黒・緑）olives noires et vertes ― 合わせて300g

ブーケ・ガルニ bouquet garni pour viandes ― 1束

オレンジ表皮 zeste d'orange ― 細切り5〜6枚

強力粉 farine de blé type 65 ― 30g

白ワイン vin blanc ― 750ml

トマトペースト concentré de tomates ― 50g

フォン・ド・ヴォライユ fond de volaille ― 1l

クローヴ clous de girofle ― 15個

塩 sel ― 適量

黒コショウ poivre noir du moulin ― 適量

オリーヴ油 huile d'olive ― 180ml

飾り décor：

パセリ（みじん切り）persil haché ― 適量

**1** 子羊肉は大きめの一口大に切る。ヴァントレッシュは1cm角に切る。

**2** 玉ねぎは2cm角に切る。にんじんは1cm幅の輪切り、シャンピニョンは4等分に切る。トマトは皮をむいて種を取り、2cm角に切る。

**3** 鍋にオリーヴ油60mlを熱し、玉ねぎを炒める。透き通ってきたらにんにくを加えて炒め、香りが立ったら火を止める。

*Provence-Alpes-Côte d'Azur* | 171

**4** 子羊肉に塩、黒コショウをふる。

**5** {saisir} フライパンにオリーヴ油60mlを熱し、強火で子羊肉を焼く。表面を固め、全面に焼き色をつける。

**6** {flamber} 焼き色がついたらブランデーを加え、火をつけてアルコール分を飛ばす。

**7** 油をきり、玉ねぎの鍋に加える。火をつけ、炒め合わせる。

**8** {singer} 強力粉をふり入れ、粉に焼き色をつけるように強火で炒める。
◀ 強力粉を加えてソースにとろみをつける。

**9** {déglacer} 白ワインを加え、鍋肌についた旨味をこそげ取るように混ぜ、2〜3分煮る。

**10** トマトペーストを加えて軽く混ぜ、フォン・ド・ヴォライユを肉が隠れるくらい加える。

**11** 1〜2分煮たら、ブーケ・ガルニ、オレンジ表皮、軽く潰したクローヴを加える。弱火で煮込む。

**12** {blanchir} オリーヴは15分ゆでて塩抜きし、水気をきる。

**13** フライパンにオリーヴ油60mlを熱し、ヴァントレッシュを焼く。色づいたらシャンピニョン、にんじんを順に加え、薄く色づくまで炒める。

**14** 鍋に12、13を加え、1時間〜1時間半煮込む。味をみてから塩、黒コショウを加え、味を調える。

**15** 仕上げにトマトを加え、形が残るように、15分ほど煮込む。

**16** 皿に盛り、パセリを散らす。

Provence-Alpes-Côte d'Azur

## パッションの美学
*Vision d'André Pachon*

# 伝統は守り続けるもの

　食通の王として知られたキュルノンスキーはフランス料理は四つに分類されると言っています。曰く、古典的フランス料理（La cuisine classique）、家庭料理（La cuisine bourgeoise）、田舎料理（La cuisine régionale）、即席料理（La cuisine impromptue）。うなずく反面、この分類はフランス料理に限ったことではありませんし、贅沢な食生活を送る人もいれば慎ましい人もいる。これはレストラン料理だビストロ料理だと断定することも難しいです。それでもはっきり言えることは、真の伝統的なフランス料理とは、土地ごとの豊かな産物を生かして作る郷土料理であり、それは家庭料理だということです。

　伝統料理とは受け継ぎ、守り続けていくものです。ドーブという料理の名前の由来となった鍋、ドビエール[doubière]然り、トリップのトリピエール[tripiere]然り。時代や環境の変化によって、起源となった鍋や材料などを踏襲できなくなることもありますが、だからといって自由に創り上げていいということではありません。鍋だけではなく、ルセットについても同じです。新しさを追求するにしても、料理の基礎を正しく身につけたうえでの話。技術も知識も含めてです。

　本書で紹介しているのは、私が長い年月をかけて培い、愛し続けてきたフランスの伝統料理です。

# Gigot d'agneau aux gousses d'ail en chemise

［骨つき子羊のもも肉と皮つきにんにくのロースト］

*Provence-Alpes-Côte d'Azur*

　子羊はフランス人が一番好きな肉。牛肉より価値が高く、最高の食材とされています。ですから子羊の料理は贅沢で、特別な日のもの。子羊は一般に生後1年未満を指しますが、フランスでは生後300日以内に限ります。さらに60日以内は乳飲み子羊。

　プロヴァンスは、夏にアルプス高地に移牧して育てるシストロンの子羊［agneau de Sisteron］が質の良さで有名で、IGPに認定されています。ノルマンディーなど海辺の牧草地で育てたプレ・サレ、ボルドー地方のポイヤック産のアニョー・ド・レ（乳飲み子羊）などが有名ですが、ミディ＝ピレネーのバレージュ＝カヴァルニー、ソンム湾とモン＝サン＝ミシェルのプレ・サレも美味しいです。

　子羊は復活のシンボルで、今でも復活祭［Pâques］には欠かせず、ご馳走を食べます。調理法はさまざま。ジゴダニョのローストは人気の一品です。ail en chemise は薄皮つきのにんにくのことで、シュミーズはシャツの意味。シャツを着たにんにくは長時間焼いても黒く焦げないので、苦くならず、柔らかく香り良い焼き上がり。シャツがにんにくを守ってくれるというわけです。

### Château d'Estoublon Les Beaux de Provence
シャトー・デストゥブロン・レ・ボー・ド・プロヴァンス

産地：プロヴァンス／品種：グルナッシュ、シラー、カベルネ・ソーヴィニヨン、ムールヴェードル／赤

特有の風味こそが子羊の魅力。この料理はローストで、なおかつ中はピンクですから、限りなく本来の"肉"に近い。ソースににんにくなどを用いたとしても、ドーブなどの煮込みよりもさらに子羊の個性が秀でます。強さのある料理には、こくのある赤が至適。

　シャトー・デストゥブロンはプロヴァンス地方にある人口500人ほどの小さな町、レ・ボー・ド・プロヴァンスの生産者です。このシャトーの赤ワインは樽熟成で、深みと力強さがありながら、上品さを備えているところが魅力。口に含んだ時の余韻が長く、パンチのある味わいは、子羊のローストに誂え向きです。

# Gigot d'agneau aux gousses d'ail en chemise

**材料** 6人分

子羊骨つきもも肉 gigot d'agneau avec os — 1.5kg
にんにく gousses d'ail — 6かけ
ローズマリー romarin — 4枝
タイム thym — 10枝
塩 sel — 10g
黒コショウ poivre noir du moulin — 適量
オリーヴ油 huile d'olive — 120mℓ
ピンクにんにく*1 têtes d'ail rose — 3株

飾り décor：
タイム thym — 適量

*1＝形や大きさは一般的なにんにくと変わらないが、辛味が控えめで旨味が豊富。ピンク色はポリフェノールの一種であるアントシアニンによるもの。ミディ＝ピレネー地方はにんにくの名産地で、プロヴァンス地方でも栽培が多い。ピンクにんにく、またの呼び名をロートレックの赤皮にんにく［ail rose de Lautrec］はIGPに認定されている。

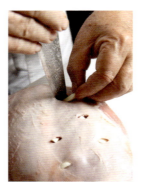

**1** {piquet, clouter} にんにくは細切りにする。子羊肉に包丁で穴をあけ、にんにくを刺す。全体にまんべんなく刺す。

**2** {ficeler} 皮が外側になるように丸めてたこ糸で縛り、形を整える。
🔪 形を美しく仕上げるとともに、最後に切りやすくなる。

**3** ローズマリー、タイム、塩、黒コショウ、オリーヴ油60mℓをかけ、冷蔵庫で2時間マリネする。

**4** ピンクにんにくは薄皮をつけたまま1かけを2～4等分に切り、かたい根つき部分を切り落とす。

**5** 鍋にオリーヴ油60mℓを熱し、子羊肉を焼く。全体に焼き色をつける。

**6** 美味しそうな焼き色がついたら裏返し、ピンクにんにく、マリネに使ったローズマリーとタイム、オリーヴ油を加える。

*Provence-Alpes-Côte d'Azur*

**7** 蓋をし、暖炉で40分ほど焼く。途中で裏返し、全面均一に焼く。オーヴンを使う場合は、蓋をし、低めの温度で40分焼く。

🗡 じっくりやさしく火を通し、ジューシーに仕上げる。

**8** ジュ・ド・ロティ・ダニョを作る。子羊肉を取り出し、鍋に水200㎖を加え、1/3量になるまで煮詰める。味をみて、塩、黒コショウ（ともに分量外）を加え、味を調える。

🗡 鍋にこびりついた旨味や焼き汁を水で煮溶かす。仕上げの塩とコショウは goûtez! goûtez! とにかく味を確認すること！

**9** 子羊肉はたこ糸を取り、そぎ切りにする。器に並べ、ジュ・ド・ロティ・ダニョをかける。タイムなどのハーブを飾る。

Provence-Alpes-Côte d'Azur | 177

フランスの
食風景

*Scène de la cuisine française*

# プロヴァンスのクリスマス

[Noël en Provence]

クリスマスの伝統が色濃く残っている地方があります。クリスマスツリーのアルザスや、Crèche de Noël［クレッシュ・ド・ノエル］のプロヴァンス。クレッシュはキリスト生誕の情景を再現した模型で、自宅に飾る風習があります。ノルマンディーではガロ、アルディッシュではベニエ、ブルターニュではガレットいう具合に、特別に作った菓子を分け合いますが、空に九つ目の星が現れるまでは手をつけてはいけません。

プロヴァンスではクリスマスイヴに必ず食べるものがあります。Le gros souper［ル・グロ・スペ］という夕食と、Les Treize Desserts de Provence［レ・トレーズ・デセール・ド・プロヴァンス］と呼ばれる13種のデザート。13という数字は、キリストと12人の使徒にちなんでいます。

フランスでは中世の初めから、クリスマスは真夜中のミサに出かける前に家族や親族が集まって食事をしていました。プロヴァンスの家庭では、家族全員で Le gros souper を食べ、教会のミサに出かけます。深夜に帰宅してからテーブルに13種のデザートを並べて、みんなで13種一つずつ食べるのです。13種のデザートは3日間、テーブルに飾っておくのが決まり。これはキリストが最後に食べた食事と言われています。

13種類は地域や家庭によっても少しずつ異なりますが、必ず入れなければいけないものもあります。イチジク、レーズン、ノワゼット、アーモンド、この4種類のドライフルーツやナッツが表しているのは、4 mendiants といわれる四つのカトリック修道会。すなわち、フランシスコ会、ドミニコ会、カルメル会、アウグスティヌス会。中東のドライフルーツ、デーツ（ナツメヤシ）は、キリストの誕生を祝福するために東方からやってきた東方の三賢人。白と黒のヌガーはそれぞれ純真や善良さ、不徳と悪の力を象徴します。ポンプと呼ばれるオリーヴ油入りでオレンジの香りをつけたパンも必須。決してナイフで切り分けず、手でちぎって分け合って食べるのですが、理由はキリストがそのように食べたから。

他にも最後の収穫で甘さを増したブドウ、オレンジ、キウイ、またはバナナかマンゴーかパイナップルもお馴染みです。家庭によってはカリソン、カリンのゼリー、リンゴか洋梨、オレイエットなども。プロヴァンス地方でヴェルド［verdaù］と呼ばれるスペインメロンは秋の終わりに成熟して公現祭の頃まで保存されて、13種のデザートに必ず加えられます。食べ物を何かの象徴として願いを込めるのは、日本のおせち料理も同じではないでしょうか。

178 | *Provence-Alpes-Côte d'Azur*

フランスの
食風景

Scène de la cuisine française

# 南仏のガレット・デ・ロワ

[Galette des Rois dans le sud de la France]

キリスト教の伝統では1月6日の公現祭［Épiphanie］にガレット・デ・ロワ［Galette des Rois］を食べます。Épiphaneia はギリシア語で「出現」を意味しますが、公現祭とは遠い国の三人の使者（東方の三賢人）がキリスト生誕を祝福し礼拝した日のこと。私たちは子供の頃に「キリストにお土産を持って行くよ」と習います。

　調理に使う油脂も、北フランスはバター、南フランスはオリーヴ油と大きく分けられますが、南北の伝統はガレット・デ・ロワにも表れます。ガレット・デ・ロワはパート・フイユテにクレーム・ダマンドを詰めて焼いた、平らな円形の菓子です。ロワール川以北ではこのガレット・デ・ロワが好まれ、南フランスではガトー・デ・ロワ［Gâteaux des Rois］が根づいています。ガトー・デ・ロワはブリオッシュ風の生地で、フルール・ドランジュでオレンジの香りをつけたもの。形は王冠形で、生地に果物のコンフィを入れたり、上に飾ったりします。もともとはブランジュリ（パン屋）が売り始めたのが始まり。昔はパティシエがいませんでしたから、パン屋がブリオッシュに砂糖をまぶして作っていました。それで生地はパン屋の範疇のブリオッシュなのです。プロヴァンスとラングドックでは、レモンの皮で香りをつけた王冠形のこの菓子をロワイヨーム［王国］と呼ぶこともあるようです。

　いずれの菓子にもフェーヴという陶製の小さな人形が忍ばせてあり、これを当てた人がその日の王様あるいは王妃様になります。たいていは集まった人のなかで一番若い人が、切り分けた菓子のどれを誰に渡すかを指示します。

コルス地方

# Corse

## 地理・気候

地中海西部に浮かぶ島。フランスの南東の海上、イタリア半島の西に位置する。中心都市はアジャクシオ。ナポレオンの出身地として知られる。「コルシカ」はイタリア語の呼称。地中海ではシチリア島、サルデーニャ島、キプロス島に次いで4番目に大きい。

島の大半が急峻な山地で占められ、結晶片岩ができたという地質は、2億5千万年前に西側で隆起した花崗岩に、5千万年前に東側の堆積岩が押しつけられたもの。

沿岸部は地中海気候に近く温暖だが、山岳地区は冷涼多雨で冬は雪が積もる。沿岸線は1000kmにも及ぶが、東海岸と西海岸では地形が異なる。東海岸は単調で、西海岸は断崖絶壁が続く。東側には数少ない平野部がある。

**中心都市：アジャクシオ**

## 特 徴

- 沿岸部は魚介の宝庫
- 灌木林が広がる山地では羊や山羊、豚が飼育されている
- 豚からはイタリア風の加工品が作られる
- かつては栗が重要な食料源だったが、現在は栗粉が評価されている
- 平野部ではクレマンティーヌの裁判が盛ん

## 食 材

◎肉：羊、山羊、豚

◎豚肉加工品：ロンツォ（豚ロース肉に塩をして腸に詰めた乾燥品）、コッパ（豚肩ロース肉に塩をして腸に詰めた乾燥品）、フィガテッリ（豚のレバーなど内臓入りソーセージ）

◎魚介：アンチョヴィ、サルディーヌ、伊勢海老、ヒメジ

◎野菜：栗。コルスの栗粉

◎果物：クレマンティーヌ

◎チーズ：ブロッチュチーズ

◎その他：マキの蜂蜜

## 代表的な郷土料理

◎前菜
ブロッチュチーズのオムレツ [omelette au brocciu]
◎ポタージュ
コルシカ風野菜のスープ [soupe Corse]
◎魚介料理
ヒメジのアンチョヴィ風味 [rougets aux anchois]、
アツィミヌ、またはツミヌ [azuminu, azziminu]、
カサゴのグリエ、フヌイユ風味
[filet de rascasse au fenouil]
◎肉料理
子山羊のソテ、ガーリック風味 [sauté de chevreau à l'ail]、
子牛肉の煮込み、赤ワインソース [stufatu]、
鳩のロースト、オリーヴ風味 [pigeon aux olives]
◎菓子
フィアドーネ [fiadons]、
松の実のタルト [tarte aux pignons]
◎その他
栗粉のポレンタ [伊：polenta]

*Corse* | 181

*Marcassin à la broche, sauce poivrade*

Corse | 183

# *Marcassin à la broche, sauce poivrade*

[子猪一頭の暖炉焼き、ソース・ポワヴラード]

フランス各地に生息する猪ですが、コルスにも多くいます。美しい海岸をイメージするコルスですが、島全体はほぼ山地で占められていて、栗林やマキと呼ばれる灌木林を猪が走り回ります。コルスの人々も狩りを好み、猪は彼らの獲物の一つ。猪は大型野獣のグロ・ジビエですから、グループを組んで仕留めます。猪用の銃は望遠鏡がついていて、弾も長め。何人かで山に分け入るので、黄色いジャケットを着て注意を払います。笛が鳴ったら狩りの終わりの合図。獲物を運んで山を下り、そのうちの1頭を食事用に、すぐ調理にとりかかります。その場で食べない時は、撃った人が一番美味しいもも肉をもらう決まりです。

調理法はおおらかに野外で串焼きです。生後6カ月以内の子猪をマルカサン[marcassin]、それ以上はサングリエ[sanglier]といいます。マルカサンの肉は柔らかくジューシー。サングリエは硬く、匂いも強くなります。猪の大きさにもよりますが、丸々一頭を焼くこともしばしば。他には煮込みなどにすることもありますが、コルスの人々もバーベキューなど外で食事をすることが好きです。

ガルニチュールには少し甘味のある、マルムラードやコンフィチュールなどが合います。果物はグロゼイユやフランボワーズなど。それに南フランス特有のブリオッシュ生地のパン、ポンプ。コルスはオリーヴも名産ですから、グラトンと一緒にポンプに混ぜ込みました。

今回使ったマルカサンは長崎県平戸市のもの。妻の故郷のジビエです。コルスと同じように平戸の猪もドングリを食べて育つそう。もしこの料理をレストラン・パッションのメニューに載せるなら、「Marcassin de Hirado à la broche, sauce poivrade」と名づけます。

### Domaine Le Soula "Le Soula" Côtes Catalanes
ドメーヌ・ル・スラ "ル・スラ" コート・カタラーヌ

産地：ルシヨン／品種：カリニャン、シラー、グルナッシュ／赤
マルカサンはジビエですから香りも肉質も独特。野生の肉は焼きすぎるとかたくなるので、中をピンクに仕上げます。すると当然、野生の香りが残りますから、ワインもしっかりした赤を選びます。重く力がありながら、上品で繊細な1本。

### Clos Canarelli Figari rouge
クロ・カナレリ・フィガリ・ルージュ

産地：コルス／品種：ニエルッチョ、シラー、シャカレロ／赤
ワイナリーはコルス島の南に位置します。ニエルッチョはイタリアのブドウの品種で、口に含んだ時は独特なスパイスや土地の香りを感じますが、徐々に心地よさへと変化。造り手の技術で野性味を落ち着かせ、バランスの良い赤に仕上げています。料理と合わせなければもったいない、料理があってこそ生きるワインです。

# Marcassin à la broche, sauce poivrade

**材料** 12人分

子猪 marcassin ── 1頭（15kg）
塩 sel ── 20g
ピマン・デスペレット piment d'Espelette ── 5g
黒コショウ poivre noir du moulin ── 適量

マリナード・クリュ marinade crue：
玉ねぎ oignons ── 1kg
にんじん carottes ── 1kg
セロリ céleris ── 300g
にんにく têtes d'ail ── 2株
ローリエ laurier ── 6枚
タイム thym ── 5枝
ジュニパーベリー baies de genièvre ── 25g
クローヴ clous de girofle ── 15個
粒黒コショウ poivre noir en grains ── 30g
砂糖 sucre fin ── 100g
塩 sel ── 20g
赤ワイン酢 vinaigre de vin rouge ── 200mℓ
赤ワイン vin rouge ── 4ℓ
オリーヴ油 huile d'olive ── 100mℓ

ソース・ポワヴラード sauce poivrade：
マリナード marinade ── マリネの残り全量
オリーヴ油 huile d'olive ── 100mℓ
ブランデー〈コニャック〉eau de vie ── 100mℓ
フォン・ド・ジビエ fond de gibier ── 500mℓ
黒コショウ（粗くつぶす）poivre noir mignonette ── 10g
コーンスターチ fécule de maïs ── 15g
ブランデー〈コニャック〉eau de vie ── 50mℓ
バター beurre doux ── 50g

ガルニチュール garniture：
リンゴのマルムラード（p.189）
　marmelade de pommes ── 適量
グロゼイユのジュレ gelée de groseilles ── 適量
※グロゼイユゼリー（市販）をよくほぐし、なめらかにする
菊芋のグラタン（p.190）gratin de topinambour ── 適量
ポンプ（p.192）pompe ── 適量
クレソン cresson ── 適量

**1** 3日前。{mariner} にんにくは細切りにする。子猪に包丁で穴をあけ、にんにくを刺す。腹の中にも少し入れる。玉ねぎ、にんじん、セロリは1cm角に切る。マリナードの残りの材料をすべて合わせ、子猪を漬ける。冷蔵庫に3日おく。

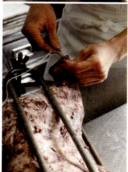

**2** 当日。子猪についている野菜などを取り、回転用の焼物器具に固定する。手足はたこ糸で器具にしっかり縛りつける。滞らずに回転するように重心のバランスをとる。
▲ 焼くと皮が引っ張られる。また手足が器具から出て火に近くなると焦げやすいので、器具に沿わせて縛る。

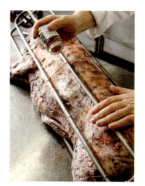

**3** 塩、ピマン・デスペレット、黒コショウを全面にふり、すり込む。

**4** 回転式の焼き架台に取りつけ、薪火の弱火で5時間焼く。子猪の真下の受け皿には赤ワイン（分量外）を入れておく。
▲ 子猪から落ちる脂が焦げるので、防止のために受け皿にワインを入れる。

**5** ソース・ポワヴラードを作る。子猪を漬けていたマリナードをシノワで漉す。

**6** 鍋にオリーヴ油を熱し、マリナードの野菜、スパイス類を炒める。

**9** {passer} 7を2時間煮たら、シノワで漉す。レードルなどをシノワに押しつけ、旨味をしっかり出す。

**12** {lier} コーンスターチをブランデーで溶き、フォンが熱いところに加えてつなぐ。

**15** {désosser} 子猪は焦げの強い部分はそぎ落とす。柵状に切り取り、2cm幅に切る。

**7** {flamber} 10分ほど炒めたら、ブランデーを加え、火をつけてアルコール分を飛ばす。マリナードの液体を加え、蓋をし、弱火で2時間煮る。

**10** 鍋に9のフォンを入れ、フォン・ド・ジビエを加える。

**13** 目の細かいシノワまたはざるで漉す。

🍗 コショウを加えたので、ソースの舌触りをよくするために漉す。

**16** 皿に盛り、ガルニチュールを添え、子猪にソース・ポワヴラードをかける。

**8** 子猪を焼き始めて約1時間半経過。受け皿のワインと脂の混ざった液体を刷毛で塗る。

🍗 受け皿の液体は旨味。表面に塗って旨味を戻し、つやもつける。

**11** 黒コショウを加え、20分ほど弱火で煮詰める。

🍗 子猪のような強い味の肉には、ソースも黒コショウを加えて強くする。

**14** {monter} バターを加え、溶けるまでよく混ぜる。

Corse | 187

# マリナードの種類

マリナードにもいくつかの種類があります。ここでご紹介するのはジビエ用。いずれも汎用性の高いマリナードです。

## マリナード・キュイット
（加熱マリナード）

[marinade cuite]

**材料** ジビエ5kg用

ジビエ gibier ― 5kg
※グロ・ジビエ

フォン・ド・ジビエ (p.434)
　fond de gibier ― 5ℓ

1 鍋にジビエを入れ、生温かい温度のフォン・ド・ジビエ（マリナード）を加え、ジビエが隠れるように漬ける。
2 冷めたら冷蔵庫に入れ、1週間マリネする。
3 ジビエをマリナードから取り出し、調理に適した大きさに切る。

❧ *Conseil*

マリナード・キュイットは火を通したマリナード。グロ・ジビエに用います。フォン・ド・ジビエに漬けることで、ジビエの味とアロマが増すのが最大の利点。肉自体はもちろん、ソースもいっそう美味しくします。

## マリナード・クリュ
（非加熱マリナード）

[marinade crue]

**材料** ジビエ5kg用

ジビエ gibier ― 5kg
※骨つきまたは骨なしの塊肉

A　玉ねぎ oignons ― 500g
　　にんじん carottes ― 500g
　　セロリ céleris ― 200g
B　にんにく tête d'ail ― 1株
　　ローリエ laurier ― 3枚
　　タイム thym ― 3枝
　　ジュニパーベリー
　　　baies de genièvre ― 10粒
　　クローヴ girofle ― 10粒
　　砂糖 sucre fin ― 50g
　　粒黒コショウ
　　　poivre noir en grains ― 10g
　　塩 sel ― 15g
　　赤ワイン酢
　　　vinaigre de vin rouge ― 1050mℓ
　　赤ワインまたは白ワイン
　　　vin rouge ou vin blanc ― 5ℓ
　　オリーヴ油またはサラダ油
　　　huile d'olive ou végétale ― 100mℓ

1 Aは1cm角に切る。鍋にAとBを合わせ、ジビエを加え、ジビエが隠れるように漬ける。
2 冷蔵庫に入れ、24時間以上マリネする。
3 ジビエをマリナードから取り出し、調理に適した大きさに切る。

❧ *Conseil*

マリナード・クリュは材料に火を通さず混ぜ合わせたマリナード。マリナード・キュイットと同じく大型のジビエに用いますが、塊肉にも適しています。マリナードは捨てずに、シヴェ、ポワヴラード、グランヴヌール、ソース・サルミなど、ソースを作る際に使います。

## マリナード・アンスタンタネ
（時短マリナード）

[marinade instantanée]

**材料** ジビエ3kg用

ジビエ gibier ― 3kg
※プティ・ジビエ

塩 sel ― 15g

粒黒コショウ
　poivre noir en grains ― 10g

A　エシャロット（みじん切り）
　　　échalote hachées ― 300g
　　にんじん（輪切り）
　　　rondelles de carottes ― 300g
　　ローリエ laurier ― 2枚
　　タイム thym ― 2枝
　　好みのハーブ
　　　herbe au choix ― 適量
　　レモン果汁 jus de citron ― 1個分
　　オリーヴ油またはサラダ油
　　　huile d'olive ou végétale ― 100mℓ
　　ブランデー eau de vie ― 50mℓ

1 ジビエに塩、コショウをする。
2 陶磁器の器にジビエを入れ、Aを加え、漬ける。
3 冷蔵庫に入れ、ジビエをときどき返しながら、数時間マリネする。

❧ *Conseil*

マリナード・アンスタンタネは早くマリネしたい時のマリナード。即席マリナード、時短マリナードといったところです。ローストまたはグリエするプティ・ジビエに用います。

# *Marmelade de pommes au miel de châtaignes*

[リンゴのマルムラード、栗の蜂蜜風味]

**材料** 作りやすい分量

リンゴ pommes ― 1kg（5個）
バター beurre doux ― 30g
グラニュー糖 sucre granulé ― 500g
レモン果汁 jus de citron ― 2個分
水 eau ― 80g
ヴァニラスティック vanille ― 1本
蜂蜜 miel ― 100g

**1** リンゴは芯を取り、皮つきで8等分のくし形に切り、5mm幅に切る。

**2** 鍋にバター、リンゴ、グラニュー糖、レモン果汁、水を順に入れて弱火にかけ、木べらで軽く混ぜる。

**3** ヴァニラは鞘を縦に割いて種をしごき出し、鞘ごと鍋に加える。木べらでときどき混ぜながら40分煮る。

**4** 火から外し、蜂蜜を加えて混ぜる。混ざればよい。

## *Conseil*

コンフィチュールは果肉が潰れてピュレ状なのに対し、マルムラードは少しだけ果肉が残った状態のものを指します。果実を丸ごとシロップで煮たものがコンポートになります。

# Gratin de topinambours à la truffe et fromage de brebis Corsica

[菊芋と"コルシカ"チーズのグラタン、トリュフ風味]

Corse

**材料** 12人分

菊芋 topinambours ─ 2kg
ジャガイモ pommes de terre ─ 500g
生クリーム crème ─ 350ml
牛乳 lait ─ 350ml
バター beurre doux ─ 300g
ナツメグ noix de muscade ─ 1g
トリュフ truffe ─ 60g（1個）
白カビチーズ〈コルシカ〉*1
　fromage de brebis ─ 1個
※1個約500g。250g使用
塩 sel ─ 7g
白コショウ poivre blanc du moulin ─ 適量

＊1＝コルス島で作られる羊乳のチーズ。表面は白カビに覆われていて、中は白くクリーミー。ねっとりとしていてこくと甘味があり、熟成するとさらに風味が強く野趣を感じさせるようになる。

**1** 菊芋、ジャガイモは薄切りにする。鍋に生クリーム、牛乳、バター250g、ナツメグ、菊芋、ジャガイモを入れ、火にかける。

**3** トリュフはみじん切りにする。鍋に加え、さらに20〜25分煮る。
🍴 トリュフを一緒に煮込むことで風味がさらに出る。

**6** 4の鍋に煮汁を加え、表面をゴムべらで平らにする。

**7** チーズを薄切りにし、表面に隙間なく並べる。200℃のオーヴンでチーズに焼き色がつくまで焼く。

**2** 塩、白コショウを加え、ときどき混ぜながら10分ほど煮る。

**4** 供する鍋にバター50gを塗る。穴じゃくしで芋類をすくい、鍋に入れる。

**5** {réduire} 煮汁は強火で1/2量になるまで煮詰める。
🍴 煮詰めて濃度をつける。

### Domaine Antoine Arena "Carco" blanc Patrimonio

ドメーヌ・アントワーヌ・アレナ "カルゴ" ブラン・パトリモーニョ

産地：コルス／品種：ヴェルメンティーノ、マスカット、ビアンク・ジャンティル／白

野性味あるコルス島のチーズを使ったグラタンはこくがあって、トリュフも入っているので香りも豊か。さらっとしたワインでは負けてしまうので、パンチとボリュームのある同じコルス島のワインを合わせます。イタリアのブドウの品種、ヴェルメンティーノを主にした白は、口に含むと深みがあってリッチ。フローラルとコリアンダーの香りがします。

# Pompe aux grattons de canard et olives noires

[鴨グラトンと黒オリーヴのポンプ]

**材料** 12人分／直径約25cm1個

パータ・ブリオッシュ pâte à brioche：
強力粉 farine de blé type 65 ― 500g
塩 sel ― 8g
ドライイースト levure sèche ― 10g
ぬるま湯 eau tiède ― 70g
全卵 œufs ― 4個
バター beurre doux ― 200g
※室温で柔らかくしておく

グラトン（p.109）grattons ― 100g
オリーヴ（黒）olives noires ― 100g
鴨脂 graisse de canard ― 適量
ドリュール dorure ― 適量
※全卵と卵黄を1：1で混ぜ合わせる

**1** {tamiser} パータ・ブリオッシュを作る。強力粉、塩、ドライイーストは合わせてふるう。

🔖 合わせてふるうとだまにならない。

**2** 中央に窪みを作り、卵、ぬるま湯を加える。中央から外側に向かって混ぜる。

🔖 ある程度まとまるまで混ぜればよい。

**3** 台に打ち粉をし、生地を置いて練り混ぜる。手前から向こう側に押しのばし、これを100回繰り返す。

**4** 生地の混ぜ上がりは、つやが出ている。ひと塊にまとめる。

**5** 押し潰して平らにし、中央にバターをのせる。生地をまわりから被せるように混ぜる。

**6** バターが馴染むといったんどろりとし、台に貼りつくようになる。

**7** 台に広げるようにして混ぜる。しばらく混ぜると徐々にまとまってくる。

**8** 台から離れてきたら、ひと塊にまとめる。ボウルに入れてラップをかけ、40℃で1時間半おき、一次発酵させる。

**9** 一次発酵した状態。ガスを含んで膨らんでいる。

**10** 台に打ち粉をし、生地を置き、30×40cm目安の長方形にのばす。グラトン、粗みじんに切ったオリーヴを全体に散らす。

**11** 横長になるように生地を置き、手前から巻く。

**12** 三つ折りにし、前後に転がしてのばす。三つ折りする前と同じような円筒状になるようにのばす。

**13** 天板に鴨脂を塗り、生地を輪状にして置く。40℃で70分、二次発酵させる。

**14** {dorer} 2倍ほどに膨らんだら、ドリュールを刷毛で塗る。200℃のオーヴンで40分焼く。

*Corse* | 193

## パッションの美学
*Vision d'André Pachon*

# 暖炉
[cheminée]

ガスのない時代、フランスでは家庭にある暖炉の火で調理していました。日本で囲炉裏に炭をくべて魚や肉を焼いていたのと同じです。暖炉の輻射熱で火を入れると、外はパリッと、中はしっとりと焼き上がります。薪に楢を選んでいるのは、ふくよかな香りに惹かれて。その芳香は素材に纏い、滴る脂は魅惑的な燻製香を放ちます。心躍らせる、食欲を誘う演出にもなりますし、揺らめく炎や薪の爆ぜる音は人々の心を癒します。

§

レストラン・パッションの暖炉は、サン・ジャック・ド・コンポステル [Saint-Jacques de Compostelle] への巡礼路の途中にある修道院で使われていたもの。彼の地を目指す巡礼者たちが体を暖めていたという、歴史をもつ暖炉です。

サン・ジャック・ド・コンポステルはキリスト教の聖地でスペインのガルシア州に位置し、サン・ジャック（聖ヤコブ）の遺骸があるとされ、バチカン、エルサレムと並ぶ三大巡礼地。フランス全土から「トゥールの道」、「リモージュの道」、「ル・ピュイの道」、「トゥールーズの道」の四つの主要な道を通り、ピレネー山脈を越えてスペイン北部を経由して向かいます。巡礼路のうちスペイン国内の道は、「サンティアゴ・デ・コンポステーラの巡礼路」としてユネスコの世界遺産に登録されています。

§

私がレストラン・パッションを始めることを心に決めたのは、この暖炉との出会いがあったことも大きな理由です。"本物のフランス料理を伝えたい"信念を叶えるために必要なものの一つだと感じたのです。

ヌーヴェル＝アキテーヌ地方
# Nouvelle-Aquitaine

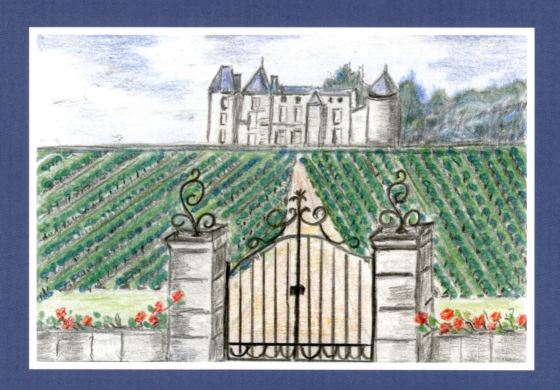

## 地理・気候

以前のアキテーヌ地方、リムーザン地方、ポワトゥー＝シャラント地方が統合したフランス南西部の広大な地方。東北は中央山塊（マシフ・サントラル）を抱き、西は大西洋に面し、南はスペインとの国境となるピレネー山脈を望む。アキテーヌ地方は、ペリゴール、ベアルン、バスク、ガスコーニュ、ボルドレ、アジュネなど の地方を含む。

大半は西岸海洋性気候で、冬は温暖で夏は涼しい。風景は多様で、アキテーヌ平野、ランド地方の松林、ペリゴール地方の石灰岩の台地、リムーザン地方は面積の2/3以上を牧草地と森林が占める高原地帯。

**中心都市：ボルドー**

## 特徴

- 広大な土地と恵まれた西岸海洋性気候を背景に、多種多様な産物がある
- 良質の食材が各地の料理を支える
- 西側の大西洋沿いや潟湖、河川で獲れる魚介類が豊富
- ポワトゥー＝シャラント地方はヨーロッパ有数の貝類養殖地
- 牧畜が盛ん
- ボルドー地方は世界的なワインの名産地
- 料理名にボルドー風とつけばワイン、牛の脊髄、エシャロットを使うのが特徴

- ペリゴール地方はトリュフの名産地で、料理名に「ペリゴール風 à la périgourdine」とあればトリュフとフォアグラが使われていることが多い
- ランド地方はペリゴール地方とともに伝統的なフォアグラの産地
- バスク地方は独自の文化を守り続けており、スペイン料理と融合した独特なものが見られる
- 湿地帯で獲れるそら豆や小粒の白いんげん豆のモジェットを使った料理は、隣接する地方と共通している
- トウモロコシの生産量は国内一

## 食材

◎肉：ポイヤックの子羊、シャロスの牛、リムジーヌ種の牛、リムーザン地方の子牛・子羊・豚、セーヴル渓谷の家禽
◎豚肉加工品：バイヨンヌの生ハム
◎魚介：アルカションの養殖牡蠣、マレンヌ・オレロンの養殖平牡蠣とムール貝、ヤツメウナギ、アローズ、ウナギの稚魚、小イカ、ロワイヤン周辺で夏に獲れるサルディーヌ、小型のプティ・グリ種のエスカルゴ、カワマス
◎野菜：ランド地方の砂地栽培アスパラガス、ペリゴールなどのトリュフ、セップ茸、ピマン・デスペレット、レ島の新ジャガイモ、リムーザンの森で採れる野生キノコ
◎果物・種実：アジャンの干しプラム、ペリゴールのクルミとイチゴ、アドゥール川流域のキウィ、オー・ポワトゥーのメロン、サクランボ、フランボワーズ、リムーザンのゴールデン種のリンゴ
◎穀物：栗、トウモロコシ
◎チーズ・乳製品：オソー＝イラティーチーズ、シャビシュー・デュ・ポワトゥー、シャラント産のバター

## 代表的な郷土料理

◎前菜：エクラード [éclade]、
シャラント風カグイユ [cagoulle à la charantaise]、
砂肝のコンフィのサラダ [salade de gésiers confits]
◎ポタージュ：ガルビュール [garbure]、ティオロ [ttoro]、
ブレジョード [bréjaude]、にんにくのスープ [tourin blanchi]
◎野菜料理：緑キャベツのアンブレ [embeurré de chou]、
ポワトゥー風ファルシ [farci poitevin]
◎魚介料理：ヤツメウナギのボルドー風 [lamproie à la bordelaise]
◎肉料理
ボルドー風アントルコートのポワレ [entrecôte à la bordelaise]、
鶏肉のソテ、ヴェルジュソース [Poulet au verjus]、雌鶏のポトフ、
ベアルン風 [poule au pot béarnaise]、アンリ4世の鶏肉のポシェ
[poule au pot Henri IV]、子山羊のにんにくの茎風味 [chevreau à l'ail vert]、
アングーモア風トリップ [tripes à l'angoumoise]
◎ジビエ料理：野兎のカベサル仕立て [lièvre en cabessal]
◎菓子：カヌレ・ド・ボルドー [cannelé bordelaise]、パスティス・ブリ、
またはランド風パスティス [pastis bourrit, pastis landais]、
ガトー・バスク [gâteau basque]、
トゥルトー・フロマージュ [tourteau fromagé]、
ポワトゥーのブロワイエ [broyé du Poitou]、
フロニャルド [flognarde, flaugnarde]

*Nouvelle-Aquitaine*

# Piperade basquaise
## ［バスク風ピペラード］

ピペラードはバスク地方に古くから伝わる名物料理。バスク地方はフランスからスペインにまたがる地域で、独自の言語や文化があります。それは料理にも現れていて、スペイン料理と融合したものが見られます。ピペラードはバスク語で唐辛子を指す「biperra」が語源。トマト、ピーマン、にんにく、バイヨンヌハムを使うとバスク風と総称され、ピペラードにもたっぷりのピーマンを使います。にんにく、玉ねぎと一緒にオリーヴ油でソテしてトマトを加え、ピマン・デスペレットで風味づけ。仕上げは卵を溶き加え、焼いた生ハムを飾ります。

バスク地方にあるサリス・ド・ベアルヌ［Salies de Béarn］という町では、毎年8月15日にピペラードの料理コンクールがあります。必ずピーマン、ピマン・デスペレット、卵を使うのがルールで、美味しいピペラードを作った優勝者にはピペラードの王様［Roi de la Piperade］の冠が授与されます。

サリス・ド・ベアルヌは青銅器時代からの起源をもつ塩の町としても知られています。ピレネー山脈の地下深くの断層に岩塩層が入り込みドームを形成。地面に浸透した雨から海水の10倍の塩分量の塩水ができ、湧き出たその塩水から伝統の塩が作られています。

### Domaine Herri Mina "Herri Mina" blanc Irouléguy
ドメーヌ・エリ・ミナ "エリ・ミナ" ブラン イルレギ

産地：シュッド・ウエスト／品種：グロ・マンサン、プティ・マンサン、クールビュ／白

イレルギはフランスの最南西端、スペインの国境近くに位置するバスク地方にあります。カトリック信者の巡礼地として有名で、18世紀にロンスヴォー大修道院の修道僧たちがブドウの樹を植えたのがワイン造りの始まりといわれています。

ドメーヌ・エリ・ミナは、ペトリュスで名を馳せたジャン＝クロード・ベルエ氏が生まれ故郷イレルギへの郷愁から始めたドメーヌ。「Herri Mina」はバスク語でノスタルジーを意味します。この白ワインは白い果実やグレープフルーツを思わせる香り。しっかりした酸味とミネラル感があり、口の中に心地よい酸が残ります。バスク料理やハムを使った料理によく調和します。

# Piperade basquaise

**材料** 6人分

ピーマン（赤・黄・緑）piments doux rouges, jaunes et vert
　— 各1個（1個100g）
赤万願寺唐辛子 piments doux des landes — 6個
玉ねぎ oignon — 200g（1個）
トマト tomates — 400g（3個）
にんにく（みじん切り）ail haché — 55g
生ハム jambon cru — 125g
全卵 œufs — 3個
オリーヴ油 huile d'olive — 55㎖
塩 sel — 4g
ピマン・デスペレット piment d'Espelette — 1g
黒コショウ poivre noir du moulin — 適量
パセリ（みじん切り）persil haché — 5g

**2** フライパンにオリーヴ油50㎖を熱し、にんにく、玉ねぎを炒める。透き通るまで炒める。

**3** ピーマン、万願寺唐辛子を加え、3〜4分炒める。トマトを加え、さらに3〜4分炒める。

**4** 塩、ピマン・デスペレット、黒コショウを加える。
🔥 ピマン・デスペレットだけでは少し辛味が強くなるので、黒コショウを合わせる。

**5** 別のフライパンにオリーヴ油5㎖を熱し、生ハムを両面焼く。
🔥 生ハムは強めの中火でさっと焼く。焼きすぎるとかたくなり、塩味も増すので生が変わる程度に焼く。

**6** ボウルに卵を溶きほぐす。野菜のフライパンに加え、木べらで一気に混ぜる。
🔥 火加減は中火。スクランブルエッグの要領で混ぜる。

**7** 焼いた生ハムをのせ、パセリを散らす。

**1** ピーマンと万願寺唐辛子は細切り、玉ねぎはみじん切り、生ハムは薄切りにする。トマトは皮をむいて種を取り、2cm角に切る。

200　|　Nouvelle-Aquitaine

> フランスの
> 食風景
>
> *Scène de la cuisine française*

# 生ハム

[jambon cru]

フランスには豚肉や豚肉加工品を製造販売する店、シャルキュトリ[charcuterie]があり、塩漬け、乾燥、燻製、腸詰め、コンフィ、瓶詰め、缶詰などを扱っています。「レストラン・パッション」の生ハムは自家製。自信のルセットです。

## *Jambon cru maison* [自家製生ハム]

**材料** 豚もも肉1本分

皮つき豚もも肉 — 1本（10〜12kg）
※1本10〜12kgの新鮮なもも肉を用意する

塩 sel — 適量

ハーブ herbes au choix — 好みで適量
※ローリエ、タイム、クローヴ、ジュニパーベリーなど

ブランデー eau de vie — 200mℓ

黒コショウ poivre noir du moulin — 100g
※またはピマン・デスペレット

### ❦ *Conseil*

塩漬けはなるべく12月〜1月の寒い時期に始めます。完成した生ハムは冷蔵庫での保存は避けます。塩辛くなり、風味がなくなります。

### salage サラージュ
[塩漬け]

1 もも肉は足先を取る。強く押し、ももに残った血を抜く。

2 もも肉全面に塩をすり込む。手のひらで繰り返しすり込み、肉の中に塩を染み込ませる。塩は多めに使用する。

3 木箱の底に板を格子に置き、布をかぶせる。塩5kgを入れ、もも肉を皮目を下にして置く。さらに塩5kgを加えて覆う。ハーブで風味をつける場合は、ここで加える。

4 セラーなど、室温15〜16℃の涼しい場所で保存する。肉1kgにつき2日間の塩漬けが必要。10〜12kgの肉の場合は20〜24日間塩漬けする。

### séchage セシャージュ
[乾燥]

1 もも肉の塩を落とし、冷水で洗い、水気を丁寧に拭き取る。

2 身にブランデーをもみ込み、冷蔵庫に1時間ほどおき、乾かす。

3 身に黒コショウまたはピマン・デスペレットを多めにすり込む。

4 もも肉を布または目の粗いコットン[étamine]で包み、つけ根をひもで縛る。

5 室温15〜16℃の風通しがよく涼しいセラーなどで、吊り下げて乾燥させる。食べられるまで9〜12カ月の乾燥が必要。24カ月ほど乾燥させる生ハムもあり、高価になる。

## *Ventrèche* [ヴァントレッシュ]

### ❦ *Conseil*

肉は皮つき豚バラ肉を使い、生ハムと同じ工程でヴァントレッシュも作れます。
ただし、バラ肉はもも肉より小さく厚みも薄いので、サラージュとセシャージュの期間が短くなります。
● サラージュ：通常3〜5kgの豚肉で作り、肉1kgにつき2日間塩漬けする。● セシャージュ：肉1kgにつき1カ月乾燥させる。

*Nouvelle-Aquitaine*

## フランスの食風景

*Scène de la cuisine française*

# トゥールーズソーセージ

[saucisses de Toulouse]

フランスでトゥールーズソーセージのほとんどは長い状態で売られています。ブッシュリ [boucherie] やシャルキュトリ [charcuterie] には渦巻き状に積まれたソーセージが並び、購入は1kg単位。調理する場合は渦巻き状のままフライパンやグリルで美味しそうに焼いて、人数分に切り分けます。焼く前に切ると中の肉が出てしまうので、必ず焼いてから切ります。また chair à saucisse といって、ソーセージの中身だけも売られています。本書で「ソーセージ用ファルス」としているもので、トゥールーズソーセージの中身とまったく同じ。味のついたひき肉ですから、ひき肉代わり、ファルシのアパレイユ（ファルス）などに使います。フランスでは塩を加えないタイプも売られています。

トゥールーズソーセージはカスレに不可欠な材料です。けれども六本木「イル・ド・フランス」でカスレを提供し始めた1971年、日本で手に入れることはできませんでした。ミンサーも絞り袋もなく、それでも試行錯誤を重ねながら"フランスの味"にこだわって作っていました。以下は当時から変わらないトゥールーズソーセージのルセットです。

---

## *Saucisses de Toulouse maison*

[自家製トゥールーズソーセージ]

**材料** ソーセージ約2kg分

ソーセージ用ファルス chair à saucisse：
豚もも肉 cuisse de porc paré et dénervé ── 1250g
豚の背脂 lard de porc ── 750g

A｜ 塩 sel fin ── 136g
　　黒コショウ poivre gris du moulin ── 4g
　　カトルエピス quatre-épices ── 1g
　　白ワイン（ドライ）vin blanc sec ── 100mℓ
　　ブランデー eau de vie ── 20mℓ
　　※なくてもよい

豚の小腸 boyaux de porc ── 300g

1 ミンサに豚もも肉、背脂を入れ、穴径8mmのプレートを使用し、ひき肉にする。
2 ボウルに移し、Aを加え、よく混ぜる。
3 冷蔵庫で1〜2時間寝かせる。これでファルスの完成
4 腸に詰める前にファルスを再び混ぜて柔らかくし、詰めやすくする。ソーセージフィーラーを使い、腸の中にファルスを詰める。冷蔵庫で保存し、翌日から食べ頃。真空パックにすれば、1〜2週間保存可能。冷凍も可能。

# 豚肉加工品

## [salaison et fumage]

### 《調理用ソーセージ》saucisse à cuire

●グリル用ソーセージ [saucisse à griller]

焼いて食べる生ソーセージ。

●ゆで煮用ソーセージ [saucisse à pocher]

軽く乾燥、場合によっては燻製する。加熱調理して食べるが、加熱製造品もある。

●クレピネット [crèpinette]

クレピン [crépine] やトワレット [toulette] と呼ばれる豚の網脂でひき肉を断面が半円になるように巻く。

●トゥールーズソーセージ [saucisse de Toulouse]

豚の赤身と脂身の粗びきを使い、長く作る。

●リヨンソーセージ [saucisson de Lyon]

またはセルヴラ・リヨネ [cervelas lyonnais]。豚の粗びき肉と脂身を腸に詰める。トリュフやピスタチオを加えることも。乾燥タイプ。

●モルトソーセージ [saucisse de Morteau]

フランシュ＝コンテ地方産。豚肉と脂身を腸に詰め、片側の口を楊枝で留め（もう一方はひもで縛る）、モミのチップで冷燻する。

●チョリソ [chorizo]

スペインの特産品でパプリカ風味の乾燥タイプ。豚肉だけのものと牛肉を混ぜたものがある。

### 《加熱ソーセージ》saucisson cuit

●レバーソーセージ [saucisson de foie]

豚などのレバーに子牛肉や牛乳を混ぜて腸に詰めて加熱する。

●パリソーセージ [saucisson de Paris]

豚粗びき肉と脂身ににんにく風味をつけて腸に詰め、加熱する。

### 《ドライソーセージ》saucisson sec

●ロゼット [rosette]

リヨンを含むボジョレ地方の名物ソーセージ。この地区でロゼットは腸を指す言葉。長さ30cmほどの大型でひもがかけられている。粗びきの豚肉を使うのが原則。

### 《白ハム》jambon blanc

●豚内もも肉のハム [jambonneau blanc]

豚内もも肉のハム。

●豚すね肉のハム [jambonneau cuit]

豚の皮つきすね肉のハム。

### 《生ハム》jambon cru

●バイヨンヌハム [jambon de Bayonne]

バスク地方バイヨンヌ産。アドゥール川流域産の塩で塩漬けにする。

●アルデンヌドライハム [jambon sec des Ardennes]

アルデンヌはフランス、ベルギー南東部、ルクセンブルクにまたがるアルデンヌ地方産。乾塩ですり込んで最低270日乾燥させる。

●アルデッシュハム [jambon de l'Ardèche]

オーヴェルニュ＝ローヌ＝アルプ地方の中央高地南東部、セヴェンヌ山脈に位置するアルデッシュ地方産。栗粉で風味をつける。

### 《加熱ハム》jambon cuit

●パリのハム [jambon de Paris]

豚のもも肉や尻肉の上部のみを湯煮した加熱ハム。最高級品には「布巾の」「ブイヨンの」という表示がある。

●ジャンボン・ブラン

ブランは「白」の意味。白い色の湯煮した加熱ハム。

### 《ベーコンなど》poitrine et lard de porc

●塩漬け豚肉（ヴァントレッシュ）[ventrèche, petit salé]

胸肉、肩バラ肉、肩ロース肉などの塊肉の塩漬け。

●塩漬け豚バラ肉 [lard (maigre) salé]

適度に水分が抜けて旨味が増す。塩漬け豚肉のなかでも汎用性が高い。

●生ベーコン [lard (maigre) fumé]

塩漬け豚バラ肉の冷燻。

●ベーコン [poitrine fumé, fumé]

塩漬け豚バラ肉の燻製。

●ロースベーコン [(filet de) fumé]

豚ロース肉の塩漬けの冷燻。生ベーコンを指す場合もある。

●ラルドン [lardon]

塩漬け豚バラ肉や生ベーコンの棒切り。

### 《ブーダンなど》boudin, andouille et autres

●黒ブーダン [boudin noir]

豚の血と脂身、玉ねぎなどを腸に詰める。

●白ブーダン [boudin blanc]

家禽、子牛、豚などの白い肉と豚の脂をペースト状にし、牛乳や卵などを合わせ、腸に詰める。

●ルテル産白ブーダン [boudin blanc de Rethel]

フランス北東部アルデンヌ県ルテル産。豚肉、豚背脂、牛乳、卵だけで作る。

●アンドゥイユ [andouille]

豚の腸などを下ゆでして大腸に詰めてゆでる。ほとんどの場合、燻製する。

●アンドゥイエット [andouillette]

胃や腸、喉肉などを小腸に詰めてゆでる。燻製することも。

*Nouvelle-Aquitaine* | 203

# Foie gras de canard rôti au Sauternes

[フォアグラのロティ、ソーテルヌワイン風味]

この料理を作るには、質の良い生のフォアグラを使うこと。ラベル・ルージュのフォアグラなら間違いありません。ラベル・ルージュは農水産物や食料品が高品質であることを保証する目印です。火を通すと脂が溶けすぎてしまうフォアグラがあるので、できるだけ溶けないフォアグラが望ましいです。良いフォアグラの見分け方は、親指で押してみること。少しへこむ程度が上質で、崩れてしまうようでは良くありません。

フォアグラは鷲鳥や鴨の口の中に無理矢理餌を押し込み、大食させて作り出しますが、この強制給餌を考え出したのは古代エジプト人です。渡り鳥が大量に餌を食べて肝臓の中に脂肪としてエネルギーを蓄え、食事を摂らずに長距離の飛行ができることを知り、渡りに飛び立つ直前の鷲鳥は脂がのって最高に美味であることを発見。それを鷲鳥や鴨に応用し、家禽化したのです。第五王朝の末期に王の友人のティという人物がいましたが、その墓室には鷲鳥の肥育方法が浅浮き彫りで描かれています。

さて、フォアグラのロティは今では一年中食べられる料理ですが、昔は高級食材でしたから大晦日やお祝いなど特別な日のご馳走でした。フォアグラには甘いソースがよく合い、ヌーヴェル＝アキテーヌではソーテルヌを用いますが、その土地の甘口ワインを使えばいいのです。アルザスのあたりなら遅摘みのブドウの甘口、カルカソンヌならリヴザルトのミュスカやバニュルス。ブドウは秋の収穫時のフレッシュなものを使うと美味で、品種はマスカットがお勧めです。また、フォアグラの火入れは料理人によってさまざまですが、私はよく火が入ったフォアグラが美味しいと思います。

### Château Clos Haut-Peyraguey Sauternes
シャトー・クロ・オ＝ペイラゲイ・ソーテルヌ

産地：ボルドー／
品種：セミヨン・ブラン／甘口
フォアグラと相性がいいのは甘味のあるワインです。このワインの畑はソーテルヌで有名なシャトー・イケムの隣にあり、名門中の名門。管理者のポリー氏は極めて優れた職人で、蜂蜜をやさしく熟成させたような風味の甘口ワインを造り出します。フォアグラの脂とのマッチングは申し分なく、誰もが納得する組み合わせです。

### Château des Eyssards "Cuvée Flavie" Saussignac
シャトー・デ・ゼサール "キュヴェ・フラヴィ" ソーシニヤック

産地：シュッド・ウエスト／品種：セミヨン、シュナン／甘口
ソーシニヤックの甘口も素晴らしいです。ソーテルヌに比べるとフレッシュかつフルーティーで爽やか。アプリコットやピーチをかじっているようなジューシーさがあります。その味わいを生み出すのはブレンディングの妙。ロワールの品種、シュナンの働きによるものです。

## Foie gras de canard rôti au Sauternes

**材料** 6人分

フォアグラ foie gras — 2個
※半分に割り、大きい塊を使用（2個分で740g）

塩 sel — 4g

粗挽き白コショウ poivre blanc moulu — 適量

バター beurre doux — 50g

ブドウ〈シャインマスカット〉raisin blanc — 1房

グラニュー糖 sucre granulé — 30g

甘口白ワイン〈ソーテルヌ〉*1
　vin blanc liquoreux — 150mℓ

フォン・ド・ヴォ fond de veau — 80g

レモン果汁 jus de citron — 1/4個分

飾り décor :

パン・デピス pain d'épices — 2g
※乾燥させて粉砕する

フルール・ド・セル fleur de sel — 1g

粗挽き黒コショウ poivre noir moulu — 1g

### sauternes
[ソーテルヌ]

*1 =〈Château Suduiraut-AOC Sauternes 1er Grand Cru Classé〉。高糖度の貴腐ブドウから造られる極甘口白ワインの貴腐ワイン。ボルドー地方、ガロンヌ川左岸にあるコミューンのソーテルヌ、ボンム、フォルグ、プレイニャック、バルザックの五つの村からなるソーテルヌ地区で造られる。この地区はドイツのトロッケンベーレンアウスレーゼ、ハンガリーのトカイと並び、世界三大貴腐ワイン産地。

フォアグラはきれいに二つに分けることができるが、小さいほうは調理中に割れやすいので、整った形で仕上げたいロティには大きいほうを使う。写真は半分に割る前のフォアグラが2個。

206 | *Nouvelle-Aquitaine*

**1** フォアグラは半分に割り、大きいほうの両面に塩、白コショウをふる。

**2** 浅鍋を強火で熱し、油をひかずにフォアグラを焼く。フォアグラを入れたら弱火にする。
❗ 盛りつける際に上になる面を先に焼く。先に焼く面が焼き色がきれいにつく。

**3** 焼き色がついたら裏返す。220℃のオーヴンで10分焼く。

**4** {caraméliser} ソースを作る。フライパンにバターを入れて火にかけ、少し溶けたらブドウ、グラニュー糖を加える。鍋をふって全体にからめる。

**5** 穴じゃくしでブドウだけ取り出す。

**6** ソースを1分ほど強火にかけ、カラメル色をつける。甘口白ワインを加え、アルコール分が飛ぶまで1〜2分煮詰める。

**7** フォン・ド・ヴォを加える。沸騰したら、レモン果汁を加え、少し煮詰める。

**8** フォアグラをオーヴンで10分焼いた状態。脂がたっぷり出ている。

**9** フォアグラを網にのせる。形が崩れないように注意する。

**10** フォアグラの脂を30mlほどソースに加える。

**11** フォアグラにパン・デピスを全体にかける。中央に縦に1列、フルール・ド・セルと粗挽き黒コショウを飾る。

**12** ソースにブドウを加え、からめる。皿にフォアグラを盛り、ソースを流し、ブドウを飾る。

Nouvelle-Aquitaine | 207

# *Matelote de congre au Malbec de Cahors*
## ［穴子のマトロット、カオール産マルベックワイン煮］

マトロットは魚を赤ワインで煮込んだもの。マルセイユならブイヤベースというように、大西洋沿岸の魚の煮込みにマトロットの名前がつきます。フランス語で水夫や船員を matelot と呼ぶところから転じたようです。

　アキテーヌ地方には lamproie à la bordelaise ［ヤツメウナギのボルドー風］ という伝統的な郷土料理があり、これは穴子のマトロットとまったく同じ作り方をします。違いは主材料がヤツメウナギであることと、ヤツメウナギの血を使うこと。日本ではヤツメウナギが手に入りにくいので、今回は穴子で作りました。ヤツメウナギはウナギや穴子のように細長い体型をしていて、脊椎動物、円口類に属します。調理に使えるほど血のある魚は珍しく、尻尾を切ると血が出てきます。その血を固まらないようにワイン酢少量と混ぜておいて、最後にリエします。シヴェのようなもので、ソースもシャンピニョン、ポワロー、ベーコンで作るなど、とても似ています。ヤツメウナギの肉質は脂がのってジューシー。真ん中に骨が1本通っているだけで小骨がありませんから、食べやすいのも魅力です。

　ヤツメウナギは産卵のためにボルドーのジロンド川に遡上するところを捕獲されるので、旬は2〜6月。この時期はフレッシュな lamproie à la bordelaise を楽しめます。ボルドーのスペシャリテですから一年中メニューに載ってはいるのですが、旬以外の季節は缶詰や瓶詰めを温めて供します。ボルドーで働いていた時、ヤツメウナギの産卵の時季は備えの分もと毎日のようにこの料理を作っていました。

### Crocus "Prestige" Cahors
クロッカス "プレステージ" カオール

産地：シュッド・ウエスト／品種：マルベック／赤
穴子料理はフランスでは珍しく、カテゴリーも魚ではなく例外的な位置づけ。また、ソースにグラッセの甘味が加わる独特の風味もマトロットの特徴です。この赤ワインはマルベック由来のレッドチェリー、ブルーベリー、バラの花びら、プラム、甘草、さまざまなスパイスが香ります。凝縮感があって、こなれたタンニンが複雑な味わいを作ります。

### Jacquart "Blanc de Blancs" Millésimé Champagne
ジャカール "ブラン・ド・ブラン" ミレジメ・シャンパーニュ

産地：シャンパーニュ／品種：シャルドネ／スパークリング・ワイン
スパークリング・ワインは上のクラスのものを選ぶと、すべての料理とマリアージュします。ギャップの愉快さとでもいうべき不思議。シャンパーニュ・ジャカールは品質・生産量ともにフランスの大手。"ブラン・ド・ブラン" ミレジメはまろやかでクリーミー。こくがありながら口の中で邪魔をせず、フレッシュです。フローラルな香りも魅力。

## *Matelote de congre au Malbec de Cahors*

**材料** 6人分

穴子 congres — 3匹 (1860g)
玉ねぎ oignons — 300g (2個)
ポワロー poireaux — 400g (小2本)
にんにく tête d'ail — 1株
赤ワイン*1 vin rouge — 1本 (750mℓ)
ポート porto — 330mℓ
フォン・ド・ヴォ fond de veau — 300g
ヴァントレッシュ ventrèche — 100g
生ハム jambon cru — 70g
シャンピニョン champignons de Paris — 260g (13個)
バター beurre doux — 30g
ブランデー〈コニャック〉eau de vie — 60mℓ
ブーケ・ガルニ bouquet garni pour poissons — 1束
コーンスターチ fécule de maïs — 30g
塩 sel — 8g
黒コショウ poivre noir du moulin — 適量
オリーヴ油 huile d'olive — 130mℓ

ガルニチュール garniture：
《ポワローのグラッセ Poireaux glacées》
ポワロー poireaux — 500g
バター beurre doux — 70g
グラニュー糖 sucre granulé — 35g
フォン・ド・ヴォライユ fond de volaille — 90mℓ

飾り décor：
パン・ド・カンパーニュ pain de campagne — 適量
パセリ（みじん切り）persil haché — 適量

### Malbec
[マルベック]

*1 =〈Crocus Grand Vin-Malbec de Cahors〉。フランス南西部カオール地方で造られるマルベック種の赤ワイン。4代続く家族経営の名門ワイナリー、ジョルジュ・ヴィグルーの品。黒い果実の風味が豊かでフレッシュ、ジューシーな味わい。

210 | *Nouvelle-Aquitaine*

**1** 穴子は頭と尾を切り落とし、胴は6等分にぶつ切りする。頭と尾をソースに使う。玉ねぎはみじん切り、ポワローは薄切りにする。にんにくは皮つきのまま横に半分に切る。

**2** 鍋にオリーヴ油80mlを熱し、にんにく、穴子の頭と尾を入れ、炒める。

**3** 油が穴子にまわったら、玉ねぎ、ポワローを加え、6〜7分炒める。
🍴 パッセするので穴子は崩れても問題ない。また、赤ワインを使う煮込みは色づくように炒める。

**4** 赤ワイン、ポート300mlを加え、強火で煮る。
🍴 赤ワインだけでは酸味が強いので、ポートを加えて甘味を加える。

**5** フォン・ド・ヴォ、塩4g、黒コショウを加える。蓋をし、弱火で20分煮る。

**6** ガルニチュールを作る。ポワローは5cm長さに切る。ソテーパンにバターを熱し、少し溶けたらグラニュー糖、ポワローを加え、強めの中火にする。

**7** バターが色づいたら弱火にし、ポワローを返しながら焼く。

**8** フォン・ド・ヴォライユを加え、弱火で15〜20分煮る。

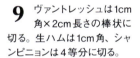

**9** ヴァントレッシュは1cm角×2cm長さの棒状に切る。生ハムは1cm角、シャンピニョンは4等分に切る。

**10** {passer} ソースの続き。5をシノワで漉し、レードルなどで押し潰し、旨味をしっかり出す。ソースは底が広い浅鍋に移す。

**11** フライパンにバターを熱し、ヴァントレッシュ、生ハムを強火で炒める。色が変わってきたら、シャンピニョンを加えて炒める。

**12** {flamber} 1〜2分炒めたらブランデー30mlを加え、火をつけてアルコール分を飛ばす。ソースの浅鍋に加える。ブーケ・ガルニも加える。

**13** {lier} ボウルにコーンスターチ、ポート30mlを入れ、混ぜて溶かす。浅鍋に加えて混ぜ、5〜6分煮る。

*Nouvelle-Aquitaine*

**14** 穴子に塩4g、黒コショウをふる。フライパンにオリーヴ油50㎖を熱し、穴子を強火で焼く。
🔥 穴子は焼くと味が濃くなる。

**15** {flamber} ブランデー30㎖を加え、火をつけてアルコール分を飛ばす。浅鍋に加える。

**16** 8のポワローが柔らかく煮えたら、煮汁ごと浅鍋に加え、弱火で15分煮る。
🔥 レストランで供する場合はポワローを別にするが、家庭料理は一緒に煮込む。

**17** パン・ド・カンパーニュは薄切りにする。端をソースにつけ、パセリをまぶし、器に盛ったマトロットに添える。

---

## フランスの食風景

*Scène de la cuisine française*

# フランスの植物油

[huiles végétales en France]

フランスは自然条件に基づいて、北の地域では調理にバターを使い、南フランスではオリーヴ油を使います。植物油に関してはさらにその種類と普及している地域が分かれます。ヒマワリ、ナタネは地理的に広く分布し、その油が多く生産されていますが、北東部はナタネ油、南西部はヒマワリ油が中心です。フランスで用いられる油は他に、ピーナッツ油やブドウの種油など。

私がカルカソンヌで料理をする時に使うのは、オリーヴ油とヒマワリ油。いずれも太陽がさんさんと降り注ぐ南フランスの気候が、生育に適した植物です。

ルセットにはサラダ油も登場しますが、サラダ油は日本由来の植物油。加熱調理用にヒマワリ油を使う場合は、ルセットをサラダ油に置き換えています。

*Poulet sauté basquaise*

# Poulet sauté basquaise

[若鶏のバスク風ソテ]

アキテーヌ地方はフォアグラ用の鴨や鵞鳥をはじめ、若鶏などの家禽類が名産。家禽類の飼料はトウモロコシですから、同地がトウモロコシの生産量が国内トップクラスであることも背景にあります。アキテーヌ平野やランド地方の広大な松林など、恵まれた自然条件も相まって良質な家禽が育つのでしょう。ランド地方やベアルン地方の家禽類はIGPに認定されています。

　若鶏のバスク風ソテはバスク地方お馴染みのトマト、ピーマン、にんにく、生ハムを使った、アキテーヌの伝統料理。若鶏以外の材料はピペラードとほぼ同じです。バスク地方の旗は赤地の上で緑の斜め十字と白の十字を交差させたデザインで、赤はバスク人、緑はゲルニカのオークの木、白の十字はカトリックの信仰を意味していますが、料理面でもトマトが赤を、ピーマンが緑を、鶏肉が白を表しているかのようです。

　バスク特産といえばピマン・デスペレット。フランスで唯一AOCに認定されている調味料です。AOC（Appellation d'Origine Contrôlée）は原産地管理呼称のことで、高級ワインの偽物が出回るのを防止するために定められた産地名称を管理する制度。ワイン、チーズやバター、家禽肉、野菜、果物、蜂蜜、オリーヴなど優れた品質に対して付与される認証です。

　夏は暑く、冬の寒さは穏やかなバスクは唐辛子の栽培に適した地。ピレネー山脈から吹く暖かい風は唐辛子の成熟と乾燥に良い結果をもたらします。エスペレット村では10月の終わりには唐辛子祭りが開催され、ピマン・デスペレットを愛でる人々で賑わいます。

## Domaine Chiroulet "Grande Réserve" Côtes de Gascogne

ドメーヌ・シルレ
"グランド・レザーヴ"
コート・ド・ガスコーニュ

産地：シュッド・ウエスト／品種：メルロー、タナ／赤

若鶏は白い肉なので白ワインが定石ですが、トマトをベースにしたバスク料理には赤も合います。それに、食べるのは昼なのか夜なのか、寒い日なのか暑い時季なのか。状況や気分によって選択肢が広がるのもワインの醍醐味です。酸味とフレッシュさのある赤ならバスク料理に負けません。決め手はボルドーの品種であるメルローとシュッド・ウエストのタナのブレンディング。またグランド・レザーヴ（樹齢の古い樹）が、強気の赤にエレガントさとまろやかさを加味。鶏肉やハム、スパイスを使った料理にも対応します。

## Domaine Chiroulet "Terres Blanches" Côtes de Gascogne

ドメーヌ・シルレ
"テール・ブランシュ"
コート・ド・ガスコーニュ

産地：シュッド・ウエスト／品種：グロ・マンサン、ソーヴィニヨン・ブラン、ユニ・ブラン／白

同じくドメーヌ・シルレの白もお勧めです。ボルドーの品種であるソーヴィニヨン・ブランとシュッド・ウエストのグロ・マンサンとユニ・ブランのブレンディング。こくがありながらフレッシュで、カラーは異なりますが赤と似た個性をもつのが特徴です。それゆえバスクのしっかりしたソースにも合います。

## 材料 4人分

若鶏 poulet — 1羽（2120g）
※正味1026g使用

玉ねぎ oignons — 240g（2個）

パプリカ（赤・緑）poivrons doux rouge et vert — 各1個

ヴァントレッシュ ventrèche — 115g

生ハム jambon cru — 80g

にんにく（みじん切り）ail haché — 40g

トマト tomates — 520g

白ワイン vin blanc — 200mℓ

フォン・ド・ヴォライユ fond de volaille — 100mℓ

ピマン・デスペレット*1 piment d'Espelette — 少量

ローリエ laurier — 3枚

タイム thym — 5〜6枝

ゲランド産の塩 sel de Guérande — 10g

黒コショウ poivre noir du moulin — 適量

オリーヴ油 huile d'olive — 200mℓ

飾り décor：

生ハム jambon cru — 5mm厚さの薄切り4枚

イタリアンパセリ（みじん切り）persil plat haché — 適量

*1＝南アメリカ原産の唐辛子で、17世紀にバスク地方で栽培が始まる。エスペレットという小さな村の特産品で、この村以外で生産されたものは「ピマン・デスペレット」を名乗ることができない。辛味は柔らかく、ほのかな甘味とフルーティーな香りが特徴。

**1** 鶏は首を根元で切り落とす。足は関節から、手羽先は先端を切り落とす。首の皮を切り、首づるなどの中身を出す。
▶ 首づるは他の料理に使い、足や手羽などはフォンに活用する。

**2** 胸肉ともも肉を切り離し（p.92）、それぞれ半分に切る。

*Nouvelle-Aquitaine* | 215

**3** 鶏肉の身側に塩8g、黒コショウをふる。

**4** 玉ねぎは1cm角、パプリカは2cm角に切る。ヴァントレッシュは1cm角×2cm長さの棒状に切る。生ハムは1cm角に切る。トマトは皮をむいて種を取り、2cm角に切る。

**5** フライパンにオリーヴ油100mlを熱し、胸肉ともも肉を皮目から焼く。

**6** 同時にソースを作り始める。鍋にオリーヴ油100mlを熱し、玉ねぎを炒める。色づいてきたら、にんにくを加える。

**7** 鶏肉に焼き色がついたら裏返し、ヴァントレッシュ、生ハムを加える。

**8** 裏面にも焼き色がつき、脂が出てきたら、鍋に加える。脂はフライパンに残しておく。

**9** 白ワイン、フォン・ド・ヴォライユを加えて煮る。

**10** 脂を残したフライパンでパプリカを炒める。火が入ったら鍋に加える。

**11** 塩2g、黒コショウ、ピマン・デスペレットを加え、2〜3分煮る。

**12** トマト、ローリエ、タイムを加え、蓋をして30分煮る。

**13** フライパンにオリーヴ油をひかず、飾り用の生ハムを両面カリッとするまで焼く。

**14** 鶏肉を30分煮たら、生ハムを飾り、イタリアンパセリを散らす。

216 | *Nouvelle-Aquitaine*

Nouvelle-Aquitaine | 217

# *Steak au fumet de poivre*
## ［ステーキ、ポワヴルの香り］

　私は20代の2年間、ボルドーの一つ星レストランで働いていました。この料理はそのレストラン「ラ・レゼルブ・エチオナ」のシェフのスペシャリテです。

　Steak au poivre はフランス全土で見られますが、Steak au fumet de poivre となるとボルドーの料理に一変します。作り方は、まな板に置いた黒コショウを銅鍋など重い鍋の底でガリガリと叩き潰して、牛肉にたっぷりとまぶしつけて焼きます。この時、コショウは細かくするほど香りは立ちますが、辛味も増します。盛りつけの際もコショウを残すのが Steak au poivre。ボルドー式は "fumet" ですから香りを纏わせるのみでコショウは取り、今度はそのコショウをソースに加えて香りを移します。コショウの風味こそ醍醐味の料理なのですが、口の中に残っては食感も香りも強すぎる。ないほうが見た目も洗練されて味も上品です。

　焼き加減は好みですが、私が好きなのはセニャン［saignant］。中心はピンク色でうっすら肉汁が出るくらいが美味しいです。また、このステーキは、鹿や鴨の胸肉でも同じように作れます。

### Domaine de L'A Castillon Côtes de Bordeaux
ドメーヌ・ド・ラ・カスティヨン・コート・ド・ボルドー

産地：ボルドー／品種：メルロー、カベルネ・フラン／赤
ドメーヌ・ド・ラはステファン・ドゥルノンク氏のコンサルティングによるワイナリー。カスティヨンはボルドーでは有名なマルゴーやサン＝テミリオンから少し離れている地域にありますが、サン＝テミリオンとは地層がつながっていてポテンシャルの高いテロワールをもった地域です。そのポテンシャルを上手に引き立てるのが、ドゥルノンク氏のテクニック。彼は世界トップクラスのワインアドバイザーで、本来落ち着いた品種であるメルローを長く樽熟成させることで、メルローにない熟成感やパンチを引き出し、バランスが良くて力強い赤ワインに仕上げています。赤い肉、とりわけグリエとの相性は絶妙。コストパフォーマンスがいいのも魅力です。カスティヨンはドゥルノンク氏が1人で牽引しているといっても過言ではない地域。知名度に於いてはボルドーの名門シャトーに及びませんが、美味しさの点では引けを取りません。

### Les Terrasses de l'Arago "L' Héritage des Terrasses" Côtes du Roussillon Villages
レ・テラス・ド・ララゴ "レリタージュ・デ・テラス" コート・デュ・ルシヨン・ヴィラージュ

産地：ルシヨン／品種：シラー、グルナッシュ、ムールヴェードル／赤
このワイナリーを象徴するキュヴェ。フランス最南端、ピレネー山脈と地中海の間に位置し、太陽をたっぷり浴びたブドウはパワフルでゴージャスな赤ワインを生み出します。熟したフルーツのアロマやスパイシーな香りが特徴。強さのあるソースを合わせたステーキにぴったりです。

## Steak au fumet de poivre

**材料**　1人分

牛フィレ肉 filet de bœuf ― 200g（3cm厚さ1枚）
※室温にもどす
粒黒コショウ poivre noir en grains ― 4g
塩 sel ― 2g
サラダ油 huile végétale ― 15㎖
バター beurre doux ― 20g
ブランデー〈コニャック〉eau de vie ― 30㎖

ソース・フュメ・ド・ポワヴル sauce fumet de poivre：
ポート porto ― 50㎖
牛肉の焼き汁 sue de cuisson ― 約20㎖
牛肉にまぶした黒コショウ
　poivre qui a servi à recouvrir la viande ― 約4g
フォン・ド・ヴォ fond de veau ― 100㎖
生クリーム crème ― 20㎖
バター beurre doux ― 10g
ブランデー〈コニャック〉eau de vie ― 少量

 Conseil

ソースはフォン・ド・ヴォを使ったうえで、さらにグラス・ド・ヴァアンド（p.433）を加えると、とても美味しくなります。加える量は1人分のソースで、小さじ1杯ほどが目安。加えるタイミングはフォン・ド・ヴォと同じ。

**1**　{concasser} 黒コショウは鍋や肉叩きなどでミニョネット（粗挽き状）に潰す。

**2**　バットなど平らな器に黒コショウを入れ、牛肉の全面にまぶす。塩をふる。
▲ 黒コショウは香りをつけるのが目的なので、肉が見えなくなるくらいたっぷりつける。

**3**　フライパンにサラダ油を弱火で熱し、牛肉を焼く。

**4**　しっかり焼き色がついたら裏返す。

**5**　側面の中央がほんのりロゼになったら、バターを加える。裏返し、両面にバターをからめ、いったん取り出す。
▲ 焼き加減は好みで。この焼き方はミディアムレア。

**6**　{flamber} フライパンの油を捨て、牛肉を戻し入れる。ブランデーを加え、火をつけてアルコール分を飛ばす。

220　|　*Nouvelle-Aquitaine*

**7** ソースを作る。牛肉を取り出し、フライパンにポートを加え、1〜2分煮詰める。

**8** 牛肉の黒コショウを落とし、黒コショウをフライパンに加える。

**9** {infuser} フォン・ド・ヴォを加え、ゴムべらで混ぜながら2〜3分煮詰める。

**10** ざるで漉して黒コショウを除き、フライパンをきれいにし、ソースを戻す。

**11** {monter} 強火にし、生クリーム、バター、ブランデーを順に加え、その都度よく混ぜる。
ソースが沸騰したところに加え、風味と濃度をつける。

**12** 皿に牛肉を盛り、ソースをかける。

## フランスの食風景

*Scène de la cuisine française*

# 牛肉のステーキの焼き方

[La cuisson du steak]

### ●ブルー [bleu]
表面だけ焼く。中はほとんど生で鮮紅色。生温かい状態。触ると柔らかく、肉汁が多い。

英：ベリーレア [very rare]

### ●セニャン [saignant]
外側から1/3まで焼く。肉の中心部は生で、そのまわりは赤みの強いピンク色。やや温かく、触ると少し手応えがあり、切ると赤い肉汁がうっすらとにじみ出る。

英：レア [rare]

### ●ア・ポワン [à point]
全体の半分ほど焼く。中心部は軽く火が入り、中は薄いピンク色。熱く、表面に血が浮く。セニャンよりさらに手応えがある。切ると肉汁が少ししか出ない。

英：ミディアム [medium]

### ●ビヤン・キュイ [bien cuit]
表面も中も充分に焼く。中は灰色がかった褐色で、熱い。触るとかたく、肉汁は少ない。

英：ウェルダン [well-done]

*Nouvelle-Aquitaine* | 221

*Nouvelle-Aquitaine*

# Confit de canard maison, pommes sarladaises

[鴨のコンフィ、サルラ風ジャガイモのソテ添え]

コンフィは、冷蔵庫がなかった時代に食べ物を保存するためにできた先人の知恵。一年中美味しい肉を楽しむためというより、もっと現実的な"生きるための叡智"です。田舎の家庭では春に買った鴨などのひなを育て、冬に強制給餌をして太らせてから、解体と保存食の仕込みをします。その話は110ページでもしましたが、コンフィは鴨の肉を保存するための方法の一つです。しかし保存としてのコンフィは、南フランスに限った風習です。北の地方では保存する手段にスモークを使います。豚も魚もスモークします。スイス国境付近では、塩漬けにしたものを乾燥させます。アルプスの涼しい気候と山から吹く風を利用するわけです。プロヴァンスは南フランスに属していますが、暖かい気候はコンフィには適しません。主にオクシタニー地方とヌーヴェル＝アキテーヌ地方で見られる伝統です。

　鴨を低温で火を入れてから、土の器に入れてカーヴ（地下室）で保存します。その時に重要なのは、肉が脂に浸かっていること。肉は空気に触れたところから悪くなっていきますから、肉が出ないように充分な脂に浸します。器の上には虫などが入らないように紙を置き、その状態で保存します。次の解体の時期まで、1年は問題なく保存できます。カーヴは10〜12℃と温度が安定しているので、腐ることはもちろんありませんし、肉を覆う脂も固まりません。脂はゼリーのような状態で保たれます。実はこのゼリー状の脂が、素晴らしい作用をもたらすのです。脂が徐々に肉の中に浸透していき、魅惑的な鴨の風味が肉にもしっかり移るわけです。肉は言うまでもなくジューシー。これが本来の鴨のコンフィです。

### Jean-Luc Baldès "Clos Triguedina" Cahors

ジャン＝リュック・バルデス
"クロ・トリゲディナ"
カオール

産地：シュッド・ウエスト／品種：マルベック／赤

鴨自体にも脂があります。加えてコンフィという調理法でも脂を使う。その脂に対応するのは強さとパンチが持ち味のカオールの赤ワインです。ボルドーの赤も合いますが、マルベックのタンニンが必要だと思います。マルベックという品種は豊富なタンニンで濃い色調と強さをワインにもたらします。ときに黒いワインとも称されるカオールの赤は重さがありますが、その重さを覆すのがカオールの天才醸造家、ジャン・リュック・バルデス氏。バルデス氏の赤ワインはパワフルかつエレガント。ボリュームを保ちつつ、フレッシュさとミネラル感を残し、鴨の脂を上手に包んでくれます。脂とワインが混ざることで心地よくなる。脂を美味しく感じるワインです。

## Confit de canard maison, pommes sarladaises

**材料** 4人分

鴨のコンフィ confit de canard maison：
鴨のもも肉、胸肉 cuisses, magrets de canard ― 4羽分
※もも肉、胸肉各8個のコンフィを作り、1人分もも肉1本をポワレに使用
粗塩 gros sel ― 適量
鴨脂 graisse de canard ― 適量
※グラトン (p.109) を作る工程の脂を利用する

鴨のコンフィのポワレ confit de canard：
鴨もも肉のコンフィ cuisses de canard confit ― 4本

ガルニチュール garniture：
《サルラ風ジャガイモのソテ pommes sarladaises》
ジャガイモ pommes de terre ― 600g (4個)
コンフィの脂 graisse du confit de canard ― 適量
塩 sel ― 6g
黒コショウ poivre noir du moulin ― 適量

ペルシャード persillade：
にんにく gousses d'ail épluchées ― 30g
イタリアンパセリ persil plat ― 10g

# 鴨のコンフィ
[confit de canard maison]

**1** 1日目。鴨のもも肉と胸肉に粗塩をたっぷりとすり込む。
🔥 浸透させたあとで洗うので多めでよい。少ししょっぱいくらいが美味しい。また、塩が足りないと保存がきかなくなる。

**3** 2日目。24時間経った状態。塩が浸透し、肉色が赤黒くなる。

**4** 鴨を流水で洗い、余分な塩を流す。
🔥 肉の中に浸透する塩は一定量。余分は表面に残り、そのまま調理すると塩辛いので洗う。

**2** 布巾などを敷き、鴨を皮目を下にして並べ、上から布巾をかぶせ、寒い場所に18時間以上おく。小さい肉なら12時間ほど。

**5** 布巾で挟み、丁寧に水気を拭く。

224 | *Nouvelle-Aquitaine*

**6** {confire} グラトン（p.109）を作る工程でできる鴨脂を利用する。鍋底にはグラトンの皮がある状態で、鴨もも肉を皮目を下にして並べ入れる。その上に胸肉も皮目を下にして並べる。鴨が脂から出たら鴨脂を足す。強火にかけ、ふつふつしてきたら弱火にし、2時間煮る。蓋はしない。
☇ 皮は火が通りにくいので、火加減の強い鍋底に向け、皮目を下にする。また、皮から脂が出やすくなり、肉への火の入り具合が上から見える。

**7** 3日目。2時間煮て、冷蔵庫または涼しい場所に一晩おいた状態。脂が固まり、白濁している。脂がかたければ、鴨を取り出しやすいように少し温める。

**8** 別鍋に鴨を移し、鴨脂を漉し入れる。

**9** 鴨が隠れるくらい鴨脂を加える。これが保存に適した状態。冷蔵庫で6カ月は保存可能。
☇ 鴨脂は4〜5回はコンフィに使うことができる。回を重ねるごとにしょっぱくなるので、半分は新しい脂を足す。また、コンフィは寝かせるほどジューシーに風味豊かになる。

**1** サルラ風ジャガイモのソテを作る。ジャガイモは3〜4mm厚さに切る。

**2** 布巾で包み、水気を取る。
☇ 水にさらすとべたつくので、拭くだけでよい。そのかわり切ったらすぐに焼くこと。時間をおく場合は変色するので水にさらす。

**3** ペルシャードを作る。にんにく、イタリアンパセリはそれぞれみじん切りにし、合わせて叩く。

*Nouvelle-Aquitaine* | 225

**4** 鴨のコンフィのポワレとジャガイモのソテを同時進行で調理する。フライパンを熱し、油をひかずに鴨のコンフィを皮目から焼く。

**5** 別のフライパンに鴨脂を80℃に熱し、ジャガイモを入れる。少し火を強め、揚げる。
🔥 ジャガイモは重ならないように入れる。

**6** 鴨はしっかり焼き色がついたら裏返す。

**7** ジャガイモは色づいてきたら脂をきり、塩3g、黒コショウをふる。蓋に移し、裏返す。
🔥 サルラ風ジャガイモのソテは、本来外側をカリカリにくっつかないように仕上げる。季節によってジャガイモが柔らかい場合は、ガレット風にまとめて焼いてもよい。

**8** ペルシャードを鴨用に少し残して散らし、塩3g、黒コショウをふる。

**9** 鴨は両面に濃いめの焼き色がついたら完成。ジャガイモのフライパンに並べ、ペルシャードを散らす。盛りつけは鍋から取り分けるフランス式。

---

フランスの
食風景

*Scène de la cuisine française*

# 家禽

[coquelet]

家禽は野生の鳥類を飼育して改良したもの。食用は鶏、鴨、鷺鳥、七面鳥、ホロホロ鳥、ウズラ、鳩などがあり、フランス料理では兎［lapin（ラパン）］を家禽に加えます（野兎［lièvre］は野禽・猟鳥獣）。家禽の約6分の1には「ラベル・ルージュ」がつけられていて、これは高品質な生産品を保証する印。普通のブロイラーで飼育されたものよりも上質であることを意味します。また、家禽のなかでも鶏の消費量は高く、さまざまな嗜好や要望に応じたたくさんの種類があります。

《鶏》volaille

●プーサン［poussin］
ひな鶏／生後28日以内で600〜700g。

●コクレ［coquelet］
大型ひな鶏／600〜900g。

●プーレ［poulet］
若鶏（未成熟）／800g以上。小（petit poulet）は1.3kgまで。中（moyen poulet）は1.7kgまで。大（gros poulet）は2.2kgまで。特大（très gros poulet）は2.2kg以上。

●コック［coq］
成熟した雄鶏／2.5kg以上。

●プル［poule］
成熟した雌鶏／2kg前後。

●シャポン［chapon］
去勢した雄鶏／2.5〜5kg。

●プーラルド［poularde］
去勢した雌鶏／1.8kg以上。

226 | Nouvelle-Aquitaine

| フランスの<br>食風景 |
| --- |

*Scène de la cuisine française*

# ジャガイモ

[pommes de terre]

フランスの家庭でよく食べられているジャガイモ料理を教えましょう。1位はポム・フリット。さまざまなサイズがありますが、お母さんたちはまな板を使わずに手の中で器用に切り揃えます。2位はグラタン、3位がソテ。ソテは薄切りかキューブに切るのが一般的です。4～5位はピュレとポム・ド・テール・オ・フール（皮つきジャガイモのオーヴン焼き）です。

　煮崩れしにくい粘質系の品種にはベル・ド・フォントネ [belle de Fontenay]、ベ・エフ15 [BF15]、シャルロット [charlotte]、ラット [ratte] などがあり、日本のメークインのようなもの。ホクホクした粉質系にはビンチェ [bintje]、エスティマ [estima]、サンバ [samba] などがあり、さながら日本の男爵です。スーパーマーケットではそれぞれのジャガイモに、「今夜の献立にいかがですか」というようにお勧め料理のメッセージが書かれていたりします。

## 《ジャガイモのガルニチュール》

### ポム・フリットの種類
●ポム・パイユ [pommes paille]
せん切り。パイユは「わら」の意味。
●ポム・アリュメット [pommes allumettes]
3mm角程度の細い棒状に切る。アリュメットは「マッチ棒」の意味。
●ポム・ミニョネット [pommes mignonnettes]
アリュメットの倍ほどの太さの棒状に切る。
●ポム・ポンヌフ [pommes Pont-Neuf]
太めの棒状に切る。
●ポム・ゴーフレット [pommes gaufrettes]
碁盤目状の透かし入り。
●ポム・シップ [pommes chips]
薄い輪切り。ポテトチップス。
●ポム・スフレ [pommes soufflées]
繊維に平行に輪切りにし、低温と高温の油で2度揚げする。中が膨らんで空洞になる。

### ソテの種類
●ジャガイモのソテ・ア・クリュ [pommes sautées à cru]
薄切りにしてバターと油で炒める。
●ジャガイモのパリ風 [pommes parisiennes]
小球状にくり抜いて下ゆでし、油脂で焼いて表面を色づけてからオーヴンで火を通す。

●ジャガイモのパルマンティエ風 [pommes Parmentier]
さいの目切りにして炒める。
●ジャガイモのリソレ [pommes rissolées]
面取りして下ゆでしてから多めの油脂で色づけ、オーヴンで火を通す。
●ジャガイモのリヨン風 [pommes à la lyonnaise]
薄切りにして炒め、炒めた薄切りの玉ねぎを加え、パセリを散らす。

### その他のジャガイモ料理
●ジャガイモのアンナ [pommes Anna]
薄い輪切りにしたジャガイモをアンナ用キャスロールに並べ入れ、オーヴンで焼いたもの。
●ジャガイモのフォンダント [pommes fondantes]
面取りしたジャガイモにバターやフォン・ブラン・ド・ヴォライユ（鶏の白いフォン）を加え、テテュヴェし、オーヴンで火を通す。
●ジャガイモのパイヤソン [pommes paillasson]
せん切りにしてフライパンで薄く平らな円盤形に焼く。ジャガイモのアネット [pommes Annette] はセルクルを使って焼いたもの。
●ジャガイモのブランジェール風 [pommes boulangère]
ジャガイモの薄切りと、炒めた薄切りの玉ねぎを耐熱容器に重ね入れ、フォン・ブラン・ド・ヴォライユを注ぎ、ブレゼし、オーヴンで焼く。

*Nouvelle-Aquitaine*

オーヴェルニュ＝ローヌ＝アルプ地方

# Auvergne-Rhône-Alpes

## 地理・気候

以前のオーヴェルニュ地方とローヌ゠アルプ地方が統合。フランスの南東部に位置する。北は
ブルゴーニュ゠フランシュ゠コンテ地方、北西はサントル゠ヴァル・ド・ロワール地方、西はヌー
ヴェル゠アキテーヌ地方、南の東側はプロヴァンス゠アルプ゠コート・ダジュール地方、西側はオ
クシタニー地方と接している。アルプス山脈を擁し、東側はスイス、イタリアと国境を接する。
　オーヴェルニュのほとんどを中央山塊が占め、噴火でできた大小の湖と火成岩が見られる。
大陸性と海洋性の気候を合わせもち、標高の高い地域以外は冬もそれほど厳しくない。ロー
ヌ゠アルプ地方の西部は平地が多く、気候は比較的温暖。東部は標高が高く冷涼。気温差が
大きく乾燥している。

**中心都市：リヨン**

## 特徴

- 火山群の恩恵を受け、温泉や鉱泉など豊かな水に恵まれている。
　フランス屈指のミネラルウォーターの産地
- クレルモン゠フェランはなだらかな丘陵の斜面を利用した牧畜が盛んな農業地
- リヨネ地方はソーセージなど良質な豚肉加工品を産する
- リヨネ地方は良質なワインが特産
- リヨンは「美食の都」と呼ばれ、フランス料理の真髄を継承する
- リヨン風と名がつく料理は、ほとんどが玉ねぎをベースにしている
- リヨンはカルドンやチョロギも料理に使う
- サヴォワ地方は川と湖が多く、川魚料理がある

## 食材

◎肉：ブルボネ地方のシャロレ牛や子羊、オブラック
の未経産雌牛、メザンクのフォン・グラ牛、オーヴェル
ニュ地方の家禽、ブレスの若鶏・肥育鶏・去勢鶏・七
面鳥、ドローム県の家禽
◎豚肉加工品：リヨンの各種ソーセージやアンドゥイ
エット、アルデッシュハム
◎魚介：ドンブ湿地帯の鯉やブロシェ、エスカルゴ、淡
水魚、カエル、サヴォワのアルプスイワナ、ラヴァレ、フェラ。
◎野菜：ル・ピュイ産のレンズ豆、ジャガイモ、ドロ
ーム県のにんにく
◎果物・種実：ディジョンマスタード、サヴォワのリン
ゴと洋梨、ローヌ川流域のアプリコット・サクランボ・
ネクタリン・桃・フランボワーズ、ニヨンの黒オリーヴ、
グルノーブルのクルミ
◎チーズ・乳製品：エポワス、カンタル、ブルー・ドーヴ
ェルニュ、フルム・ダンベール、フルム・ド・モンブリゾン、
ボフォール、ルブロション、アボンダンス、シュヴロタン、
トム・デ・ボージュ、ブルー・デュ・ヴェルコール゠サスナ
ージュ、ピコドン

## 代表的な郷土料理

◎前菜：トリュファード [truffade]、鶏レバーのガトー [gâteau de
foies blonds de volaille]、サラディエ・リヨネ [saladier lyonnais]、
ロバの鼻面のサラダ [salade du groin d'âne]、
フロマージュ・ブランのハーブ風味 [cervelle de canut]
◎ポタージュ：オーヴェルニュ風ポテ [potée auvergnate]、
クジナ [cousinat]
◎野菜料理：シュー・ファルシ [chou farci]、
カルドンの骨髄添え [cardon à la moelle]
◎魚介料理：ブロシェのクネル [quenelles de brochet]
◎肉料理：子羊もも肉のブレイヨード風 [gigot brayaude]、
プンティ [pounti]、リヨン風牛胃炒め [gras-double à la lyonnaise]、
リヨン風牛胃のパン粉焼き [tablier de sapeur]、
若鶏のヴィネガー風味 [poulet au vinaigre]
◎軽食：ソーセージ入りブリオッシュ [saucisson brioché]、
パン・ペルデュ、ルバーブ風味 [pain perdu à la rhubarbe]
◎菓子：ビューニュ [bugnes]、赤いプラリーヌのタルト [tarte aux
pralines rouges]、ビスキュイ・ド・サヴォワ [biscuit de Savoie]、
ウフ・ア・ラ・ネージュ [œufs à la neige]、ヴァシュラン [vacherin]

*Auvergne-Rhône-Alpes*

# *Gratin savoyard*
[サヴォワ風グラタン]

かつてのローヌ＝アルプ地方の気候は厳しく野菜の栽培は盛んではありませんが、多くの料理にジャガイモが登場します。代表的なものが、ドーフィネ地方のグラタン・ドフィノワ［gratin dauphinois］と、サヴォワ地方のサヴォワ風グラタン［gratin savoyard］。違いはチーズで、サヴォワ風グラタンにはボフォールを用います。また、クレーム・エペスを使うとこくが出て、色もきれいに仕上がります。

代表的なジャガイモ料理は他にタルティフレット［tartiflette］もあります。これは小さく切ったジャガイモと玉ねぎをバターで炒めてグラタン皿に入れ、ルブロションをのせてオーブンで焼いたもの。ルブロション、またはルブロション・ド・サヴォワもサヴォワ地方のチーズです。ルブロションはサヴォワ地方の言葉で「再び搾る」という意味。農民が牛を放牧させてもらう代わりに租税として領主にミルクを納めていましたが、搾乳量を少なく見せるために全部搾らず、あとでこっそり搾ったミルクでこのチーズを作ったというのが名前の由来です。ルブロションは牛乳の半硬質タイプで、見た目は円盤形でオレンジ色がかった黄色の表皮。柔らかく、まろやかで、若いうちは甘味がありますが、熟成すると香ばしい風味に変わります。

### Domaine Mayoussier
### "Le Blanc de Mayoussier"
### Isère

ドメーヌ・マイユシエ
"ル・ブラン・ド・マイユシエ"
イゼール

産地：サヴォワ／品種：シャザン、ヴェルメンティーノ、ルーサンヌ／白
ジャガイモの料理ですが、グラタンはチーズの風味に合わせてワインを選びます。「チーズには白ワイン」。私が考える王道の組み合わせです。ドメーヌ・マイユシエはヴェルコール自然公園内に位置し、アントン・デピエール氏はリヨンの大学を卒業後、世界各国のホテル勤務を経て、この地でワイン生産を開始。レモンのような爽やかでフレッシュな酸と柑橘系の香り、バランスの良い味わいはグラタンとしっくり馴染みます。

### Domaine Philippe Vandelle
### "Savagnin"
### L'Etoile

ドメーヌ・フィリップ・ヴァンデル
"サヴァニャン"
レトワール

産地：ジュラ／品種：シャルドネ、サヴァニャン／白
いい意味でひねりのあるワイン。造り手はフィリップ・ヴァンデル氏。レトワールはジュラのなかでも、ヴァン・ジョーヌを含め、白に特化した産地です。この白は少し樽の香りがして、なおかつフレッシュ。ひねりの効かせ役はシェリー酒に似た香り。僅かな苦味がシェリーを思わせ、それがチーズに合う理由です。

# Gratin savoyard

**材料** 8〜12人分

ジャガイモ pommes de terre ― 1.5kg

にんにく gousses d'ail épluchées ― 2かけ

生クリーム crème ― 350㎖

牛乳 lait ― 1ℓ

クレーム・エペス*¹ crème épaisse ― 250g

ナツメグ noix de muscade ― 1g

にんにく gousse d'ail épluchées ― 1かけ

塩 sel ― 13g

ジャンボン・ブラン*² jambon blanc ― 460g

バター beurre doux ― 50g

ボフォール*³ beaufort ― 250g

エメンタール*⁴ emmental ― 250g

*1＝乳酸発酵させたクリーム。芳醇なこくと香り、まろやかな酸味が特長で、乳脂肪分30、35、40％などがある。フランスではノルマンディー地方のものが有名。エペスはフランス語で「厚い」「濃い」の意味。

*2＝白ハム。豚もも肉をマリネして湯煮した加熱ハム。加熱には蒸気加熱や蒸し煮などもある。フランス語の jambon はハムの意味もあるが、もともとは「豚もも肉」のこと。ブランは「白」の意味。

*3＝ローヌ＝アルプが主な産地。熟成中に布で拭いて表皮を作る。表皮は黄褐色でかたく、中は淡い黄色できめ細かくなめらか。フルーティーでしっとりした食感。美食家ブリア＝サヴァランが「チーズのプリンス」と絶賛したといわれている。写真上。

*4＝乾いた黄色の表皮で、大きな気孔がある。硬く弾力があり、風味は穏やか。火を通すと旨味を増す。写真下。

**1** ジャガイモは大きいものは半分に切り、2mm厚さに切る。水気を拭く。

**2** 底が広い浅鍋に生クリーム、牛乳、クレーム・エペスを入れ、ナツメグ、にんにくをすりおろして加える。

**3** ジャガイモを加え、軽く混ぜ、火にかける。

ジャガイモが隠れる水分量にするが、火を加えると水分が出てくるので、少し頭が出ていてもよい。

**4** 塩を加えて蓋をし、弱火で30分煮る。

**5** ジャンボン・ブランを薄切りにする。

**6** ボフォール、エメンタールは合わせてすりおろす。

**7** ジャガイモを30分煮た状態。充分に柔らかくなっている。

**8** グラタン皿にバターを塗り広げる。

**9** ジャガイモはソースごと皿の1/3の高さまで入れる。

**10** ボフォールとエメンタールを合わせたもの、ジャンボン・ブランを重ねる。

**11** 同様に繰り返し、3層にする。3層目はジャンボン・ブランをのせずに仕上げる。200℃のオーヴンで30分焼く。

*Auvergne-Rhône-Alpes*

# *Aligot*
## ［アリゴー］

*Auvergne-Rhône-Alpes*

アヴェロン、カンタル、オーブラック、オクシタニーまで広い地域にわたってのスペシャリテです。風土に根づく郷土料理は、地方区分のように事務的には分類できません。

　アリゴーには美味しいジャガイモと美味しいチーズが必要です。フランスのチーズは加熱せずに食べますが、加熱することでより美味しくなるものもあり、トム・フレッシュがそう。持ち上げた時によくのびるように、溶けるチーズであることが大切です。

　かつての農家ではスープにパンとチーズを入れて食べていました。そこにジャガイモのピュレを加えるようになったのがアリゴーの始まり。満腹になる料理は、スープからメインディッシュへと位置づけられます。

　サン・ジャック・ド・コンポステルへの巡礼者にふるまわれていた食事がアリゴーです。巡礼者は聖地に向かい、1日20kmほどの距離を何日もかけて歩きます。帆立貝の印のあるレストランや宿や民家などでは、巡礼者のために寝床と一皿の食事を、そう、アリゴーを用意して、旅の無事を祈ります。帆立貝はキリスト教の象徴で、それを掲げるのは巡礼者と同じく信仰深い者たちです。

### Domaine Labet "Chardonnay" Côtes-du-Jura
ドメーヌ・ラベ
"シャルドネ"
コート゠デュ゠ジュラ

産地：ジュラ／品種：シャルドネ／白
ワイン選びの考え方は、サヴォワ風グラタンと同じ。ジャガイモ料理ではありますが、チーズに焦点を当てます。ドメーヌ・ラベは、ヴァン・ジョーヌやヴァン・ド・パイユといったワインで有名なジュラ地方にありながら、初めてスティルワインに目を向けた生産者として、また有機栽培のパイオニアとして広く知られています。こくとボリューム感があるこの白ワインは、温度差によってニュアンスが変わるのもユニーク。正直なところ、アリゴーだけに合わせるのはもったいないほど秀逸な1本です。全方向のチーズ料理にはまります。

## *Aligot*

**材料** 12人分

ジャガイモ pommes de terre — 3kg
トム・フレッシュ*1 Tomme fraîche — 800g
生クリーム crème — 300㎖
バター beurre doux — 300g
にんにく（みじん切り） ail haché — 10g
塩 sel — 10g
トゥールーズソーセージ saucisse de Toulouse — 適量

*1＝外皮はなく、中の色は白く、密度が高い。酸味が強く、弾力性があり、加熱することでよく溶けて糸をひく。トム・フレッシュは一般名詞で、熟成が進んでいない若いチーズ全般を指す。中央山地名物のアリゴーやトリュファードに必須。

**1** ジャガイモは皮つきのまま、水から塩ゆでする。鍋にたっぷりの水を入れ、0.5％の塩加減にし、弱火で1時間ほどゆでる。

🔖 皮つきで時間をかけてゆでると旨味が残る。皮がむけないようにやさしい火加減を保つ。

**2** {éplucher} 熱いうちに皮をむき、ムーラン（野菜漉し器）で漉す。

**3** バターは適当な大きさに切る。鍋に生クリーム、バター、にんにくを入れる。

**4** 漉したジャガイモを加え、ごく弱火にかける。木べらでよく混ぜる。

**5** 柔らかくなり、少し粘りが出てきたら混ぜ上がり。

236　| *Auvergne-Rhône-Alpes*

**6** 薄切りにしたトム・フレッシュを少しずつ加え、混ぜる。

⚡ 一方方向に混ぜる。逆回転すると分離してしまい、のびなくなる。また、力一杯混ぜてものびなくなるので、やさしく混ぜる。

**7** 徐々になめらかになり、木べらですくうと落ちなくなる。

**8** 暖炉の薪火で仕上げる。塩を加え、やさしく混ぜる。コンロで仕上げる時も同じ。

**9** 暖炉の熾火でグリエを充分に熱し、トゥールーズソーセージを焼く。焼き色がついたら裏返し、中まで火を通す。

**10** 皿にアリゴーを盛り、トゥールーズソーセージを好みの大きさに切って添える。

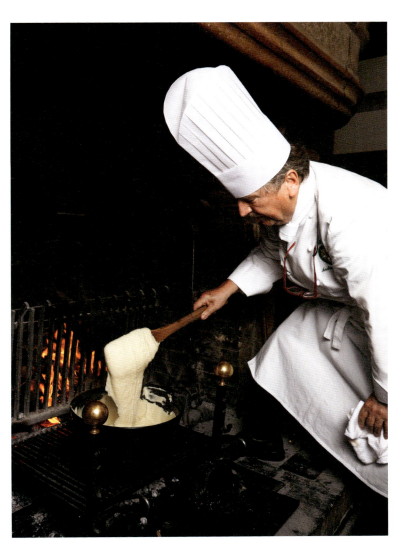

*Auvergne-Rhône-Alpes* | 237

# *Poule au pot truffée sous la peau, sauce suprême*

[鶏肉のポシェのトリュフ風味、ソース・シュプレーム]

pot は器、鍋のこと。poule au pot は鍋の中で煮込んだ鶏。南フランスの伝統料理で、地域によってアレンジがあります。アキテーヌ地方には「アンリ4世のpoule au pot」があり、たっぷりの野菜を入れるのが特徴。フォアグラは加えず、鶏と野菜だけのいたって簡素なスタイルです。ブルボン朝の始祖、アンリ4世はこの poule au pot を国の料理と定めました。治世の1600年代前半は、庶民の食文化が発展した時期でもありました。彼は神に祈ります。「すべての国民が日曜に poule au pot にありつける国にしたい」。こうした民への配慮や気概から良王アンリと慕われ、現代でも人気の高い王です。また、「良い料理と良いワインがあればこの世は極楽」という名言も残しています。

　それではオーヴェルニュ＝ローヌ＝アルプ地方の poule au pot はというと、こちらは手が込んでいます。鶏の皮の下にはトリュフを入れ、ソースも必須。鶏肉はブレス鶏、ラベル・ルージュが好ましいです。

　鍋で鶏をポシェして、その鍋の中に野菜を加えて一緒に煮込むのが poule au pot の定義。そこに地方名やソースをつけることで、幅が広がっていく料理です。例えばプロヴァンス風と名づけるならば、ナスやトマト、オリーヴなどプロヴァンス特産の野菜を加えれば完成です。約束ごとは唯一、"ポシェ"であること。ロティやソテなど、いくつかある鶏の調理法の一つです。

### Domaine Julien Pilon "On The Rhône Again" blanc Crozes-Hermitage

ドメーヌ・ジュリアン・ピロン
"オン・ザ・ローヌ・アゲイン" ブラン・クローズ＝エルミタージュ

産地：ローヌ／品種：マルサネ／白
さっぱりとした料理です。ソース・シュプレームをかけていますが、鶏肉はポシェしているのでさっぱりとした仕上がり。相性が良いのは間違いなく白ワインです。鶏肉のポシェは上品で香りも繊細ですから、強いワインは否。ローヌのなかでも品のある白を選びます。造り手はジュリアン・ピロン氏。フランスの醸造家にあっては若手に属します。ピロン氏の白ワインは気品が漂います。赤が主なクローズ・エルミタージュですから、白はさらに貴重。爽やかで上品、ほんの少し蜜のある花の香りがして、洗練されています。

### Château de Pennautier "Marquis de Pennautier" Languedoc

シャトー・ペノティエ
"マルキ・ド・ペノティエ"
ラングドック

産地：ラングドック／品種：シャルドネ／白
フランス歴史的記念物に登録されているシャトー・ドゥ・プヌティエ。ここは1620年から続くラングドックの由緒ある蔵元です。海抜200から400mの高台にある畑では地中海地域の厳しい暑さが緩和され、ブドウは時間をかけて成熟し、やさしい香りのワインに仕上がります。シャルドネを100％使用し、完熟を待って丁寧に収穫し、10カ月の樽熟成を経たワインはブルゴーニュの白のよう。南仏ならではの芳醇な味わいと深みが魅力です。

## Poule au pot truffée sous la peau, sauce suprême

**材料** 6人分

若鶏（雌）poulet — 1羽（掃除して1856g）
【下味用】塩 sel — 10g
【下味用】黒コショウ poivre noir du moulin — 適量
トリュフ truffes émincées — 薄切り4枚
フォン・ド・ヴォライユ fond de volaille — 適量
粗塩 gros sel — 17g
白コショウ poivre blanc du moulin — 適量
ソース・シュプレーム（p.242）sauce suprême — 約900g

ガルニチュール garniture：
にんじん carottes — 250g
ポワロー poireaux — 200g
プティオニオン petits oignons — 15個
ローリエ laurier — 1枚
タイム thym — 1〜2枝

リゾット risotto：
カマルグ米 riz de Camargue — 400g
玉ねぎ oignons — 140g（大1と1/2個）
フォン・ド・ヴォライユ fond de volaille — 600㎖
トリュフ（みじん切り）truffe hachée — 20g
塩 sel — 少量
白コショウ poivre blanc du moulin — 適量
バター beurre doux — 90g

**1** {habiller}若鶏はホロホロ鳥と同じ要領で首、手羽先、足を切り落とし、内臓を取る（p.55の1〜6）。

🕯 内臓は首の筋をはがしてから、肛門から引き出す。手は盛りつけで真っすぐ立たせるために落とさない。

**2** {brider}腹の中に塩、黒コショウをふり、ブリデする（p.243）。

**3** トリュフは3mm厚さの薄切りを4枚切る。

240 | Auvergne-Rhône-Alpes

**4** 胸の皮に包丁で切り込みを入れ、指を入れて肉と皮をはがすように広げる。

**7** にんじんは1.5cm幅、ポワローは2cm長さに切る。

**10** {suer} リゾットを作る。玉ねぎはみじん切りにする。鍋にバター50gを熱し、玉ねぎを軽く炒める。

**13** リゾットと同時にソース・シュプレームを作る（p.242）。

**5** 肉と皮の間にトリュフを入れる。この作業を「truffe sous la peau トリュフ・スー・ラ・ポ」という。

**8** {écumer} 沸騰してきたら少し待ち、アクが出てきたところを集めて取る。蓋をして弱火で30分煮る。

**11** 米を加えて軽く炒め、フォン・ド・ヴォライユ、トリュフ、塩、白コショウを加える。蓋をし、弱火でときどき混ぜながら10分煮る。

**14** 若鶏を持ち上げ、きれいなスープが滴り落ちれば火が通っている合図。加熱が足りないと血が出てくる。若鶏はたこ糸を取り、野菜は水気をきる。

**6** 鍋に若鶏、フォン・ド・ヴォライユ、粗塩、白コショウを入れ、火にかける。
🕯 フォンはたっぷり、若鶏が隠れるくらいの量が最適だが、出る場合は途中で裏返しながら煮ればよい。

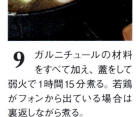

**9** ガルニチュールの材料をすべて加え、蓋をして弱火で1時間15分煮る。若鶏がフォンから出ている場合は裏返しながら煮る。

**12** 10分煮たらバター40gを加えて混ぜ、完成。

**15** 皿にリゾットを敷き、若鶏をのせる。野菜を並べ、ソース・シュプレームをかける。

*Auvergne-Rhône-Alpes*

# Sauce suprême

[ソース・シュプレーム]

**材料**　でき上がり約900g/6人分

バター beurre doux ― 50g

薄力粉 farine de blé type 45 ― 50g

牛乳 lait ― 100g

フォン・ド・ヴォライユ fond de volaille ― 400g
※または若鶏のポシェの煮汁

クレーム・ドゥーブル crème double ― 270g

卵黄 jaune d'œuf ― 1個

レモン果汁 jus de citron ― 1/2個分

塩 sel ― 適量

白コショウ poivre blanc du moulin ― 適量

**1**　鍋にバターを入れ、弱火にかける。溶けたら薄力粉を一気に加え、泡立て器で炒める。
🥄 火が強いとだまになるので注意。

**2**　最初は団子状になるが、徐々になめらかになり、つやが出てくる。

**3**　ふつふつと泡立って粉に火が通ったら、牛乳を加え、よく混ぜる。

**4**　牛乳が馴染んだら、フォン・ド・ヴォライユを加え、よく混ぜて溶かす。

**5**　クレーム・ドゥーブル250gを加え、よく混ぜる。

**6**　クレーム・ドゥーブル20g、卵黄、レモン果汁を混ぜ合わせ、鍋に加えて混ぜる。
🥄 卵黄だけを加えると、だまになりやすい。クレーム・ドゥーブルと合わせ、なめらかに仕上げる。

**7**　なめらかになったら、塩、白コショウを加えて混ぜる。
🥄 フォン・ド・ヴォライユにしっかり味があるので、塩は味をみてから加える。

## 若鶏をブリデする
[brider]

**1** ブリデ針にたこ糸を通す。胸を上にして置き、足を折り曲げる。尻の骨盤の上にブリデ針を刺し、反対側の同じ位置から出す。糸端は最後に結ぶために残しておく。

**2** たこ糸を足首の下から出し、足首にかける。尻の肉（胸肉の先あたり）を平行に通し、反対側の足首は上からたこ糸をかける。

**3** ももの外側からブリデ針を刺し、交差させて手羽先から出す。裏返して背を上にし、手羽先から首の皮と背の皮を一緒に通し、反対側の手羽先から出す。

**4** 足、手から出ているたこ糸を締め、結ぶ。強く締めすぎると破れるので注意する。

**5** 手足が固定された状態。

### ❦ Conseil

鶏を丸ごと供するのはレストランの演出です。家庭では温かいうちに食べてもらいたいから、銘々の皿に取りやすいように切り分けて、熱々のソースをたっぷりかけて食卓に運びます。

Auvergne-Rhône-Alpes | 243

# *Pot-au-feu*
## ［ポトフ］

中世の料理に、鍋の中に水と食べられるものを入れて煮るガリマフレ［galimafrée］というものがあり、これがポトフの原型といわれています。ポトフは肉や野菜を入れた鍋を火鉢にかけて、長い時間ことことと煮ます。少しばかり昔の田舎のおばあちゃんの家では、長時間どころかひょっとすると火にかけっぱなしということも。肉や野菜が煮えたら取り出して食べ、また新たな肉と野菜を足す。その繰り返しです。肉を入れますから風味が出ますし、煮れば煮るほど美味しくなる。ポトフはそういう料理です。そう、日本のおでんと似ています。

　まずはブイヨンをスープとして飲みます。ヴァーミセリや米、グリルしたパンを入れて飲み、その次に肉と野菜を楽しみます。合わせるのはマスタードにコルニッションに粗塩。こんな風に食べることで、ポトフ一品が前菜にメインディッシュにと事足りるわけです。

　ヌーヴェル＝アキテーヌのポトフは牛肉で作ります。部位はさまざま。野菜に決まりはなく、セロリ、にんじん、ポワロー、かぶ、ジャガイモ、キャベツが基本ですが、旬の美味しいものを揃えます。

　フランドル地方のオシュポ［hochepot］、ブルターニュ地方のキッカーファー［Kig-Ha-Farz］、ロレーヌ地方のポテ・ロレーヌ［potée lorraine］、リムジン地方のブラジャ［bréjaude］、ルーエルグ地方のムテラル［mourtayrol］。これらはフランスの各地方で見られるポトフの仲間です。

### Jean-Luc Colombo "Les Abeilles de Colombo" blanc Côtes du Rhône
ジャン・リュック・コロンボ "レ・ザベイユ・ド・コロンボ" ブラン・コート・デュ・ローヌ

産地：ローヌ／品種：クレレット・ブランシュ、ルーサンヌ／白
ポトフは豚、鶏、牛、どの肉でも白ワインが合います。白で大切なことはミネラル感と酸味。コロンボ氏の白はそのバランスがとれています。エチケットにデザインされた蜂は、数多の花から蜜を集めてきたワインであることを象徴していて、風味も多様。その多様性が肉あり野菜ありのあらゆるポトフを担います。

### Maison Guigal Gigondas
メゾン・ギガル・ジゴンダス

産地：ローヌ／品種：グルナッシュ、シラー、ムールヴェードル／赤
赤ワインが飲みたい場合の着眼点はオールマイティーさ。ポトフの多様性に対応できることが決め手です。お勧めはイー・ギガル氏の赤。樹齢40年のブドウの樹から造るワインは、こくがありながらフレッシュ。ベリーの爽やかさやプラムの甘味も加わって心地よく、抜群の安定感を誇ります。"シャブロする" にも最適。

# Pot-au-feu

**材料** 4〜6人分

牛骨つきすね肉 jarrets de bœuf avec os ― 800g（2塊）
牛肩甲骨まわり肉 palerons ― 600g（2塊）
牛脊髄 os à moelle de bœuf ― 4個
にんじん2種 deux variétés de carottes ― 合わせて5本
パースニップ*¹ panais ― 2本
かぶ3種 trois variétés de navets ― 合わせて600g
セロリ céleris ― 2本
根セロリ céleri-rave ― 1/2個
玉ねぎ oignon ― 1個
ジャガイモ pommes de terre ― 4個
ポワロー poireaux ― 1本
オニオンピケ oignon piqué de clous de girofle ― 1個
ローリエ laurier ― 3枚
粗塩 gros sel ― 30g
黒コショウ poivre noir du moulin ― 適量

仕上げ finition：
コルニッション cornichons ― 適量
ディジョンマスタード moutarde de Dijon ― 適量
粗塩 gros sel ― 適量

すね肉は筋とゼラチン質が多く、旨味も強いので長時間煮込む料理に最適。肩甲骨まわりの肉はじっくり煮込むポトフやにブッフ・ブルギニオンに欠かせない。脊髄はバターのように柔らかく、脂質が多い。

野菜は煮崩れしにくい根菜がよい。にんじんは赤、オレンジ色の2種類。かぶは3種類、黄色の球形、白の長球形、根元が赤紫で先が白い小ぶりのものを使用。

*¹＝にんじんに似たセリ科の根菜。淡い黄色で、にんじんを凝縮したような味。加熱により甘味が増し、食感はほくほくしている。写真右上。

**1** 鍋にすね肉、肩甲骨まわりの肉、たっぷりの水（約3ℓ）を入れ、強火にかける。

**2** 野菜は必要なものは皮をむき、存在感のある大きさに切る。

**3** {écumer} 沸騰したらアクを取り、蓋をして弱火で1時間煮る。

**4** 脊髄、野菜、オニオンピケ、ローリエ、粗塩、黒コショウを加える。蓋をせず、さらに1時間煮る。

⚠ 食卓で各々が好みの塩加減で食べるのも楽しみなので、調味の粗塩は控えめにする。

**5** 完成。肉と野菜を別皿に盛り、コルニッション、ディジョンマスタード、粗塩を添える。

# 煮込み

[ragoût]

### 煮込みは réchauffé

フランスの家庭において煮込み料理は大きな割合を占めます。ガスのない時代、暖炉にかけた鍋の中で作ったのは煮込みでした。加熱をパン屋の竈に委ねたのも煮込み。日々の食事にも、親戚友人が集まる日のご馳走にも、煮込みは重宝します。

煮込みはたっぷりの量を作ることが美味しさの秘訣です。それに加えて、"煮込みは réchauffé"。温め直して食べるのが美味しい、ということ。フランス人は食いしん坊ですから、なおさらたくさん作らなければいけません。大きな鍋で作って、みんなで賑やかに食べる。余れば好都合です。温め直したほうが美味しいのですから。それにおもてなしの席なら、先に作っておけるのも煮込みの秀逸なところです。

### ガルニチュール

ガルニチュールは「つけ合わせ」という意味をもちます。皿の上で肉や魚の料理のまわりに添えるもの。主役の味をより高めたり、鮮やかにコントラストをつけたり、ときには箸休め的な役割も担ったり。主役をより引き立てるための存在です。メインの料理にはガルニチュールを合わせるのが定石ですが、煮込みには当てはまりません。なぜなら、煮込みの野菜はガルニチュールだから。「肉以外の具はガルニチュール」と考えるとわかりやすいでしょう。

### 分量のこと

煮込みは温め直したほうが美味しいから、たっぷり作る。それはもちろんのこと、フランス人はとにかくよく食べます。食事は1日の一番の楽しみですから、情熱を傾けます。それは煮込みに限らず、すべての料理についてです。私も例外ではありません。材料の分量にある「〜人分」は、食いしん坊なフランス人を前提としたものですから、日本の皆さんには少しばかり多いかもしれません。満腹になること請け合いです。

パッションの美学
*Vision d'André Pachon*

# レストランの愉しみ
## 〜ティエリのレストラン講座〜

本物のフランス料理を作り、伝えること。「レストラン・パッション」を始めてからもそれ以前も変わらず、私はこの信念を貫いてきました。正統派のフランス料理とレストランのあるべき形。"本物"を作り続けることを自らに課してきました。

私の変わらぬ志を受け継ぎ、ともに働く次男のティエリが、フランスのレストランの魅力や愉しみ方をお話しします。普段は「レストラン・パッション」でサービスとして敏腕を振るう彼のことですから、料理人の私とはまた違った視点でレストランの本質を捉えているかもしれません。

§

### 選ぶ愉しみ

誰とどのレストランに行くか。何を着てどこで待ち合わせするか。レストランの愉しみは"選ぶこと"から始まります。

フランスで夕食が始まるのは20時。仕事が終わったらいったん家に帰って、ドレスアップして出かけます。男性も女性もそうですし、子供もおめかしします。男性が仕事と同じスーツだったとしても、シャツやネクタイや靴を変えてみたり。準備を要するという作法のようなあれこれも愉しいのです。また、服装は店にそぐうことが重要。お客さまは緊張感をもってレストランに行き、店はそれに応えるサービスをします。

まずはアペリティフを1杯。メニューを決めるまで会話を愉しみます。メニューを急かすような野暮はしません。そして、メニュー選びからが我々サービスの出番。ここがファーストコンタクトになりますが、お客さまの言葉の端々から感触、具体的には食や過ごし方などの嗜好を掴みます。メニューが決まればワイン。ソムリエもいますし、たいていのサービスは知識がありますからお尋ねいただきたい。お客さまにとってはもちろん、サービスにとっても選択肢のあるメニューは愉しいです。

### メートル・ドテルの仕事

ロニョン・ド・ヴォやルアン風鴨のローストなど、フランスにはお客さまの目の前で調理の仕上げをする伝統的な料理があります。ゲリドンサービス[service au guéridon]といってロシア式サービスですが、客席の横にゲリドン（サイドテーブル）を据え、メートル・ドテルがお客さまの目の前で肉を切り分け、ソースを作り、皿に盛って供します。父が言っていますが、フランス料理で重要な「温かい料理を提供する」とともに、演出効果という付加価値が加わるサービスです。肉を切り分けるデクパージュ[découpage]などはかつての名門レストランでは日常的な光景で、メートル・ドテルこそがレストランの顔でした。お目当てのメートル・ドテルがいるからそのレストランに通い、彼らも一つのテーブルに時間をかけて最大限のパフォーマンスを披露する。そして客席は美味しい香りに包まれる。レ

ストランはそういう場所だったのです。

**Art de la table**

「Art de la table」とは本来テーブルセッティングを指しますが、私はもう少し広い範囲でレストラン全体をアートと考えます。例えばゲリドンサービスには、切り分ける前に料理を披露する目的もあります。丸々一羽の鳥などがそうで、目にすることで香りや美味しそう！食べたい！という欲望が高まる。非日常の高揚感をもたせることもアートです。その意味ではデザートやチーズのワゴンも同じです。

　食後酒とともに愉しむのは葉巻。昔のレストランではここまでが食事です。葉巻を用意するのもサービスの仕事。葉巻はタバコのように簡単に火が点きません。端をナイフで切って、マッチでは無理ですから木の棒に火を点けて、ゆっくりとまわしながら息を吹きかけます。点火したら灰皿にのせて供する。今はどこのレストランも禁煙で、葉巻を吸う人も減りましたが、かつては食後酒を飲みながら葉巻を愉しみました。

　レストランは美味しい料理を提供するだけの場所ではなく、サービスは皿を運ぶだけではありません。サービスはショーを演出し、会話を愉しんでもいい。料理人もソムリエもスタッフもそれぞれが専門的な能力を最大限に発揮することで豊かな空間を作る。そこにはお客さまも入ります。お客さまもレストランを構成する一つですから、服装や振る舞いなどの作法を求められる一方で、レストランを大いに愉しんでもらいたいと思います。

ペイ・ド・ラ・ロワール地方

# Pays de la Loire

## 地理・気候

フランス西部に位置し、大西洋に面した地方。名前はこの地方を流れ大西洋に注ぐロワール川に由来する。旧州区分のアンジュー州、メーヌ州、ポワトゥー州の西部にあたる。

気候は海洋性気候が影響し、穏和。肥沃な土壌の恩恵を受けていることから、牧畜、ブドウ栽培などが盛んで、国内有数の農業地帯として位置づけられている。

たくさんの城がある。

**中心都市：ナント**

## 特徴

- 牧畜、ブドウ栽培が盛ん
- 川や湖沼で獲れる淡水魚の種類が多い
- この地方生まれのブール・ブランは秀逸
- 大西洋沿岸では牡蠣やムール貝の養殖
- 伝統製法を守る天日乾燥海塩のゲランド産の塩が名産
- 牛の飼育頭数はフランス国内1位を誇る
- 豚肉加工品の生産も盛ん
- ナント周辺はナオネト［Naoned］というブルトン語をもつように、
  隣接するブルターニュ地方と同様にケルト（ブルトン）文化の影響を強く受けている

## 食材

◎肉
メーヌ＝アンジュー牛、ブッフ・デュ・メーヌ種の牛、サルト産やヴァンデ産の豚肉、家禽はシャラン、ルエ、ヴァンデ地方、メーヌ地方のもの

◎豚肉加工品
リエット、リヨン、フレシュール、ハム、ゴーグ

◎魚介
養殖の牡蠣やムール貝。ブロシェ、アローズ、サンドル

◎野菜
ナントのマーシュ、シャンピニオン、キュウリ、エシャロット、ポワロー、ラディッシュ、アスパラガス、ノワルムティエ島のジャガイモ

## 代表的な郷土料理

◎前菜：ゴーグ［gogues］

◎ポタージュ：ショードレ［chaudrée］

◎魚介料理：ウナギのポシェ、ワイン風味［bouilleture d'anguilles］、カワカマスのポシェ、ソース・ブール・ブラン［brochet au beurre blanc］、エスカルゴの煮込み［cagouilles en ragoût］

◎肉料理：子牛の尻肉のアンジュ風［cul de veau à l'angevine］、豚肉のロースト、レネット種のリンゴ添え［rôti de porc aux reinettes］

◎野菜料理：シュエ［chouée］、キャベツのバター煮［embeurrée au chou］

◎菓子：クレメ・ダンジュ、またはクレメ・ダンジェ［crémet d'Anjou, crémet d'Angers］、ヌガー・ドゥ・トゥール［nougat de Tours］、ボットウロ［bottereau］

*Pays de la Loire*

Pays de la Loire

# Rillette du Mans

[ル・マンのリエット]

ル・マンは町の名前で、今は車のレースで有名です。リエットはもともとはトゥーレーヌ地方の料理ですが、フランス全土で親しまれています。ル・マンのリエットとそれ以外の土地のリエットとの違いは脂の量。ル・マンのものは脂が少ないです。リエットは肉をほぐして作りますが、ル・マンでは肉をほぐしすぎずに存在感を残して作るという特徴もあります。豚肉はもちろん兎を用いても美味しいですし、料理人によって材料も作り方もさまざまです。

　リエットは冷製の料理で、アペリティフでいただきます。オードヴルとして食べることもありますが、どちらかというとアペリティフ。なぜかというと、リエットは脂っぽいのでたくさん食べる料理ではありません。食前に少しだけお腹を満たすもの、という位置づけです。リエットだけを食べるのではなく、薄く切ったバゲットにのせて楽しみます。バゲットにはバターをつけて食べるのが好きですが、リエットならばなおさら素晴らしい！食卓ではバターの代わりにもなるものです。リエットを合わせるならバゲットは焼き立てに限ります。パン屋さんからパリパリのバゲットを買ってきて、リエットをナイフですくってのせて、ロワールのワインと一緒にいただくと最高です。

### Domaine Langlois-Chateau "Vieilles Vignes" Saumur Champigny
ドメーヌ・ラングロワ゠シャトー "ヴィエイユ・ヴィーニュ" ソミュール・シャンピニー

産地：ロワール／品種：カベルネ・フラン／赤
リエットはおつまみとして、あるいはオードヴルの前に出す一皿です。老若男女に好まれる味わいでワインの選択肢も多様ですが、気軽な料理ですから重いワインは必要ありません。白もいいですが、白に近いフレッシュな赤をお勧めします。果実感とフレッシュさが持ち味のカベルネ・フランに、樹齢50年という歳月がこくと深みを与えたこのワイン。前菜やソースがない肉料理に合います。

### Domaine Laballe Clos Cazalet "Raisin Volé" Tursan
ドメーヌ・ラバル・クロ・カザレ "レザン・ヴォレ" トゥルサン

産地：シュッド・ウエスト／
品種：カベルネ・フラン、タナ／赤
もう1本もフレッシュな赤。地方は異なりますが同じカベルネ・フランなので傾向は似ています。果実感と酸味があって、タンニンが少ないのが特徴。リエットやクリーム系の料理に最適です。Raisin Volé の意味は「盗まれたブドウ」。エチケットには鳥が描かれていて、鳥も食べにやって来るほど美味しいブドウだということを表しています。

# Rillette du Mans

**材料**　作りやすい分量

豚肩ロース肉 échine de porc ― 2kg
豚バラ肉 poitrine de porc ― 1kg
背脂 lard ― 500g
ヴァントレッシュ ventrèche ― 300g
鴨脂 graisse de canard ― 200g
塩 sel ― 60g
黒コショウ poivre noir du moulin ― 8g
玉ねぎ oignons ― 1個
白ワイン vin blanc ― 400mℓ
水 eau ― 400mℓ
にんにく gousses d'ail épluchées ― 4かけ
ローリエ laurier ― 2枚
タイム thym ― 5～6枝

つけ合わせ accompagnement：
パン・ド・カンパーニュ pain de campagne ― 適量

**1** 肩ロース肉、バラ肉、背脂は大きめの一口大に切る。ヴァントレッシュは2cm角に切る。

**2** 玉ねぎは横半分に切り、切り口を下にして焼き始める。

肩ロース肉、バラ肉、背脂、ヴァントレッシュ、鴨脂は合わせて4kgにする。塩はこれらに対して1.5%、黒コショウは0.2%にする。

**3** 鍋に鴨脂を熱し、1の肉類を強火で焼く。返しながら全面を焼くが、しっかり色づけたいのであまり触らない。

**4** 肉の脂が出てきたら、塩、黒コショウをする。

**5** 白ワイン、水、にんにく、ローリエ、タイムを加える。

**6** しっかり焼き色をつけた玉ねぎを加える。蓋をし、弱火で3時間煮込む。

**7** 3時間煮込んだ状態。

**8** {egouter} ざるに上げ、肉と煮汁に分ける。

**9** ローリエ、タイム、形の残った玉ねぎは取り除き、ざるの中で塊がなくなるようにフォークでざっくりほぐす。

**10** ボウルに移し、底を氷水に当てる。煮汁を少しずつ加えながら、木べらでよく混ぜる。

煮汁は肉の半量が目安。煮汁が多いとこってりし、少ないと肉の存在感が増す。また、氷水で冷やすと脂分がすぐに固まるので、状態がわかりやすくなる。

**11** 徐々に肉と煮汁がつながり、混ぜる手応えが重くなる。

**12** 肉が煮汁を含んでつながったら完成。器に盛り、薄切りにしてトーストしたパン・ド・カンパーニュを添える。

**保存法**

空気が入らないようにラップを密着させ、冷蔵庫で1～2週間保存可能。

*Pays de la Loire* | 255

# *Lapin poêlé forestière*
［兎のポワレ、ジャガイモとキノコのソテ添え］

*Pays de la Loire*

アンドレ・パッションにとって、兎の一番美味しい食べ方です。その理由の一つは、骨まで残す調理法にあります。兎は手で持って、骨までしゃぶって食べるのが美味しい。ぶつ切りにした兎に、キノコ、にんにく、ジャガイモ、玉ねぎ、タイム、ローリエを加えた風味が最高です。

　そしてこの兎のポワレは、私の母のスペシャリテであること。私がこの料理を愛してやまないもう一つの理由です。母のルセットですから、実はオクシタニーの郷土料理ともいえます。

　上手に作る秘訣は、ジャガイモを最後に加えて歯応えを残すこと。ソースがほとんどない料理ですが、ジャガイモに兎のジュースが染み込むのが美味しいのです。とは言え、ジャガイモがふにゃっとしては興醒めです。カリカリ、ほくほくの食感に仕上げるために、多めの油で揚げ焼きにすることが大切。カリカリのジャガイモを仕上がり間際に加えたら、ひと混ぜして兎のジュースを吸わせて完成です。でき立ての熱々をすぐに食べてください。

　ロワールはジビエが多い地方ですから、料理の食材もとくに秋から冬にかけてはジビエが多くなります。兎は狩猟で獲った野兎で作ってもいいですし、家禽肉の飼い兎でもかまいません。骨つきの鶏肉でも美味しくできます。ちなみに料理名にforestière［森］とつく場合は、キノコを使っています。キノコは森で採れるものですから、名前にも反映されるのです。

### Domaine de Mouscaillo Pinot noir Haute Vallée de l'Aude
ドメーヌ・ド・ムスカイヨ・
ピノ・ノワール・
オート・ヴァレ・ド・ロード

産地：ラングドック／
品種：ピノ・ノワール／赤

ラングドック地方のワインは重めのイメージがあるかもしれませんが、ロックタヤードという村はリムーの中で最も標高が高く涼しい気候なので、美味しい白を造ります。そして赤もブルゴーニュに似たピノ・ノワールでとてもいい。南仏らしいスパイシーさと酸味、熟成した赤いベリーをかじったような風味が魅力で、バランスのとれた上品さが兎によく合います。

### Château de Lussac Lussac Saint-Emilion
シャトー・ド・リュサック
リュサック・サンテミリオン

産地：ボルドー／
品種：メルロー、カベルネ・フラン／赤

ラングドックに対して2本目はボルドーの赤。リュサックはデリケートで優しいメルローと軽いカベルネ・フランをブレンディングしています。兎の美味しさを引き立てるパートナーには、こくのあるふくよかさが魅力のこのワインを。

# Lapin poêlé forestière

**材料** 4〜6人分

兎 lapin ― 1羽（1.2kg）
玉ねぎ oignons ― 300g（小4個）
プティオニオン petits oignons ― 250g
シャンピニョン champignons de Paris ― 250g（11個）
薄皮つきにんにく gousses d'ail non-épluchées ― 120g
ヴァントレッシュ ventrèche ― 240g
レバーソーセージ saucisse de foie ― 1本（120g）
塩 sel ― 20g
黒コショウ poivre noir du moulin ― 適量
オリーヴ油 huile d'olive ― 100mℓ
ローリエ laurier ― 6枚
タイム thym ― 7〜8枝

ガルニチュール garniture：
ジャガイモ pommes de terre ― 1.6kg（10個）
にんにく（みじん切り） ail haché ― 32g
オリーヴ油 huile d'olive ― 100mℓ
塩 sel ― 15g
黒コショウ poivre noir du moulin ― 適量
イタリアンパセリ（みじん切り） persil plat haché ― 適量

**1** 玉ねぎは2cm角に切る。シャンピニョンは4等分に切る。ヴァントレッシュは1cm角×2cm長さに切る。レバーソーセージは1.5cm幅に切る。ガルニチュールのジャガイモは1.5cm角に切る。

**2** 兎は内臓を取り除き、心臓と肝臓は使う。

**3** 前足のつけ根に包丁を入れ、切る。反対側も同様にする。

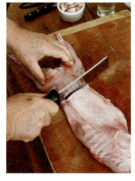

**4** 骨盤の上に包丁を入れ、後足を切る。左右に切り分け、それぞれ半分に切る。

**5** 肋骨の下に包丁を入れて胴を切り離し、4等分に切る。

**6** 首のつけ根に包丁を入れ、頭を切る。

**7** 胸（肋）は背骨に包丁を当て、縦半分に切る。

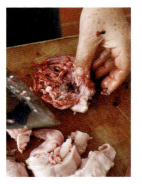

**8** 頭は目を取り除き、縦に包丁を入れ、開く。

**9** 塩、黒コショウをする。

**10** 鍋にオリーヴ油を熱し、兎を焼く。焼き色がついたら裏返す。

**11** 薄皮つきにんにく、ヴァントレッシュ、レバーソーセージ、プティオニオン、玉ねぎ、ローリエ、タイムを加える。

**12** ときどき混ぜながら15分ほど焼く。

▲ 底が焦げつかないように上下を返すように混ぜる。野菜などに火が通ると徐々にジュースが出てくる。

**13** 同時にガルニチュールを作る。フライパンにオリーヴ油を熱し、ジャガイモを加えて焼く。

▲ カリカリになるように、多めの油で揚げ焼きにする。

**14** 鍋にシャンピニオンを加え、混ぜ合わせる。

**15** ジャガイモは半分ほど色づいたら、塩を加える。全体に美味しそうな色がついたら、黒コショウを加える。

**16** にんにく、イタリアンパセリを加え、さらに炒め合わせる。

**17** ジャガイモの油をきりながら鍋に加え、混ぜ合わせる。

▲ ジャガイモはカリカリに仕上げたいので、ざっと混ぜて兎のジュースと馴染めばよい。

Pays de la Loire | 259

フランスの
食風景

*Scène de la cuisine française*

# 豚の屠殺

[Tout est bon dans le cochon!]

フランスには "Tout est bon dans le cochon!" という諺があって、直訳すると「豚のすべて良し！」。豚は骨も肉も皮も足もすべて使えて捨てるものがない、ということ。また、bon と cochon の "on" が韻を踏む面白みも含みます。オック語には「家と庭と豚がないなら死んだほうがいい」という教訓のようなものがあるほどで、どんな家庭でも必ず豚を飼っており、豚肉を加工して1年分の食料とする、というのが背景です。

かくいうパッション家にも庭に豚小屋がありました。2月のカーニバルの季節に豚のマルシェが立つのですが、生後3週間ほどのプティ・コション（子豚）を買ってきて、朝晩に飼料と水を与えて育てます。私も小さな頃は祖父と一緒に豚小屋に水を運んだものです。飼料はジャガイモを皮つきでゆでてトウモロコシの粉や小麦粉を混ぜたものですから、人間も食べられる代物です。

その豚が大きくなった次の冬が屠殺の時季。クリスマスの休みの頃です。その日は早起きをして大仕事に備えます。屠殺はまず、生きている豚を台にのせます。この時の台は、収穫したブドウを入れる木桶を逆さまにして使うのが我が家の伝統。豚の首の下にバケツを置いておき、豚が暴れないように大人たちが足を押さえたところで、首を切って血を出します。幼い私は尻尾を引っ張って、精一杯のお手伝い。血が固まらないように素手でかき混ぜるのは祖母の役目です。血を抜ききったあとは木桶をひっくり返して湯を張り、豚を入れ、カミソリで毛を剃ります。それから吊るして、おなかを開いて内臓を除き、部位ごとに切っていきます。写真は豚の頭を下にして吊るしていますが、私の祖父は頭を上にしていました。胴体はシーツを敷いたテーブルの上で切り分けます。

面倒だったのは腸をきれいにすることです。中身を想像したら納得でしょう。けれどソーセージなどの器になるのですから、最も汚れたこの部位をどこよりもきれいにしなければいけません。解体作業が済んだら、初めに作るのはブーダンです。鮮度が命ですから、もたもたするのは禁物です。備蓄する食料は他にコンフィやハム、ソーセージ、アンドュイェットなど。豚は脂も美味しいので決して捨てません。鴨脂と同様に豚の脂も調理に使いますから、脂がたっぷりとついて丸々と肥えた豚は大歓迎。私が知る限り一番大きく育ったのは祖母の豚で、215kgの巨体でした。

村のそこかしこで断末魔の叫びが聞こえると、暮れ行く年と明くる年の訪れを感じます。幼い私にとって屠殺は少しばかりの怯えも伴いましたが、大人たちに混ざって一生懸命お手伝いしたことは楽しい思い出です。

*Pintade fermière à la broche aux marrons et girolles*

# Pintade fermière à la broche aux marrons et girolles

[ホロホロ鳥一羽の串焼き、栗とジロール添え]

Pays de la Loire

昔の人は暖炉で調理をしていました。ガスも石炭もない時代ですから、暖炉が唯一の調理道具です。必然的に家庭料理のほとんどは、暖炉でローストしたものか煮込みになるわけです。もちろん暖炉は家を暖めるための道具としても機能します。日本の囲炉裏と同じではありませんか？　薪や炭火を熾して、串に刺した野菜などを焼いたり、家族で鍋を囲んだり、暖をとったり。

昔のフランスの暖炉料理はどのようなものかというと、例えばウズラやベカス（シギ類）ならば、頭を紐で結わえてそれを天井から吊るして焼きます。暖炉の火を直接当てるのではなくて、熾火でゆっくり時間をかけて焼き上げます。朝に焼き始めて、午前の仕事を終えると昼には焼き上がっているといった具合。

暖炉で肉を焼くということは、過ぎ去った過去の話ではありません。なぜなら鳥肉は暖炉で焼くのが一番美味しいからです。暖炉で焼くことで香りがついて、ガスやオーヴンで焼いた肉よりも、間違いなく２〜３倍は美味しい。途中で肉が乾燥しないように背脂をかけながら焼いて、つや良く、皮もパリパリに仕上げます。アロゼのテクニックです。

ガルニチュールには季節の食材を合わせるのが最善で、ルールはありません。栗とジロールはペイ・ド・ラ・ロワールの名産であることと、秋の一皿だということ。春はいんげんやアスパラガス、夏にはラタトゥイユやナスのポワレ、冬ならばオニオンのロティやグラタン・ドフィノワなどがいいでしょう。

### Domaine de la Cotelleraie "Les Perruches" Saint-Nicolas de Bourgueil
ドメーヌ・ド・ラ・コテルレ "レ・ペルーシュ" サン・ニコラ・ド・ブルグイユ

産地：ロワール／品種：カベルネ・フラン／赤
ローストすることで余分な脂が落ちて繊細な味わいになった白い鳥にはジューシーなワインが合います。栗やジロールのつけ合わせやガーリックの風味など個性を纏ったホロホロ鳥には、軽く繊細な赤。これはロワールのローカルなワインで、気軽に飲めてカジュアル。だけれど鳥の繊細さを上手に生かしながら素直に美味しい、という強みがあります。

### Chassenay d'Arce "Cuvée Confidences" Brut Champagne
シャスネ・ダルス "キュヴェ・コンフィダンス" ブリュット・シャンパーニュ

産地：シャンパーニュ／品種：ピノ・ノワール／スパークリング・ワイン
シャンパンは食前酒のイメージ？　いいえ、料理のためのシャンパンがあります。これはいろいろなヴィンテージのワインをブレンドしているのでこくと深みがあって、肉はもちろん前菜から魚介まで合うオールラウンダー。Cuvée Confidences は「シークレット・レシピ」の意味なのですが、そのブレンド具合は我々の秘密だよ、という粋な命名です。

Pays de la Loire | 263

# Pintade fermière à la broche aux marrons et girolles

**材料** 4〜6人分

ホロホロ鳥 pintade — 1羽（1.8kg）
バゲット baguette — 1/2本
にんにく gousses d'ail épluchées — 6かけ
塩 sel — 20g
黒コショウ poivre noir du moulin — 適量
ローリエ laurier — 2枚
タイム thym — 7〜8枝
オリーヴ油 huile d'olive — 20㎖
背脂 lard — 適量

ガルニチュール garniture：
《栗のグラッセ marrons glacés》
栗 marrons — 300g
バター beurre doux — 30g
グラニュー糖 sucre granulé — 20g
ブイヨン bouillon — 200㎖
セロリ céleri — 10cm
塩 sel — 3g
白コショウ poivre blanc du moulin — 1g

《ジロールのソテ girolles sautées》
ジロール茸 girolles — 300g
※またはシャンピニョン
バター beurre doux — 30g
塩 sel — 3g
白コショウ poivre blanc du moulin — 1g

飾り décor：
【ホロホロ鳥用】クレソン cresson — 適量
【ガルニチュール用】パセリ（みじん切り）persil haché — 適量

**1** {habiller}ホロホロ鳥は手羽先、頭を首の根元で切り、内臓を取る（p.55の1〜5）。胴の中をきれいにする。

**2** にんにくは1かけを半分に切り、バゲットの皮に切り口をこすりつける。バゲットは4〜6等分に切る。

**3** 胴の中に塩5g、黒コショウをする。バゲット、2と残りのにんにく、ローリエ、タイムを詰め、オリーヴ油20㎖を注ぎ入れる。

**4** {brider}ブリデ針にたこ糸を通し、手足を縫って縛り、形を整える（p.243）。

**5** 表面に塩15g、黒コショウをふり、すり込む。回転用の串に刺す。

**6** 表面にオリーヴ油（分量外）を塗り、回転式の焼き架台に取りつける。薪火の弱火で45〜50分焼く。

⚠ 焼き時間は暖炉の火加減とホロホロ鳥の大きさで調整する。

264 | *Pays de la Loire*

**7** 40分ほど経ったら、熱したフランバドゥに背脂を入れて溶かし、ホロホロ鳥にかける。フランバドゥ [flambadou] は円錐形で下部に小さな穴があり、棒がついた調理道具。フランスの暖炉のある家庭には必ずある。

🔥 背脂をかけてぱさつきを防ぎ、ジューシーに焼き上げる。アロゼ代わり。

**8** ホロホロ鳥を焼いている間にガルニチュール、栗のグラッセを作る。鍋にバターを熱し、栗を炒める。バターがまわったら、グラニュー糖、ブイヨン、半分に切ったセロリ、塩、白コショウを加える。水分を飛ばしながら煮てつやを出す。

**9** ジロールのソテを作る。フライパンにバターを熱し、ジロールを炒める。水分を飛ばしながら炒め、色づいてきたら、塩、白コショウを加え、混ぜる。

**10** ジロールのソテに栗のグラッセを加えて混ぜ、ガルニチュールの完成。器にホロホロ鳥を盛り、クレソンを添える。別の器にガルニチュールを盛り、パセリを散らす。

**11** ホロホロ鳥をデゾッセしたら、鍋に骨と水を入れて煮詰める。これをジュ・ド・ロティ・パンタードといい、ソースになる。切り分けて皿に盛ったホロホロ鳥にかける。

---

## フランスの食風景

*Scène de la cuisine française*

# キノコ

[champignons]

むかしむかし、フランスにはキノコに心を奪われた王がいました。それはルイ13世。彼は自分の寝室でモリーユを何mも数珠つなぎにして乾燥させることを楽しんでいたといいます。

ところでシャンピニオン [champignons de Paris] がなぜ「パリ」なのでしょうか。答えは、200年ほど前からパリ地方にある採石場を利用して栽培されるようになったから。そこは陽が当たらず、温度と湿度が安定していて、キノコの栽培にはうってつけなのです。

シャンピニオンのような栽培物が普及する昨今ですが、フランスは天然のキノコも豊かです。本書で登場したモリーユ茸 [morille] の他にも以下のようなキノコがあります。

●**アンズ茸** [chanterelle]
ラッパに似て傘が反り返り、傘の裏には皺がある。なかでも6〜10月が旬のジロール [girolle] は傘の色がオレンジがかった黄色で、香りが良い。

●**トランペットデモール（クロラッパ茸）**
[trompette-des-morts]
夏から秋が旬。傘が反り返っていて傘の上部中央が柄の下までラッパ状になっている黒いキノコ。乾燥品も多く、フレッシュより色も黒く香りも良い。

●**ムスロン茸（ハラタケ）**[mousserons]
白く肉厚でシャンピニオンに似た風味の小型キノコの総称。春から秋が旬のユキワリ [tricholome de la Saint-George]、5〜9月が旬のシバフ茸 [champignons des prés]、小麦粉の香りがすることから粉屋を意味するムニエ [meunier] もある。

*Pays de la Loire* | 265

# Tarte tatin

[タルト・タタン]

ソローニュ地方にレストランを経営する姉妹がおりました。ソローニュというのは森の多い地域で、歴代のフランス王たちが狩猟に訪れていた場所です。ソローニュの森には大きなジビエ、四つ足の動物の鹿などが多く、王たちは馬に乗り、犬を使って狩りを嗜んでいました。

　さて、姉妹の話に戻ります。忙しいある日、姉妹は転んでリンゴのタルトをひっくり返してしまいます。だけれども作り直す時間はありません。もとに戻してみたら、いつものタルトより美味しそうだった———このような舞台裏の物語が実しやかに伝わっています。姉妹の名はタタン。タルト・タタンの由来です。

　私の好きなタルト・タタンは、焼いて粗熱がとれたくらいのほんのり温かい状態で、とろりと柔らかいクレーム・シャンティイを添えたもの。時には上質なヴァニラアイスクリームも合わせて添えます。温かいと冷たいの両方を味わえるのが美味しいです。

　リンゴは酸味の強い品種を選びます。カラメリゼのほろ苦い甘さが引き立つのは酸味があってこそ。メリハリのついた風味に仕上がります。昔は家畜にあげていたようなリンゴ、甘味がなくて小ぶりな赤いリンゴを使っていました。生で食べるには酸っぱすぎるリンゴの活用術としても秀逸です。ただし、実はしっかりしていることが絶対。パサパサのリンゴはいただけません。

　調理道具は熱伝導のいい銅製のソテーパンが最適です。銅鍋の中にリンゴを隙間なく並べてオーヴンへ。リンゴに火が通ったら、その上に生地をのせて再びオーヴンで焼きます。生地はパータ・フォンセ。フイユテは上がりすぎてしまうので、もしも使うなら、フイユテの切れ端（chutes de pâte feuilletée）が膨らみすぎないのでいいでしょう。焼き上がったら粗熱をとって、少し火にかけて銅鍋を外します。再びタタン姉妹の話になりますが、彼女はここで鍋をひっくり返してしまったように思います。本当は生地を上にした状態のデザートとしてお客さまに出したかったのでしょう。

### Domaine Zinck Gewurztraminer
ドメーヌ・ジンク・ゲヴェルツトラミネール

産地：アルザス／
品種：ゲヴェルツトラミネール／白
甘さの中にカラメリゼの苦味を含むタルト・タタンには、甘味と酸味を併せもつワインが合います。選んだのは蜂蜜のような風味と酸味が美点のゲヴェルツトラミネール。アルザスの甘口はボルドーなど南のものに比べてしっかりした酸味があるのが特長です。また、ドライなワインではカラメリゼの強さが勝ってしまい、ワインの良さが生きません。甘味こそがカラメリゼの苦味を上手に包んで、リンゴの食感とも調和します。

### Château Soucherie "Clos des Perrières" Savennières
シャトー・スーシェリー "クロ・デ・ペリエール" サヴェニエール

産地：ロワール／品種：シュナン・ブラン／白
2本目は同郷のワインを。シュナン・ブランはロワール地方原産の白ワイン用の品種で、スパークリング、甘口、辛口とさまざまなスタイルのワインが造られます。甘味も酸味も強めで、なおかつそのバランスが秀逸。酸味がしっかり残るのがタルト・タタンに合う理由です。

# Tarte tatin

**材料**　直径18cm1台分

リンゴ pommes ― 1kg（8個）
バター beurre doux ― 100g
グラニュー糖 sucre granulé ― 150g

パータ・フォンセ pâte à foncer：
強力粉 farine de blé type 65 ― 50g
薄力粉 farine de blé type 45 ― 50g
塩 sel ― 2g
バター beurre doux ― 70g
水 eau ― 40g

### リンゴ小噺

フランス語で croque la pomme［リンゴをかじる］というと、「誘惑に負ける」という意味になります。禁断の実をかじってしまったイヴの逸話が由来という説や、ギリシア神話にたとえられることも。曰く、ヒッポメネスが美貌のアタランテとの求婚をかけて本人と競争する際、黄金のリンゴを投げ、アタランテはリンゴ欲しさに拾いに行き、競争に負けてヒッポメネスの求婚を受け入れるというもの。アタランテは俊足の評判も名誉も失い、純潔の誓いを破ることになりましたが、リンゴのおかげで愛を知った、リンゴは幸運をもたらすものだ、とも言える逸話です。

**1** パータ・フォンセを作る。ボウルに強力粉、薄力粉、塩、1cm角に切ったバターを入れ、カードで切るように混ぜる。

**2** バターが細かくなってきたら、水を加え、手でこねる。

**3** 塊になったら、打ち粉をした台に移す。麺棒で長方形になるようにのばす。

**4** 三つ折りにし、90度回転させ、同様に三つ折りすることを計6回繰り返す。

**5** 形を整えてラップをし、冷蔵庫で1時間以上休ませる。

**6** {évider, émincer} リンゴは皮をむき、種と芯をくり抜き、2mm厚さの輪切りの薄切りにする。

**7** 直径18cmのソテーパンに薄く切ったバターを敷き詰める。

**8** グラニュー糖を加えて平らにし、リンゴを少しずつずらしながら外側から並べる。中央には小さい部分を置く。

⚡ 底のリンゴは返した時に上面になるので、きれいに並べる。

**9** 同様にリンゴを並べる。蓋をして弱火で25分加熱し、蓋をしたまま10分休ませる。

**10** {abaisser} 台に打ち粉をし、休ませておいた5のパータ・フォンセを置く。麺棒を転がし、3mm厚さにのばす。

**11** {piquer} ピケをする。
⚡ 生地が均一に膨らむように、蒸気を逃がす穴をあける。

**12** 直径18cmのセルクルを当て、くり抜く。冷蔵庫で休ませる。
⚡ 生地は作業をしたら冷蔵庫で休ませ、焼き縮みや焼きむらを防ぐ。

**13** リンゴにパータ・フォンセをのせ、180℃のオーヴンで35分焼く。

**14** 35分焼いた状態。

**15** {caraméliser} アルミ箔をのせ、さらに90〜120分焼き、リンゴをカラメリゼする。色はリンゴの側面がビール瓶くらいの濃い茶色になるのが理想的。

⚡ 薄切りのリンゴはカラメリゼしにくい。パータ・フォンセの焼き過ぎを防ぐため、アルミ箔をかぶせて焼く。

Pays de la Loire | 269

パッションの美学
*Vision d'André Pachon*

# 1週間の献立
## [Les plats de la semaine]

フランス人は自宅で家族揃って食事をします。特筆する必要がないほど当たり前のことです。現代では家に戻って昼食を食べる習慣は少なくなりましたが、私が子供の頃はそれが一般的でした。ここで紹介するのはパッション家の1週間の献立です。地方や家庭によって多少の違いはあるでしょうけれども、典型的なフランス家庭の食事です。

### 朝食 petit déjeuner [プティ・デジュネ]
朝早く買った焼き立てのクロワッサンやパン・オ・ショコラとカフェ・オ・レ。朝食用に焼き立てのパンを求める人たちのために、フランスのパン屋、ブランジュリ [boulangerie] は早朝から営業しています。

### 昼食 déjeuner [デジュネ]
月曜日：コート・ド・ポのポワレ、ジャガイモのピュレ添え

火曜日：スペイン風オムレツ

水曜日：ポトフ

木曜日：ソーセージのポワレとレンズ豆の煮込み

金曜日：鰯のグリエとジャガイモの蒸したもの。アイヨリを添えて

土曜日：ステーク・フリット

日曜日：鳥肉のロースト。鳥は鶏やホロホロ鳥など

テーブルの上にはいつもハム、ソーセージなどのシャルキュトリがのっていて、前菜にします。葉野菜などのサラダも必ず作ります。最後はデザート。旬のフルーツで締めくくります。またフランス人は羊が大好きですがやはり高価なので、羊料理が登場するのは特別な日です。

　日曜の昼食はとくに時間をかけ、13時からアペリティフが始まって、席に着くのは14時。16時までおしゃべりを楽しみながら食事を進めます。日曜だけは前菜もシャルキュトリではなく、少し手の込んだトマトのファルシなどを作り、デザートもパティスリのケーキを用意します。デザートのおともはブランケット・ド・リムー。年寄りたちはそのあとソファーで昼寝。若い人たちはペタンクなどで体を動かします。ペタンクはフランス発祥の球技で、名前はプロヴァンス語のピエ・タンケ（両足を揃えて）が由来です。

### おやつ goûter [グテ]
私が子供の頃に好きだったおやつはカスクルート [casse-croûte] です。バゲットに薄切りにした生のにんにくとトマトの汁を挟んだもの。チョコレートもなく、戦後の豊かではない時代にあって、現在のハムやフロマージュやときにはチョコレートを挟んだカスクルートと比べれば質素ですが、充分な贅沢でした。そして何より、とっても美味しいのです。

### 夕食 dîner [ディネ]
夜はたいていスープです。野菜やヴァーミセリを入れたもの。それと昼食の残りを食べます。ただし土曜の夜だけは違います。家族はもちろん近くに住む親戚も集まりますから特別に、マカロニグラタンとトゥールーズソーセージ。昼食を満喫する日曜も、もちろん夕食をいただきます。20時頃にアペリティフから始まって、それ以外は他の曜日と同じです。

### Bon pain! Bon vin! Bon fromage!
昼食も夕食もサラダがつきますが、パンと赤ワインとフロマージュは絶対です。

サントル＝ヴァル・ド・ロワール地方

# Centre-Val de Loire

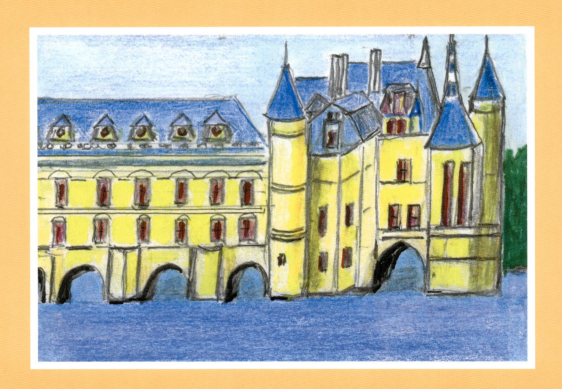

## 地理・気候

フランスの中央部、ロワール川流域に広がる地方。東はブルゴーニュ＝フランシュ＝コンテ地方、西はペイ・ド・ラ・ロワール地方、北はノルマンディー地方とイル＝ド＝フランス地方、南はヌーヴェル＝アキテーヌ地方とオーヴェルニュ＝ローヌ＝アルプ地方に接する。

　旧州区分のトゥーレーヌ、オレルアネ、ベリーのほぼ3州に該当。トゥーレーヌ地方は古来「フランスの庭」と称された肥沃な大地を擁し、ソローニュ地方は森や湖沼が多い。ロワール川とその支流は豊かな自然に恵まれている。温暖な気候と比較的平坦で広大な土地に恵まれた、ヨーロッパ有数の穀物産地。

**中心都市：オルレアン**

## 特徴

- 「フランスの穀倉」と呼ばれるボース平野を中心に、小麦生産量はフランス随一
- 温暖な気候の恩恵を受けた四季の食材は多彩
- 食材を生かしたあまり手を加えないシンプルな料理が多い
- トウモロコシ、ビーツ、玉ねぎ、キュウリ、シャンピニオンは国内有数の産地
- 山羊の飼養が盛ん

## 食材

◎肉：オルレアネ地方の家禽。ベリー地方の家禽。ガティネ地方の家禽。ジェリーヌ・ド・トゥーレーヌ（羽の黒い雌鶏）。ソローニュのジビエ

◎豚肉加工品：ジャルゴーのアンドウイエット

◎魚介：ロワール川の魚

◎野菜：ベリー地方の緑レンズ豆

◎チーズ：クロタン・ド・シャヴィニョル、セル＝シュール＝シェール、サント＝モール・ド・トゥーレーヌ、プリニー＝サン＝ピエール、ヴァランセ

## 代表的な郷土料理

◎前菜
トゥールのリエット [rillettes de Tours]、リヨン [rillons]、
ベリーの復活祭のパテ [pâté de Pâques du Berry]、
ゆで卵のファルシ、マスタードとハーブ風味
[œufs à la berrichonne]
◎ポタージュ
トゥーレーヌ風スープ [soupe tourangelle]
◎魚介料理
鯉のファルシ [carpe farcie]
◎肉料理
羊もも肉の7時間煮 [gigot braisé à la sept heures]、
ブシェル [beuchelle]、
ブールジュ風の羊の腎臓 [rognons de mouton à la mode de Bourges]、
鶏肉の血を使った煮込み [poulet en barbouille]
◎菓子
ピティヴィエ [pithiviers]、
マカロン・ド・コルメリ [macarons de Cormery]、
マカロン・ド・ナンシー [macarons de Nancy]、
マドレーヌ [madeleine]

*Centre-Val de Loire*

274 | *Centre-Val de Loire*

# Bar braisé au muscadet
## ［スズキのブレゼ、ミュスカデ風味］

スズキのブレゼにはミュスカデをたっぷりと使います。ミュスカデはフランスのAOC最古のワインの一つ。フルーティーでドライな味わいは海の幸とよく合います。魚はまるまる食卓に持っていき、メートル・ドテルがお客さまの前で切り分ける料理です。調理のポイントは長く煮込まないこと。火を通しすぎるとパサパサになってしまいます。調理時間がデリケート。身がしっかりしつつ、ぐちゃぐちゃにならないように火を通さなければいけません。もちろん魚のサイズによって調理時間が変わります。ソースは魚の蒸し汁を煮詰めて作ります。その煮詰め方も重要で、バターと合わせてちょうどいい濃度に整えます。家庭で作るには上級テクニックが必要なので、レストラン向きの料理です。バターソースを作る時も、火を加えすぎるとバターと魚のジュースが分離してしまいます。

　どの魚料理もそうですが、魚はフレッシュさが命です。肉ならば長く煮込んだり、香りの強いソースを用いたり、ある程度のコントロールはできますが、魚料理はごまかしがききません。魚料理はシンプルであることが最良で、魚が新鮮でさえあれば美味しい。この考え方は日本に通じるものがあります。日本の魚料理は美味しいですし、魚自体も素晴らしいです。魚が食のベースになっている文化が、その分野の技術を高め進化させる後押しをするのでしょう。フランスも海の近くは魚料理は美味しいですが、基本は肉文化。フランスに限らずヨーロッパ人は肉食で、骨までしゃぶっていただきます。

### Domaine de la Noë Muscat Sèvre et Maine sur Lie
ドメーヌ・ド・ラ・ノエ・ミュスカデ・セーヴル・エ・メーヌ・シュール・リ

産地：ロワール／品種：ミュスカデ／白
ミュスカデの持ち味はミネラル感と魚介に合う酸味。調理に使ったワインと同じブドウです。スズキのブレゼはソースが命。ソースにも材料のワインの香りが残りますから、同じ土地、同じ系統のワインなら間違いありません。一貫してロワールを堪能する組み合わせです。

### Domaine Hubert Brochard "Le Cul de Beaujeu" Sancerre
ドメーヌ・ユベール・ブロシャール"ル・キュ・ド・ボージュ"サンセール

産地：ロワール／
品種：ソーヴィニヨン・ブラン／白
ロワールを代表するサンセールはつとに白が高名で、魚介のパートナーとして不動の伝統があります。ロワールの白の優れた点は酸味。その真価はフレッシュさにあるので、若いうちに飲むべきワインです。ミュスカデよりはこくがあり、南仏の白と比べるとさらっとしているのが特長。1本目のミュスカデとは品種こそ異なりますが、いずれも酸味があって系統は似ています。

## 材料 6人分

- スズキ bar — 1尾（1.8kg）
- シャンピニョン champignons de Paris — 300g（24個）
- エシャロット échalotes — 2個
- バター beurre doux — 100g
- 塩 sel — 10g
- 白コショウ poivre blanc du moulin — 適量
- 白ワイン vin blanc — 150㎖
- フュメ・ド・ポワソン fumet de poisson — 150㎖

ソース・ミュスカデ sauce muscadet：

- 生クリーム crème — 50㎖
- バター beurre doux — 150g
- レモン果汁 jus de citron — 50㎖
- シブレット（1cm長さに切る）ciboulette — 20g
- パセリ（みじん切り）persil haché — 20g
- 塩 sel — 5g
- 白コショウ poivre blanc du moulin — 適量

飾り décor：

- レモン citron — 2個
- ミニトマト tomates cerises — 3個
- セルフイユ cerfeuil — 適量

**1** スズキは内臓を取り除き、水洗いして水気を拭く。

**2** デュクセルを作る。シャンピニョン、エシャロットはみじん切りにする。

▶ シャンピニョンのみじん切りは haché ではなく、デュクセル［duxelles］と呼ぶ。デュクセルは「刻んだシャンピニョンとエシャロットをバターで炒めて水分を飛ばしたもの」も指す。

**3** 天板にバター100gを熱し、スズキを入れる。裏返し、全面にバターをからめる。両面に塩、白コショウをする。

**4** スズキのまわりにエシャロット、シャンピニョンを順に加える。

▶ エシャロットとシャンピニョンには色をつけたくないので、魚にはのせないようにする。

**5** バターがまわるように、混ぜながら炒める。

Centre-Val de Loire | 277

**6** {braiser, arroser} 白ワイン、フュメ・ド・ポワソンを加えて混ぜる。180℃のオーヴンで25分焼く。10分経ったらソースをかけ、ときどきかけながら焼く。

**7** 25分経ったら、スズキをプラックなどに取り出し、アルミ箔をかけて保温する。

**8** 天板のソースでソース・ミュスカデを作る。ソースを鍋に移し、強めの中火で煮詰める。

**9** スズキの背と頭のきわに包丁を入れ、皮をはぐ。
🍴 料理人の仕事はここまで。メートル・ドテルがテーブルのゲストの前で骨を取り、皿に取り分ける。

**10** ソースが半分くらいに煮詰まったら、生クリームを加え、さらに煮詰める。

**11** {monter} 4〜5分煮詰めたら、バターを加え、よく混ぜる。レモン果汁、シブレット、パセリ、塩、白コショウを加えて混ぜる。

**12** 皿のまわりに半月切りにしたレモン、8等分に切ったミニトマト、セルフイユを飾る。スズキを盛り、ソースをかけ、パセリを散らす。

フランスの
食風景

*Scène de la cuisine française*

# 祝祭日の食事

[Les repas de fêtes]

フランスにはキリスト教に関連した祝祭日が多くあって、その時に食べる食事も決まっています。と言っても、それも地方や家庭によって異なるのですが。ラングドック地方の家庭での三つの大きな祝祭日のメニューは以下のよう。

### クリスマス [Noël]

クリスマスは家族が集まって過ごすもの。夜も更けた頃に教会のミサへ行き、心静かに祈りを捧げます。12時の鐘を合図に帰途へ。食事は摂らずに準備だけしてミサへ出かけるので、戻ってお待ちかねのご馳走です。

まずは生牡蠣。これはエシャロットヴィネガーまたはレモン果汁を絞ります。続いてゆでた海老を自家製のマヨネーズで。肉料理は七面鳥のロースト。中に栗などの詰め物をすることもあります。祈りの夜の最後はビュッシュ・ド・ノエル。

ミサのあと家に着くと眠ってしまう子供もいて、食事はしないことがあっても、クリスマスプレゼントを渡す時は「暖炉からサンタクロースが来たよ」と伝えて起こします。子供たちにはクリスマス前にサンタクロース宛の手紙を書かせていますから、包みを開けるのに夢中です。半分寝ぼけている子供もいれば、大喜びで飛び跳ねたり。「成績が良かったから、これが欲しい!」とお願いしたのに、望みとは違ってがっかりすることも。

家庭は賑やかだけれども、レストランは暇。クリスマスは家族と過ごすフランスの形です。

### 大晦日／元日 [réveillon / jour de l'an]

12月31日のレヴェイヨンは親戚が集まります。レヴェイヨンはクリスマスや大晦日の夕食、ときには朝まで続く食事を指しますが、区別するためにクリスマスをRéveillon de Noël [レヴェイヨン・ド・ノエル]、大晦日をRéveillon de Saint Sylvestre [レヴェイヨン・ド・サンシルヴェストル] と呼ぶこともあります。

フランスの新年、1日はレストランに行くことが多いです。日本とは逆ですね。パッション家の食事はと言うと、フォアグラのテリーヌ、伊勢海老、牛肉のロティ。海老はボイルして自家製のマヨネーズでいただきます。これは海老の一番美味しい食べ方。デザートはパティスリで買うケーキですが、クリスマスのように種類は決まっていません。

### 復活祭 [Pâques]

復活祭はキリストの復活を記念するキリスト教において重要な日です。春分（3月21日頃）のあとの満月の次の日曜日がこの祝日になり、年によって移動します。

復活祭には羊を食べます。骨つきの背肉やもも肉など。調理法はさまざまです。オードヴルには季節の野菜。自然が息を抜き返す時期ですから、ホワイトアスパラガスなどが相応しいです。魚はサーモン。オクシタニーではブランケット・ド・リムーのポシェ、我が家ではマヨネーズを添えた冷たいポシェなど。デザートは復活祭を象徴する卵。チョコレートでできたものです。卵の他に雌鶏や兎を模ったチョコレートは菓子屋にも並びます。

*Centre-Val de Loire* | 279

# *Andouillette au vouvray*

[アンドュイエット、ヴヴレ風味]

Centre-Val de Loire

フランスで「あなたはアンドュイユです」と言うと悪口になります。「お前バカだな」というような意味。悪口といっても愛情を込めて揶揄するニュアンスで、気心の知れた相手にしか使いません。私も理由はわかりませんが、中に残り物を詰めるので「ちゃんとできていない、精鋭ではない」ということなのかと思います。

さて、フランスにはアンドュイユとアンドュイエット、よく似た食材があります。どちらも基本的には豚肉を使う、豚肉の加工品で腸詰めです。違いはサイズと中に詰める豚肉の部位。アンドュイユは豚の大腸に詰めるので太く、アンドュイエットは小腸に詰めるので細く小ぶりです。アンドュイユは豚の腸を下ゆでしたものなどを大腸に詰めて、ゆでてから燻煙して、冷やしてスライスして食べます。一方アンドュイエットは小腸に胃や腸、喉肉などを詰めてゆで、温かくポワレにして食べます。私は内臓料理のトリップが大好きですし、アンドュイエットもそうですが、あの強烈な風味はフランス人でも好みが分かれるところです。

アンドュイエットはフランスのどの地方にもあって、土地ごとに異なる材料や作り方が存在します。アンドュイエット自体は手間がかかるので、手作りすることはほぼありません。家庭ではもちろんですが、レストランでも専門店で買ったものを調理します。ソースに紫玉ねぎとヴヴレワインを使うのがサントル＝ヴァル・ド・ロワールのスタイルです。

### Domaine Huet "Le Mont" Sec Vouvray
ドメーヌ・ユエ "ル・モン" セック・ヴヴレ

産地：ロワール／品種：シュナン・ブラン／白
ヴヴレは中央ロワールの有名なブドウ。白のみですが、ドライからとろとろの甘口まで幅があります。メイン料理には華やかさと蜜の甘さが残るドライが最適。アンドュイエットの個性ともいえる臭みを包み、ソースに用いれば丸みを出すといった風に、ヴヴレは調理から食事までの流れを作ります。

### Domaine Ventoura 1er Cru "Fourchaume" Chablis
ドメーヌ・ヴァントゥラ・プルミエ・クリュ "フルショーム" シャブリ

産地：ブルゴーニュ／品種：シャルドネ／白
ヴヴレが盤石なら、シャブリは閃きのパートナー。ヴヴレがアンドュイエットの癖を包み込むのに対して、シャブリは高め、引き立てます。上品な酸味は、口の中をフレッシュに保ち、アンドュイエットの個性を消すことなく、愛好家からも支持される組み合わせです。

## Andouillette au vouvray

**材料** 6人分

アンドュイエット andouillettes ― 6本 (1本200g)
紫玉ねぎ oignon rouge ― 500g (4個)
白ワイン〈vouvray〉vin blanc ― 150ml
フォン・ド・ヴォ fond de veau ― 80g
クレーム・ドゥーブル crème double ― 300g
塩 sel ― 4g
黒コショウ poivre noir du moulin ― 適量
バター beurre doux ― 20g
粒入りマスタード moutarde à l'ancienne ― 5g
ディジョンマスタード moutarde de Dijon ― 5g
サラダ油 huile végétale ― 150ml

ガルニチュール garuniture：
《ポム・フリット pommes frites》
ジャガイモ pommes de terre ― 大6個
サラダ油 huile végétale ― 適量
塩 sel ― 適量

**1** ポム・フリットのジャガイモは太めの棒状に切る。

まな板を使わず切るのは、フランスのお母さん流。

**2** 紫玉ねぎは1cm角に切る。

**3** {pocher}同時にポム・フリットを作り始める。サラダ油を160～170℃に熱し、ジャガイモをフライヤーに入れ、揚げる。

熱い液体で（または冷たい液体から）材料に火を通す調理法をポシェ[pocher]というが、色づけない場合は油による加熱もポシェと呼ぶ。

肉屋の店頭に並ぶアンドュイエットはゼラチンで覆われている。ゼラチンは変色や乾燥を防ぐため。

282 | Centre-Val de Loire

**4** {égoutter}中まで火が通ったら、油をきって休ませる。

**7** フォン・ド・ヴォ、クレーム・ドゥーブルを加え、混ぜる。

**10** 焼き色がついたら、鍋に移す。バター、粒入りマスタード、ディジョンマスタードを加え、5分ほど煮る。

**5** {blondir} 鍋にサラダ油100mlを熱し、紫玉ねぎを炒める。
🍴 クリームを使う料理なので、あまり色づけないようにする。

**8** 1〜2分煮たら、塩、黒コショウを加え、とろみがつくまで煮る。

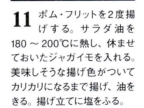

**11** ポム・フリットを2度揚げする。サラダ油を180〜200℃に熱し、休ませておいたジャガイモを入れる。美味しそうな揚げ色がついてカリカリになるまで揚げ、油をきる。揚げ立てに塩をふる。

**6** 紫玉ねぎがしんなりしてきたら、白ワインを加え、1/3量になるまで煮詰める。

**9** フライパンにサラダ油50mlを熱し、アンドュイェットを焼く。裏返しながら全面を焼く。

*Centre-Val de Loire*

*Centre-Val de Loire*

# Salmis de faisan à la royale

[ロワイヤル風雉のロティ、ソース・サルミ]

サントル＝ヴァル・ド・ロワールは豊かな森を擁する地方で、ジビエが豊富です。たくさんの兎や雉が獲れるので、狩りの季節には雉のサルミがレストランのメニューに登場します。

　サルミはフランス料理の中で最も古典的かつ重要なソースです。サルミは使う食材の骨から作るもの。雉だけでなく鳥肉ならどの種類にも、ウズラにも鶏にもホロホロ鳥にも合いますし、作れます。ですけれどもやはりジビエが定番ですし、なかでも雉のサルミというのは不動の地位を誇ります。

　サルミにはこくのある赤ワインを使うのが肝心で、ソースの色は濃く仕上げます。肉にはあまり火を通さないことも重要です。ソースは骨を細かく切って赤ワインと煮詰めますが、煮込むうちに血が出てくるので、ソースの色をいっそう濃く染めてくれるというわけです。フザンダージュしたジビエの血と合わせれば、香り高い極上のソース・サルミができ上がります。

　ロワイヤルという名前は、フォアグラを使っていることの証です。ロワイヤル風には二つの作り方があって、一つはフォアグラのテリーヌをソースの中に混ぜ込む手法。もう一つはフォアグラをポワレにして肉に添える手法です。ソースに混ぜる場合はフォアグラが少なくてすみますが、ポワレにはある程度の量が必要。より贅沢なスタイルとなります。どちらのやり方を踏襲するかは料理人の好みでかまいませんが、ソースに混ぜるほうが一般的です。

### Domaine de la Tour du Bon Bandol
ドメーヌ・ド・ラ・トゥール・デュ・ボン・バンドール

産地：プロヴァンス／品種：ムールヴェードル、グルナッシュ、サンソー、カリニャン／赤
ジビエは秋からの料理で、雉は肉も強くソースも濃い。力強さやこくのあるプロヴァンスの赤が合います。バンドールは地中海に近く、カタランに起源をもつムールヴェードルの最適地。太陽の熟成感と落ち着き、とろみがあって、その風味が長く口の中に留まるワインです。「神の塔」を意味するワイナリー名は地域を見守る塔があったことに由来し、その塔は今でも残っています。

### Château Rollan de By Médoc
シャトー・ローラン・ド・ビィ・メドック

産地：ボルドー／
品種：メルロ、カベルネ・ソーヴィニヨン、プティ・ヴェルド、カベルネ・フラン／赤
造り手のジャン・グヨン氏は「素晴らしいワインを造り、世界に北メドックの魅力を見せる」信念のもと、優れたワインを造ります。ボルドーのワインはワインだけを飲むことはありません。料理に合わせるものです。この赤は力強くエレガントで、濃い料理にも対応。豊満なこく、落ち着いた渋み、円熟味とすべてを備えているので万人に好まれ、コストパフォーマンスにも優れた1本です。

## Salmis de faisan à la royale

**材料** 6人分

雉 faisans ― 3羽（計3kg）
ローリエ laurier ― 3枚
タイム thym ― 5〜6枝
塩 sel ― 30g
黒コショウ poivre noir du moulin ― 適量
ヒマワリ油 huile de tournesol ― 200g
※またはオリーヴ油
フォアグラ foie gras ― 1人分30〜50g
【フォアグラ用】塩 sel ― 適量
【フォアグラ用】白コショウ poivre blanc du moulin ― 適量

ソース・サルミ sauce salmis：
玉ねぎ oignons ― 950g
ヒマワリ油 huile de tournesol ― 70g
にんにく（みじん切り）ail haché ― 50g

赤ワイン*1 vin rouge ― 1ℓ
タイム thym ― 5〜6枝
ローリエ laurier ― 3枚
粗挽き黒コショウ poivre noir moulu ― 5g
フォン・ド・ヴォ fond de veau ― 650g
シャンピニョン・ド・パリ・ブロン
　champignons de Paris blonds ― 320g
雉の内臓 abats ― 3羽分
雉の皮とガラ peau et carcasse de faisan ― 3羽分
塩 sel ― 5g
コーンスターチ fécule de maïs ― 20g
ブランデー〈コニャック〉eau de vie ― 20g
バター beurre doux ― 50g
黒コショウ poivre noir du moulin ― 適量

## Château Villerambert Julien
[シャトー・ヴィルランベール・ジュリアン]

＊1＝〈Château Villerambert Julien-Minvervois 〉。ミネルヴォワ地方の赤ワイン。

**1** {parer}雉は毛をむしり、手羽先、頭を首の根元で切る (p.55の2〜4)。

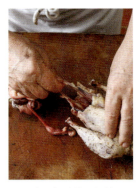

**2** {vider}首の切り口から指を入れ、筋を引っ張って切り、内臓を取り出す (p.55の5〜6)。内臓＝アバ[abats]はレバー、腎臓、砂肝を使用する。ガラと皮も使用する。首のつけ根にあるフルシェットを取り除く (p.55の9)。

**3** {flamber}雉に鉄串を刺し、直火で焼き、表面に残っている細かい毛を焼いて取り除く。

**4** 塩 (1羽2g)、黒コショウをし、胴の中にローリエ、タイムを入れる。

**5** {brider}ブリデ針にたこ糸を通し、手足を縫って縛り、形を整える (p.243)。

**6** 塩 (1羽8g) をすり込み、黒コショウをふる。

**7** 天板にのせ、ヒマワリ油をかける。250℃のオーヴンで15〜20分焼く。
▲ 中はロゼ＝セニャン (英：レア) に仕上げる。

**8** ソースを作る。玉ねぎは1cm角に切る。鍋にヒマワリ油、玉ねぎを入れ、木べらで混ぜながら炒める。茶色に色づいたら、にんにくを加える。
▲ 黒くなると苦味が出るので、炒めすぎないように注意する。

**9** 1〜2分炒めたら、赤ワイン、タイム、ローリエ、粗挽き黒コショウを加え、半量になるまで煮詰める。フォン・ド・ヴォを加える。

**10** 雉の様子を見る。持ち上げて、透明なジュースが出てくれば火が通っている。

Centre-Val de Loire

**11** シャンピニオンは軸を切り、傘は薄切りにする。ソースが半量まで煮詰まったら、鍋にシャンピニオンの軸を加え、煮込む。

**14** 鍋に雉の内臓、皮、ガラ、塩を加え、25〜30分煮る。

**17** {lier} コーンスターチとブランデーを混ぜて溶かす。鍋に加え、泡立て器でよく混ぜ、とろみをつける。

**20** フォアグラは1cm幅に切り、塩、白コショウをふる。

**12** 雉はもものつけ根の関節に包丁を入れ、ももを切り離す。胸を上にして置き、胸骨に沿って包丁を入れ、胸肉を切り離す。

**15** {passer} シノワで漉す。レードルなどで押し、旨味をしっかり出す。

**18** {monter, cuire à la nappe} バターを加え、泡立て器でよく混ぜる。黒コショウを加えて混ぜる。
🔥 スプーンなどですくって、とろみがあり、スプーンにまとわりつくのが良い状態。

**21** フライパンを熱々に熱し、フォアグラを入れ、両面を焼く。

**13** 皮をはぎ、ガラはぶつ切りにする。写真下は皮をはいだもも肉と胸肉。
🔥 レストランで供するならもも肉の骨を取るが、家庭では骨つきで手に持って食べるのが美味。

**16** ソースを鍋に入れ、煮る。シャンピニオンの傘を加えて3〜5分煮、取り出す。
🔥 シャンピニオンは歯応えが残るように火を通す。

**19** 鍋に雉のもも肉、胸肉を入れ、温める。
🔥 雉は温まればいいので、バットに並べた雉にソースをかけてもよい。

**22** 雉をそぎ切りにし、皿に盛る。ソースをかけ、フォアグラを飾る。

*Centre-Val de Loire*

フランスの
食風景

*Scène de la cuisine française*

# フザンダージュ

[faisandage]

フランスでは昔、ジビエの肉を熟成させてから調理していました。熟成を意味するフザンダージュは雉 [faisan] から派生した言葉で、屠鳥してすぐは硬い雉を、しばらく寝かせていたことに由来します。

例えば雉をどのように熟成させるかというと、狩りで仕留めたものを内臓を取らずに寝かせます。昔は冷蔵庫がありませんでしたので、地下の涼しいカーヴやワインセラーなどで、内臓を残し、羽根もついたまま首から吊るして、1週間ほどおきます。場合によっては2週間ほど、腐敗寸前までおくこともあります。自然と首が取れてしまうくらいまで寝かせるのが最適で、羽根を毟ってみるとおなかのあたりは真っ青になっていて、体の中の内臓は強烈な匂いを放っている。それくらいの状態がいいのです。その雉の血を入れたソース・サルミは最高に美味しい！ 店の中はものすごい匂いに包まれますが、あの妙味はたまりません。

昔のchasseur [狩人] たちは、ジビエはフザンダージュしなければ、「香りが物足りない」と食べませんでしたし、現在でもジビエに目が無い人や、年配の人たちはフザンダージュしたジビエを好んで食べています。

フザンダージュすることでジビエの肉は柔らかく、風味も良くなります。それに羽根も力を入れず簡単に毟ることができます。フザンダージュという言葉は、雉だけでなく野兎や猪など、ジビエ全般を熟成させる作業に使います。ジビエ以外の牛などを熟成させる場合は、maturation または mortification といいます。mort は死を意味し、mortification は死んだ状態のこと。熟成肉のことを viande maturée とも呼びますが、一般的には maturation が広く使われます。ちなみにチーズの熟成は maturation です。

私が覚えているのは地下室の一場面です。狩り好きの叔父に私は狩猟のいろはを習い、よく一緒に狩りに出掛けていました。叔父の家の地下室にはいつも5〜6羽のフザンダージュしている兎がありました。いくら涼しい場所とはいっても腐敗寸前の状態。兎の匂いに釣られて虫が入ってきます。それを防ぐために地下室には細かい網を張っていたのですが、その様子は私にとって狩りやジビエと等しい意味になっています。狩りの道中やジビエを調理する際、ふと叔父の家の地下室の光景を思い出します。

*Centre-Val de Loire* | **289**

カルカソンヌを巡る

*Carcassonne et ses alentours*

# ジビエ狩り

[chasse]

### 伝統文化

狩猟はフランスの伝統の一つです。中世、ルネサンス期は王侯貴族のスポーツで、玄人はだしの王らは詳細な狩猟書を次々に書きました。彼らは馬を駆って大型獣を追い込み、銃で仕留めます。ロワール地方は狩猟の宝庫ですが、城が多いことでも有名なのは、狩猟のための別荘として城を建てたためです。他にはソローニュ地方も狩猟の盛んな土地として知られています。

時代は流れ、狩猟は万人に開放されます。少し裕福な人々がたしなむ趣味へと変わり、19世紀半ば以降は国庫に税を払って狩猟の許可証を手に入れるようになりました。

### 狩猟免許

私が狩猟を始めたのは16歳。フランスでは Le permis de chasse [ル・ペルミ・ド・シャス] という狩猟免許を取得できる年齢です。試験は筆記と実技が2段階。筆記はジビエについて、特徴や生息地などの知識を問われます。実技では空弾を使い、的に見

立てた陶器の皿を撃ちます。7枚のうち赤い皿が2枚あって、赤い皿を撃ってはいけません。また冷静な判断ができるかどうか、精神面も評価の対象に含まれます。

### 解禁は9月の第2日曜日

狩猟のシーズンは9〜2月の終わりまで。ほとんどのジビエはアルザス地方を除いて、9月の第2日曜日から狩りをすることが許されます。ウズラは8月からなど、ジビエによって異なる解禁日があります。

　免許を取得し、解禁になっても自由に狩りができるわけではありません。狩猟をするための狩猟許可証、La carte de chasse［ラ・カルト・ド・シャス］という「場所代」を購入する必要があります。地域や広さによって料金は違いますが、私有地の場合は所有者に、国有地の場合は市町村に場所代を払います。

### グロ・ジビエとプティ・ジビエ

狩猟には大きく分けて二つの種類があります。鹿や猪など大型野獣を狩るグロ・ジビエ［gros gibier］と、小型野獣を狩るプティ・ジビエ［petit gibier］。プティ・ジビエは野兎や雉、ヤマシギなどの野禽、羽や毛のついた小さな動物を指します。

　グロ・ジビエの狩りはグループを組みます。平均で7〜8人。ジビエを追い詰める人と撃つ人に役割分担し、撃つ人はジビエが現れるのを銃を手に待ち構えます。遠くから狙いますから、銃はレンズつきのライフルです。プティ・ジビエの場合は少人数のグループ構成です。50〜60mの距離から、使うのは散弾銃。弾は小さく飛び散るので、致命傷を負わせられないこともあります。それぞれに狩る場所や方法、銃、弾なども異なりますから、狩りをする時は何を狙うのか目的を定めます。

### 犬は狩猟の要

この日目指したのはモンターニュ・ノワール［Montagne

Centre-Val de Loire | 293

294 | *Centre-Val de Loire*

Noire]。フランス南西部の山脈で最高点は1,210m、中央山塊の南西端に位置します。夜明け前に家を出て、空が白々としてきた頃、目的地に到着。シャスール［狩人］の宿で朝の腹ごしらえをしたら獲物が待つ場所へと向かいます。相棒はパッション家の番犬ビリーとシャスールの愛犬。臭覚や聴覚の優れた犬は獲物を探し、追い詰めます。早速藪の中に獲物の気配が。シェン・ダレの尻尾が動くのが合図です。シェン・ダレとは鳥を追い詰める犬のことで、隠れた鳥を追い詰めたり、目を合わせて動きを止めたりします。

緊張も興奮も最高潮です。いよいよ観念した雉が藪から飛び立ったところを、私の一撃が命中！　と同時に犬は走り出し、仕留めました雉をくわえて戻ってきます。昼までの狩りで、収穫は雄雉1羽と雌雉2羽。まずまずの出来栄えです。

### 狩猟小話

ブドウ畑の中でジビエを見つけることがあります。なぜなら鳥はブドウを食べるから。収穫後に残ったブドウもついばみます。絶好の獲物が目の前にいるというのに、ブドウ畑には10月の終わりまで入れません。鳥も見晴らしのいいところより安全だと考えるのでしょうか。ブドウの樹に隠れています。ですからブドウ畑にも狩猟の解禁日があり、違反すると罰金を課せられます。

鳩を狩る時は、山の中の木の上に家を作ります。この家はパロンビエル［palombière］といって、秘密基地のようなもの。パロンビエルは夏のうちに作っておいて、狩猟の季節になったらおとりの鳩を1〜2羽くくりつけます。冬になるとスペインなどの暖かい国を目指して飛んでいく鳩を、このパロンビエルから狙います。おとりにおびき寄せられたところを撃つわけです。

### 私にとっての狩り

狩猟は獲物を仕留めることだけが楽しみではありません。朝早く起きて、山で朝食を摂り、1杯の赤ワインを飲む。興奮している犬たちを愛で、獲物を探して働いている様子に胸が温かくなる。そういった一連の儀式のようなものが狩りの楽しみです。たとえ収穫がゼロだったとしても、犬たちが一生懸命に働いてくれたのなら、それは素敵な1日です。

私のコレクション
グロ・ジビエとプティ・ジビエ用に何挺か所有している銃は並べて収納。16歳で初めて手にした銃は今も大切にしていて、まだ弾も出ます。手彫りの細工が美しい銃は自分へのご褒美に購入したもの。

Centre-Val de Loire | 295

## ブルゴーニュ＝フランシュ＝コンテ地方
# Bourgogne-Franche-Comté

## 地理・気候

かつてのブルゴーニュ地方とフランシュ＝コンテ地方が統合し、フランス中東部に位置する。北にグラン・テスト地方、西にサントル＝ヴァル・ド・ロワール地方、南にオーヴェルニュ＝ローヌ＝アルプ地方に囲まれ、東はスイスと国境を接している。

　ソーヌ川流域平野が南北にのび、上流は丘陵地で形成され、川や湖沼の豊かさから「水の国」と呼ばれる。ジュラ山脈とヴォージュ山脈を中心に森林と牧草地が広がる。

中心都市：ディジョン

## 特徴

- ブルゴーニュという名前はゲルマン系のブルグント族に由来する
- 上質のワインが特産物
- ブルゴーニュ風と名前がつく料理には赤ワインが用いられる
- ニヴェルネ風とつくと、にんじんとプティ・オニオンをつけ合わせることが多い
- スイスから伝わった技術で作られるチーズも特産

## 食材

◎肉：シャロレーズ種の牛、シャロレ地方の若鶏、ホロホロ鳥や七面鳥などの家禽

◎豚肉加工品：リュクスイユ＝レ＝バンのハム、モルトのソーセージ、モンベリヤールのソーセージ、ブレジ

◎魚介：エスカルゴ、淡水魚、ソーヌ川の魚、かえる

◎野菜：野生きのこ、灰色トリュフ

◎チーズ・乳製品：エポワス、マコネ、コンテ、モン・ドール、モルビエ、ブルー・ド・ジェクス・オー・ジュラ、カンコワイヨット

◎その他：ディジョンのパン・デピス、ディジョン名産クレーム・ド・カシス、ブルゴーニュマスタード、蜂蜜

## 代表的な料理

◎前菜
ブルゴーニュ風エスカルゴのタルト [tarte aux escargots de Bourgogne]、ウフ・アン・ムーレット [œufs en meurette]、モリーユのクルート盛り [croûte aux morilles]、グジェール [gougère]

◎ポタージュ
サクランボのスープ [soupe aux cerises]、ブルゴーニュ風ポテ [potée bourguignonne]、フランシュ＝コンテ風ポテ [potée comtoise]

◎チーズ料理
フォンデュ・コントワーズ [fondue comtoise]

◎魚介料理
ザリガニのシャブリ風 [écrevisses au Chablis]、ポシューズ [pôchouse]、サンドル（川魚）のオゼイユ風味 [sandre à l'oseille]

◎肉料理
アモーニュのソピケ [saupiquet des Amognes]、若鶏のウズル風 [poulet à la vésulienne]、雄鶏の赤ワイン煮 [coq au vin]、兎のディジョン風 [lapin à la dijonnaise]

◎菓子
リゴドン [rigodon]、フラミュス、またはフラムース [flamusse, flamousse]、ノネット [nonette]

*Bourgogne-Franche-Comté*

Bourgogne-Franche-Comté

# *Clafoutis à l'époisses et griottines*

[エポワスとグリオッティーヌのクラフティ]

エポワスはブリア＝サヴァランが「チーズの王様」と称したウォッシュタイプのチーズです。ウォッシュは皮を酒や塩水で洗って熟成させますが、酒は地方特産のものを利用します。エポワスに使うのはブルゴーニュのマール。洗うことで皮に菌が繁殖して熟成が進み、強烈な香りを放ち、旨味が凝縮していきます。強い芳香はオレンジ色がかって少しシワの寄った表皮だけで、中身は柔らかくミルクのやさしい甘さと濃厚なこくが合わさった味わいです。

　通常はタルトにすることが多いのですが、今回は私の好みでクラフティに仕立てました。中がタルトよりも柔らかいところが魅力で、グリオッティーヌの甘味とエポワスの塩味がよくマッチしています。

　ところでタルトとクラフティの違いはというと、タルトのアパレイユには牛乳や生クリームなどの液体が入りません。対してキッシュやクラフティには卵や牛乳、生クリームが入ります。中に液体を入れて焼き上げるので、柔らかく仕上がるわけです。また、中にフルーツが入るとクラフティ、ベーコンなど塩気のあるものが入るとキッシュと呼びます。キッシュはデザートではありませんが、クラフティはデザート。このエポワスのクラフティは温かい前菜です。クラフティと名づけましたが、キッシュと呼んでもいいでしょう。

Domaine
Bouchard Père et Fils
Meursault

ドメーヌ・ブシャール・ペール・エ・フィス・ムルソー

産地：ブルゴーニュ／品種：シャルドネ／白
チーズには白ワイン。これはワインを選ぶ際の鉄則です。エポワスをタルト仕立てにして、グリオットなどの甘味も加えていますが、エポワスの香りはしっかり残っています。エポワスのように香りの強いチーズには、個性が立っていて濃いめのワインが合います。ムルソーのバターのような脂みとこくは、エポワスの強さを包み込む役割をします。また、エポワスのクラフティは前菜として楽しみますが、ムルソーはボリューム感があるので、次の皿まで続けて味わえるのも利点です。

# Clafoutis à l'époisses et griottines

**材料** 直径21×高さ4.5cmのセルクル1台分

パート・ブリゼ（p.302）pâte brisée — 約520g

ドリュール dorure — 適量
※全卵と卵黄を1：1で混ぜ合わせる

ガルニチュール garniture：
エポワス époisses — 1個（250g）
玉ねぎ oignon — 1個
ベーコン poitrine fumée — 120g
バター beurre doux — 20g
キルシュ漬けグリオッティーヌ griottines — 65g

キルシュ漬けグリオッティーヌのシロップ sirop de griottines — 適量
※半量になるまで煮詰める

アパレイユ appareil：
全卵 œufs — 4個
生クリーム crème — 200g
塩 sel — 少量
白コショウ poivre blanc du moulin — 適量
ナツメグ noix de muscade — 少量

ガルニチュール garniture：
葉野菜のサラダ salade mesclun — 適量
※好みの葉野菜をソース・ヴィネグレット（p.64）であえる

**1** 型にパート・ブリゼを敷き込む（p.302）。オーヴンペーパーを型の直径より4〜5cm大きな円形に切り、型の側面になる部分に切り込みを入れる。天板に型をのせ、オーヴンペーパーを敷く。タルトストーンを型の高さいっぱいまで入れ、180℃のオーヴンで約40分焼く。

**2** エポワスは1.5cm角に切る。玉ねぎ、ベーコンは1cm角に切る。

**3** ガルニチュールを作る。鍋にバターを熱し、玉ねぎを炒める。透き通ってきたらベーコンを加え、1〜2分炒める。

**4** グリオッティーヌを加えて炒め合わせ、バットなどに移して冷ます。

**5** アパレイユを作る。ボウルに卵を入れ、泡立て器でほぐす。

**6** 生クリームを加え、泡立てないようによく混ぜる。
❢ 混ぜすぎると生クリームが重くなるので注意。

**7** 塩、白コショウを加え、ナツメグをすりおろして加える。

**8** 空焼きした生地にドリュールを刷毛で塗る。
❢ ドリュールを塗っておくと卵の膜が生地の穴などをカバーし、また生地が湿気にくい。

**9** 4のガルニチュールを詰め、エポワスをのせる。

**10** アパレイユを流し入れる。180℃のオーヴンで25分焼く。

**11** {glacer} キルシュ漬けグリオッティーヌのシロップを煮詰め、焼き立てのクラフティに刷毛で塗る。供する際は切り分けて皿に盛り、キルシュ漬けグリオッティーヌのシロップを煮詰めたもの、葉野菜のサラダを添える。

Bourgogne-Franche-Comté | 301

# パート・ブリゼ
[pâte brisée]

**材料** 直径21×高さ4.5cmのセルクル1台分

※でき上がり約520g

強力粉 farine de blé type 65 — 125g
薄力粉 farine de blé type 45 — 125g
塩 sel — 4g
バター beurre doux — 125g
卵黄 jaunes d'œuf — 3個
水 eau — 80g

**1** ボウルに強力粉、薄力粉、塩を入れ、混ぜる。バターを少し柔らかくして加え、手ですり合わせて混ぜる。

**2** だいたい混ざったら卵黄を加え、手でもんで混ぜる。

**3** 水を加え、さらに手でもんで混ぜる。

**4** ひと塊になり、生地が均一に混ざったら、ラップをし、冷蔵庫で1時間休ませる。

**5** 台に打ち粉をし、生地を置く。麺棒を転がし、2mm厚さに、型よりひとまわり大きくのばす。

**6** {foncer} 麺棒で生地を巻き取り、型にゆとりをもたせるかぶせる。

**7** 角に生地を密着させ、隙間ができないように敷き込む。残った生地は軽く外側に倒す。

**8** 型の上に麺棒を転がし、余分な生地を切る。冷蔵庫で1時間休ませる。

*Bœuf bourguignon*

# Bœuf bourguignon
### ［ブッフ・ブルギニョン］

Bourgogne-Franche-Comté

ブッフ・ブルギニョンはブルゴーニュ地方のスペシャリテの食材を二つ使います。シャロレーズ種のシャロルの牛に代表される牛肉と、世界的にも質の高さを誇る赤ワイン。ブルゴーニュ地方の赤ワインは料理においても重要な役割を果たしています。フランス料理のスペシャリテのなかでも最も有名な煮込みの一つで、現在とくにビストロではよく提供されています。とはいうものの昔は牛肉も赤ワインも高級品でしたから、ブッフ・ブルギニョンは特別な日の料理でした。

　カスレと同じように、煮込んだらいったん冷まして、温め直して食べるのが美味しいです。煮込めば煮込むほど美味しく、ワインを使う煮込みは寝かせたほうが旨味が増します。日本のカレーやおでんに通じるものがありませんか？

　ブッフ・ブルギニョンを美味しくする極意は、たくさんの量を作ることです。ボリュームが多いほうが食材の味が出ます。適量は8〜12人分ほど。フランスの家族は子供たちとお父さん、お母さん、祖父母と少なくても6人で、日曜ともなればさらに増えます。それくらいの人数が集まって食事をしていたので、多めの量を作ることは理に適っていたのです。

　日曜は時間をかけて家族で食事を楽しむ日。オクシタニーではカスレ、ブルゴーニュではブッフ・ブルギニョン、プロヴァンスはブイヤベース、ノルマンディーならトリップが日曜の食卓を飾ります。お母さんは早起きをして料理を始めますが、寝かせたほうが美味しい煮込みは前もって作っておけるので、余裕をもって食事の支度ができる。煮込みはお母さんにもやさしい料理です。

### Maison Ogier
### Clos de l'Oratoire des Papes
### Châteauneuf-du-Pape
メゾン・オジエ・クロ・ド・ロラトワール・デ・パプ・シャトーヌッフ・デュ・パプ

産地：ローヌ／
品種：サンソー、グルナッシュ、シラー／赤
しっかりした濃い味つけの煮込みに釣り合うのは、スパイシーで深みのあるワイン。定番ならブルゴーニュですが、あえてローヌの赤を選びます。グルナッシュとシラーはローヌを代表するブドウ。「ローマ法王の新しい城」という名のこのワインは、1300年代に法王庁が南仏に移ってから造られている歴史と伝統あるもの。タンニンが上手に表現されていて、個性的でスパイシー。ボリュームと酸味が売りです。

### Château Borie Neuve
### "Camille"
### Minervois
シャトー・ボリー・ヌーヴ "カミーユ" ミネルヴォワ

産地：ラングドック／
品種：シラー、グルナッシュ、カリニャン／赤
もう1本はラングドックの個性派。スパイスとタンニンがしっかりしていて、赤いベリーの果実味があります。ワインが恋しくなるブッフ・ブルギニョンという料理に示し合わせたかのような、ワイルドな煮込みに力負けしない、料理があってこそ生きるワインです。

**材料** 8〜12人分

牛肩甲骨まわり肉 palerons ── 2kg

マリナード marinades crue：
玉ねぎ oignons ── 480g（2個）
にんじん carotte ── 225g（1本）
セロリ céleri ── 50g（1/2本）
にんにく tête d'ail ── 1/2株
赤ワイン*1 vin rouge ── 1本（750mℓ）
サラダ油 huile végétale ── 45mℓ
タイム thym ── 5枝
ローリエ laurier ── 2枚
塩 sel ── 4g
粒黒コショウ poivre noir en grains ── 30粒

ソース・ブルギニョン sauce bourguignone：
【下味用】塩 sel ── 6g
【下味用】黒コショウ poivre noir du moulin ── 6g
赤ワイン*1 vin rouge ── 1ℓ
ヴァントレッシュ ventrèche ── 300g
玉ねぎ oignon ── 240g（1個）
エシャロット échalotes ── 140g（2個）
にんにく（みじん切り）ail haché ── 40g
サラダ油 huile végétale ── 100mℓ
バター beurre doux ── 20g
マール marc ── 50mℓ

薄力粉 farine de blé type 45 ── 50g
フォン・ド・ヴォ fond de veau ── 300g

ガルニチュール garniture：
プティオニオン petits oignons ── 25個
にんじん carottes ── 450g（3本）
シャンピニヨン champignons de Paris ── 267g（20個）
サラダ油 huile végétale ── 20mℓ
バター beurre doux ── 20g

飾り décor：
パセリ（みじん切り）persil haché ── 適量

**1** 数日前。{mariner} 牛肉は1個70gほどの大きめの一口大に切る。マリナードの玉ねぎ、にんじん、セロリは1〜2cm角に切る。鍋に牛肉、マリナードの材料をすべて入れ、冷蔵庫で12時間以上マリネする。

▶ マリネは2〜3日から1週間ほどおいてもよい。風味が良くなる。

**2** 当日。{égoutter} ざるに上げ、汁気をきる。マリナード液もとっておく。

**3** バットに下味用の塩、黒コショウをまんべんなくふる。牛肉は水気を拭き、バットに並べる。上下を返し、下味をつける。

**Pinot noir**
［ピノ・ノワール］

*1 =〈Domaine de la Vougeraie -Pinot Noir- Terres de Famille〉。コート・ド・ボーヌとコート・ド・ニュイの畑から集めたピノ・ノワールを10カ月間樽熟成。

**4** {rissoler} 鍋にサラダ油25mℓを熱し、マリナードの野菜、ハーブ、スパイスを入れ、強火でしっかり炒める。

Bourgogne-Franche-Comté | 305

# Bœuf bourguignon

**5** {mouiller} マリナード液を加えて弱火にし、半量になるまで煮詰める。

**6** {flamber} 別の鍋にソースの赤ワイン1ℓを入れ、強火にかける。火をつけてアルコール分を飛ばし、煮詰める。❧ マリナードとは別の赤ワインを加えるのは、ソースの色づけのため。

**7** ヴァントレッシュは1cm角×2cm長さの棒状に切る。玉ねぎ、エシャロットはみじん切りにする。

**8** 大鍋にサラダ油25mlを熱し、バター、ヴァントレッシュを加え、少し色づくまで炒める。

**9** 玉ねぎ、エシャロットを加え、3〜4分炒める。にんにくを加え、中火で10分ほど炒める。

**10** {passer} 5を半量になるまで煮詰めたら、シノワで漉す。

**11** {rissoler} フライパンにサラダ油50mlを熱し、バター、牛肉を入れ、強火で焼く。裏返し、全面にしっかりした焼き色をつける。

**12** {flamber} 焼き色がついたら、マールを加え、火をつけてアルコール分を飛ばす。

**13** {singer} 牛肉を大鍋に移し、ひと混ぜする。薄力粉をふり、粉気がなくなるまでしっかり焼く。❧ コーンスターチは冷めると食感が良くないので、サンジェには薄力粉を使う。焼きが甘いとソースが白くなるので、しっかりと火を入れる。

**14** {mijoter} 6の煮詰めた赤ワイン、10のマリナード液、フォン・ド・ヴォを加え、沸騰させる。蓋をして、120〜130℃のオーヴンで1時間煮込む。❧ ワインだけでは濃すぎるので、フォンを加えて旨味も加味する。

**15** 1時間煮込んだ状態。

**18** 大鍋に加えて混ぜ、蓋をして30分煮込む。皿に盛り、パセリを散らす。

**16** ガルニチュールを作る。にんじんは1cm幅に切る。シャンピニオンは半分に切る。フライパンにサラダ油を熱し、バター、プティオニオンを入れ、炒める。

**17** 薄く色づいてきたら、にんじん、シャンピニオンを順に加え、その都度よく炒める。

Bourgogne-Franche-Comté | 307

# Rognon de veau à la moutarde

[ロニョン・ド・ヴォ・ア・ラ・ムタールド]

Bourgogne-Franche-Comté

マスタードはフランスでよく使われる調味料で、使用頻度は3番目です。そのまま肉に添えることも多いですし、ソースにも加えます。代表的なマスタードは2種類。種子がそのままあるいは粗く砕いて入っている昔風マスタードと、なめらかなディジョンマスタード。ブルゴーニュには地元産のカラシと白ワインを使って地元で作る「ブルゴーニュ・マスタード」もあり、これはIGPに認定されています。

　ロニョン・ド・ヴォは日本ではほとんど使われない部位で、フランスでも古典の範疇に入りつつあります。以前は星つきのレストランで人気を博す高級料理でした。名門レストランには看板料理があり、ロニョン・ド・ヴォはマキシム・ド・パリのスペシャリテ。それはメートル・ドテルのスペシャリテであることも意味します。なぜなら、ロニョン・ド・ヴォはホールで調理を行う料理で、それを担うのがメートル・ドテル。焼いたロニョンをテーブルに運び、フランベし、切り分け、ソースを作る。この一連をお客さまの目の前で実演し、皿に盛って提供する。もちろんメートル・ドテルはサービスだけでなく、調理の鍛錬も積んでいます。

　お客さまの前で調理するのはもう一つ、極めて大切な意味も含みます。"フランス料理はソースあってのもの"だから。和食は冷たくても美味しい料理が多いですが、冷たいソースのフランス料理は美味しくありません。温めた皿で熱いソースの料理を食べる。それが最上で最高のフランス料理です。

§

ロニョン・ド・ヴォの美味しくて手早くできるルセット、「Rognon de veau grillé à la moutarde」という料理を紹介します。
ロニョンは薄い脂の膜を残し、余分な脂を取る。脂の膜はグリエした時にロニョンを守りながら香ばしい風味を出す。ロニョンは縦半分に切って筋などを取り、平らにして鉄串に刺す。塩、黒コショウをふり、オリーヴ油を表面に塗る。熱したグリルに置き、片面3分ずつ焼く。マスタードを塗り、再び両面を30秒ずつ焼く。5分ほど休ませ、食べやすい大きさに切る。肉色はロゼが美味。ガルニチュールには季節の野菜かキノコを。ロニョン・ド・ヴォは乳飲み子牛がお勧め。

### Domaine Faiveley
### 1er Cru "Clos des Myglands"
### Monopole Mercurey

ドメーヌ・フェヴレ・プルミエ・クリュ
"クロ・デ・ミグラン" モノポール・メルキュレ

産地：ブルゴーニュ／品種：ピノ・ノワール／赤
料理の風味は色でおおよその系統がわかります。それはワインの見立てにも関係があって、色が濃い料理ならワインも濃くなり、薄くソースが少ない料理ならワインもやさしくなります。ロニョンはメイン料理ですから、1本目はブルゴーニュの赤を。生き生きとしながら繊細で上品、素直に料理に溶け込むワインです。

### J. Moreau & Fils
### 1er Cru "Mont du Milieu"
### Chablis

J・モロー・エ・フィス
プルミエ・クリュ "モン・ド・ミリュ" シャブリ

産地：ブルゴーニュ／品種：シャルドネ／白
ソースが白なので、難しくなく、美味しく楽しめるシャブリを合わせます。調理に使ったものと同じ造り手の上のランクのシャブリです。プルミエ・クリュに相応しいこくとボリューム感、全体を引き締める切れ味の良さが特長です。実のところマスタードなど酸味のある料理に合わせるワインは難しいのですが、ミネラルの豊富さとキレのある酸味がうまく調和します。

# Rognon de veau à la moutarde

**材料** 6人分

子牛の腎臓*¹ rognons de veau ― 2個（脂を取って840g）
塩 sel ― 7.5g
白コショウ poivre blanc du moulin ― 適量
エシャロット échalotes ― 2個（40g）
シャンピニョン champignons de Paris ― 12個
マール*² marc ― 50g
白ワイン*³ vin blanc ― 50g
生クリーム crème ― 300g
フォン・ド・ヴォ fond de veau ― 70g
ディジョンマスタード moutarde de Dijon ― 50g
サラダ油 huile végétale ― 65g
バター beurre doux ― 55g

飾り décor：
パセリ（みじん切り）persil haché ― 適量

*1＝羊や豚の腎臓は1対のソラ豆形をしているが、牛の腎臓はいくつかの房に分かれた不定形。加齢すると色が濃くなる。腎臓は子牛のものが一番癖がなく柔らかい。腎臓を覆う脂はケンネ脂といい、ヘットとして揚げ油などに使われる。イギリスではミンスミートに用いられる。

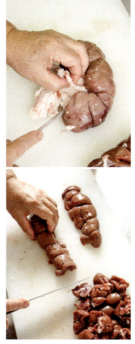

**1** 腎臓は脂、皮を取り、一口大に切る。

▶ この料理の調理法はソテだが、グリエにする場合は、少し脂を残したほうが美味しい。

**2** 塩、白コショウをふる。

## Marc de Bourgogne
［マール・ド・ブルゴーニュ］

*2＝〈Louis Jadot-Marc de Bourgogne "A la Mascotte"〉。ブルゴーニュ地方のブランデー。ピノ・ノワールの搾りかすを圧搾し、蒸留して造る。3年に一度しか生産されないルイ・ジャド社の貴重な逸品。

## Chablis
［シャブリ］

*3＝〈J. Moreau & Fils-Chablis〉。シャブリ・プルミエ・クリュ AC。フルショームは特級畑の丘と続きにある南西向きの斜面に位置し、この畑で造られる白ワインは1級畑のなかでも最も高い評価を得ている。シャブリ唯一の女性ワインメーカー。

**3** エシャロットはみじん切り、シャンピニオンは5mm幅に切る。

**4** 鍋にサラダ油25gを熱し、バター20g、エシャロットを入れ、炒める。

**5** 薄く色づいたら、シャンピニオンを加え、炒める。

**6** しんなりしたら、マール20g、白ワインを加え、煮詰める。

**7** {saisir} フライパンにサラダ油40g、バター5gを強火で熱し、腎臓を焼く。表面にだけ焼き色をつける。

↳ 中はロゼに仕上げるのが美味しいので、強火で表面だけ焼く。

**8** {flamber} 表面が焼けたら、マール20gを加え、火をつけてアルコール分を飛ばす。

**9** ざるで漉す。

↳ ジュースが多すぎると匂いが強く癖が出るので、ジュースはソースに加えない。ロニョンの風味を生かす場合は、ジュースを捨てず、このままソースに使う。

**10** 鍋に生クリーム、フォン・ド・ヴォを順に加え、弱火で4～5分煮る。

**11** マスタードを加え、1～2分煮る。

**12** {monter} バター30gを加え、混ぜる。

↳ バターは沸騰しているところに加え、風味ととろみをつける。

**13** マール10gを加え、味を調える。

↳ ここで加えるマールはフレッシュな風味をつける役割も果たす。

**14** 火を止め、腎臓を加え、余熱で温める。器に盛り、パセリを散らす。

↳ 中はロゼに仕上げているので、火を入れすぎないように。

Bourgogne-Franche-Comté

# Poulet sauté au vin jaune et morilles

[鶏肉のソテ、モリーユ茸と黄ワインのクリーム煮]

Bourgogne-Franche-Comté

モリーユは春の訪れを知らせてくれるキノコで、表面に網状の凸凹があるのが特徴。シャンピニョンなどと違って栽培が難しいので貴重です。フランス全土で採取されますが、よく採れるのはブルゴーニュ地方。ペリゴールやコレールが名産地で、砂っぽい土壌が生育に適しているようです。日本でも富士山の近くで採れますね。フレッシュなモリーユは保存には向きませんから、日持ちをさせたいならドライに。低温のオーヴンで長時間焼けばドライにできます。乾燥すると風味が増すので一石二鳥です。

モリーユには本物とそうでない品種が存在します。本物のモリーユは細長い楕円体をしていますが、もう一方はボールのような球状です。この丸いものをジロミットといい、モリーユに比べて香りが少ないですし、値段も4分の1から3分の1程度です。料理の中にカットしていない丸のままのモリーユが入っていたら、形状で目利きができます。

モリーユはクリーム系のソースとの相性が素晴らしく、ヴァン・ジョーヌともよく合います。香りの良いキノコですが、ドライを使う場合はぬるま湯でもどしたあとマールに浸けて一晩冷蔵庫におくと、さらに風味が高まって料理の味わいを格上げします。

これはモリーユとヴァン・ジョーヌ風味のソースが主役の料理。クリーム系のソースですから、鶏肉以外にも子牛などの白い肉で代用できます。香りを存分に生かすポイントは、モリーユを長い時間、といっても30〜40分ですが、ソースの中で時間をおいて旨味を出すこと。鶏肉もソースの中でじっくり煮込んで、モリーユの香りを纏わせます。

### Domaines Henri Maire Château-Chalon
ドメーヌ・アンリ・メール・シャトー・シャロン

産地：ジュラ／品種：サヴァニャン／黄ワイン
調理に使ったワインと同じ、ジュラのヴァン・ジョーヌを合わせます。ジュラはブルゴーニュの東側からスイス国境へと続くジュラ山脈にある地方で、地域固有のサヴァニャン種を栽培しています。ヴァン・ジョーヌはひねりのある味わいで、これだけを飲むことはほぼありません。料理と合わせて生きるワインで、とりわけ鶏やクリーム、モリーユと合わせることで良さが出ます。シャトー・シャロンはジュラの名門で、このシャトーのヴァン・ジョーヌはこく、深み、個性が際立ちます。

### Domaine Jean-Luc Mouillard "Savagnin" Côtes du Jura
ドメーヌ・ジャン・リュック・ムイヤール "サヴァニャン" コード・デュ・ジュラ

産地：ジュラ／品種：サヴァニャン／黄ワイン
作り手も品質も千差万別のヴァン・ジョーヌのなかで、味も価格も手軽な1本。まろやかな風味がクリーム系の料理によく合います。

Bourgogne-Franche-Comté | 313

# Poulet sauté au vin jaune et morilles

**材料** 6人分

ブレス鶏*¹ poulet de Bresse ― 1羽（1.5kg）
※アビエ済みのものを使用
モリーユ（乾燥）morilles séchées ― 80g
マール marc ― 15㎖
塩 sel ― 3.3g
白コショウ poivre blanc du moulin ― 適量
サラダ油 huile végétale ― 50㎖
バター beurre doux ― 30g
エシャロット（みじん切り）échalote hachée ― 1個（20g）
黄ワイン*² vin jaune ― 200㎖
フォン・ド・ヴォ fond de veau ― 45g
生クリーム crème ― 430g

*1＝400年以上前からブレス地方で飼育してきた、フランスが誇る伝統ある鶏（p.315）。

## Vin jaune
［ヴァン・ジョーヌ］

*2＝〈Château Chalon -Vin Jaune- Réserve Catherine de Rye〉。褐色を帯びた琥珀色で、力強く複雑な味わいと芳醇な香りが特長。シェリーに通じる産膜酵母を利用したジュラ地方の伝統ワイン。

**1** {tremper} 前日。モリーユはぬるま湯に1時間浸けてもどし、砂がなくなるまで2〜3回洗う。水気をきり、マールに浸け、冷蔵庫で一晩寝かせ、風味をつける。

**2** 当日。鶏は胸肉、もも肉を切り離す（p.92）。それぞれ半分に切る。もも肉は骨に沿って切り込みを入れ、少し開く。

**3** 鶏肉の両面に塩、白コショウをふる。

**4** {sauter} ソトワール ［soutoir］＝平鍋にサラダ油、バターを熱し、鶏肉を皮を下にして焼く。
▲ クリームのソースなので濃い焼き色をつけない。

**5** 薄く焼き色がついたら裏返す。

Bourgogne-Franche-Comté

**6** 1分ほど経ったら、エシャロット、汁気をきったモリーユ、モリーユの浸け汁全量を加える。

▲ モリーユの汁気をきって加えるのは、浸け汁の風味と旨味を鶏肉に吸わせるため。

**9** 鶏肉を取り出し、ソースを半量になるまで煮詰める。器に鶏肉を盛り、ソースをかける。

**7** 黄ワインを鶏肉の高さの約半分まで加え、2〜3分煮る。

**8** フォン・ド・ヴォを加え、2〜3分煮る。生クリームを鶏肉が隠れるまで加え、20分ほど煮込む。

---

> フランスの
> 食風景
>
> *Scène de la cuisine française*

# ブレス鶏

[poulet de Bresse]

ブレス鶏はフランスが誇る家禽です。400年以上前からブレス地方で飼育してきた伝統ある鶏で、品種は白色ブレス・ゴロワーズ［Bresse Gauloise blanche］。1957年から、ブレス鶏［volaille de Bresse］またはブレス若鶏［poulet de Bresse］、ブレス飼育鶏［poularde de Bresse］、ブレス去勢鶏［chapon de Bresse］の三つがAOCに認定されています。ブレス鶏が認められている地域は、ブルゴーニュ、フランシュ＝コンテ、ローヌ＝アルプにまたがっています。

飼育条件は若鶏の場合、ひなを1平方メートルにつき24羽以下の密度で最長35日間飼います。1鶏舎の限度は4200羽。その後、1羽あたり10平方メートル以上の草地で、草、ミミズ、昆虫などを餌に9週間以上放し飼いにします。鶏舎での飼料はトウモロコシや小麦など。最後はエピネット［épinette］という薄暗く静かな部屋のケージで、最低10日間肥育します。飼育期間は合わせて110日以上。エフィレ［effilé］といって、羽根をむしって腸を取り除いた状態で出荷されます。

Bourgogne-Franche-Comté | 315

## 地理・気候

フランス最西端に位置する、突き出た半島。北は英仏海峡、南は大西洋に面している。5世紀末頃、ケルト系のブルトン　人が海を渡って移り住んだ地方で、独特の文化を築き上げてきた。沿岸部は、ケルト語起源で「海の国」の意味をもつアルモール［Armor］、内陸部は「森の国」の意味をもつアルコアト［Arcoat］と呼ばれ、それぞれ異なる特徴がある。

年間を通して温暖な気候である温帯に属するが、変わりやすい海洋性気候を併せもつ。夏季の気温は30℃を超えるが、フランス南部に比べればはるかに涼しく過ごしやすい。

**中心都市：レンヌ**

## 特徴

- 入り組んだ海岸線には良港が多く、漁業が盛ん
- 鯖、スズキ、イワシ、牡蠣、帆立貝、ムール貝、オマールなど魚介の水揚げ量はフランス国内の1/3を占める
- 海の影響による温暖な気候を利用した野菜の栽培も盛んで、「黄金地帯」の異名をもつ
- 内陸部には養豚農家や加工場が集まり、豚肉生産量はフランス国内の5割を超える
- 土地の痩せたブルターニュではソバくらいしか育たず、長い間ソバが主食だった
- シードルを産し、ブルターニュの食卓には欠かせない。南部ではワインも造る
- 乳製品が豊富

## 食材

◎肉：プレ＝サレの子羊、ジャンゼの家禽

◎豚肉加工品：ゲメネのアンドゥイユ 、田舎風パテ、ブーダン

◎魚介：ブロンの牡蠣やムール貝、帆立貝、各種魚、蟹、伊勢海老、オマール

◎野菜：ロスコフの玉ねぎ、パンポルのココ豆、アーティチョーク、カリフラワー、レオンのエシャロット、ロリアンのキャベツ、ジャガイモ

◎果物：リンゴ

◎チーズ・乳製品：有塩バター

## 代表的な郷土料理

◎前菜
ソバ粉のガレット [galette de sarrasin]、
蟹身入りアーティチョークのファルシ [artichaut farci au crabe]
◎ポタージュ
ゴダイユ [godaille]、ブルターニュ風ポテ [potée bretonne]
◎魚介料理
コトリヤード [cotriade]、
鯖のカンペール風 [maquereaux à la mode de Quimper]、
鯖のポシェ、ミュスカデ風味 [maquereau au Muscadet]、
トゥルト蟹のマヨネーズ添え [tourteau mayonnaise]
◎肉料理
プレ＝サレの子羊のもも肉、ブルターニュ風
[gigot d'agneau de pré-salé à la bretonne]、
キッカーファー [Kig-Ha-Farz]
◎菓子
ファー・ブルトン [far breton]、
クイニー・アマン [kouign amann]、
ガトー・ブルトン [gâteau breton]、
キャラメル・オ・ブール・サレ [caramels au beurre salé]

# Artichauts vinaigrette
[アーティチョークのポシェ、赤ワインヴィネグレット添え]

アーティチョークは丸のままゆでて、ヴィネグレットでいただくのが一般的です。手で葉（萼片）を1枚ずつはがして、つけ根の肉厚な部分を歯でこそげるようにして食べるので、家庭料理かビストロ料理になります。指を使って食べるので、レストランには向きません。

　丸い蕾のアーティチョークの葉をはがしていって、しかも食べる部分はほんの少し。残ってゴミとなった葉はどんどん嵩張っていきます。フランスの有名なコメディアンは「食べる前より、食べたあとに量が増える食べ物は何？　それはアーティチョーク！」という十八番のアーティチョークねたをもっているほど。テレビの前の私たちは日常を切り取った洒落に笑ってしまいます。

　アーティチョークにはいくつかの品種がありますが、代表的で流通も多いのは2種類。緑色のキャミッシュ・ド・ブルターニュ［camus de Bretagne］は大きく、実がついていて葉や食べる部分も多く、今回のポシェで使った品種です。もう一つはヴィオレ・ド・プロヴァンス［violet de Provence］。小さめで細長く、紫色をしています。こちらは生でも食べられる品種で、薄くスライスしてサラダに入れたり、オイルでマリネにしたりして楽しみます。

　調理をする時、アーティチョークの茎をナイフで切ってはいけません。茎の中の繊維は蕾まで伸びていて、ナイフで切ると花托に繊維が残ってしまいます。手で折ることで、蕾の中の繊維も茎にくっついて抜けます。ポシェはフランス全土で親しまれているアーティチョークの食べ方ですが、プロヴァンスにはバリグールという地方料理があります。温製でも冷製でも楽しめる一皿なのですが、詳しい作り方はまた今度お教えしましょう。

Domaine Yohan Lardy
"Les Michelons"
Moulin-à-Vent
ドメーヌ・ヨアン・ラルディ
"レ・ミシュロン"
ムーラン・ナ・ヴァン

産地：ボジョレ／品種：ガメイ／赤
率直に言って、ソース・ヴィネグレットをたっぷりと添えた酸味のある料理にベストマッチなワインはありません。あえて選ぶのならばシンプルなワインがいいでしょう。アーティチョークのポシェがローカルな料理ですから、例えばカジュアルなボジョレの赤。オールラウンダーなボジョレは無難です。とは言え無理があるのは否めないので、むしろビールがいいかもしれません。ラガービールやお好みのクラフトビールなど、気取らずに楽しめるものをお勧めします。

# Artichauts vinaigrette

**材料** 4人分

アーティチョーク artichauts — 4個
粗塩 gros sel — 適量
ソース・ヴィネグレット (p.64)　sauce vinaigrette — 適量

**1** 鍋にたっぷりの水、粗塩を入れ、火にかける。

▲ 野菜はしょっぱめにゆでるのが美味しい。

**3** 1時間ほどゆでると、萼片が抵抗なくはがれる。

▲ アーティチョークは柔らかくゆでたほうが美味しい。

**5** 蕾を絞り、水気をきる。

**7** 中の繊毛を取る。スプーンなどで根元を切るようにしながら、むしり取る。

▲ 繊毛はゆでても食べられない。あらかじめ取っておくのは食べる人への配慮。

**2** アーティチョークは茎を取る。沸騰したらアーティチョークを入れる。最初は強火、再度沸騰したら火を弱め、1時間ゆでる。

▲ 茎は包丁で切らず、手で折る。繊維が茎から蕾まで伸びていて、包丁を使うと繊維が残ってしまう。

**4** 流水で冷ます。

**6** 萼片を開き、一番内側にある中央の萼片（写真では紫色の部分）をいったんまとめて取る。

▲ 中心部分は塊で取れる。

**8** 中央の萼片を蕾に戻し、皿に盛る。ソース・ヴィネグレットを添える。

| フランスの
食風景 |
|---|

*Scène de la cuisine française*

# アーティチョーク
[artichaut]

アーティチョークは、カトリーヌ・ド・メディシスがフランス国王に嫁いだ際にイタリアから持ってきた野菜です。地中海産の野菜は、フランスの食材の幅を広げました。ブルターニュ地方が名産ですが、地中海沿岸でも栽培が盛んなのはこの背景があるからではないでしょうか。

　アーティチョークは花房や蕾を食用にする花菜で、アザミに似た大きな花を咲かせますが、開花前の蕾を食べます。品種にもよりますが、蕾は直径10cmほど、高さは1mにもなります。少し細長い中型の紫色がかった品種をヴィオレ・ド・プロヴァンス [violet de Provence]、この品種の若いものをポワヴラード [poivrade] と呼んで、生で食べられます。

食べ方

1

2

3

**1** 中央の萼片を取り、中の花托（芯）にソース・ヴィネグレットをかける。

**2** 蕾に残った萼片を1枚ずつはがし、根元をソース・ヴィネグレットにつけて食べる。可食部は、つけ根の肉厚で柔らかい部分のみ。
🍴 手で持って、歯でしごくようにして食べる。

**3** 萼片を食べ終えたら、花托をナイフとフォークで食べる。
🍴 花托はアーティチョークのクライマックス。タケノコのようなほくほくした食感と、栗やソラ豆を思わせる風味が美味しい。

*Bretagne*

# Mouclade au muscadet
## ［ムクラード、ミュスカデ風味］

ムクラードの料理名は、ブルターニュでムール貝をムックル［moucle］と呼んでいたことに由来します。フランスの北部から西部にかけての大西洋沿岸では多くのムール貝料理がありますが、ブルターニュのスペシャリテがこのムクラード。

　ムクラードにはブショ・ムールを使います。ブショとはムール貝の養殖法で、アイルランド人のパトリック・ウォルトンによって伝えられたもの。フランスには伝統的な養殖の方法がいくつかあるのですが、ブショはブルターニュやヌーヴェル＝アキテーヌで行われている形式。ブショ式は4mほどの高さの杭を、この杭自体の名前もブショというのですが、海底に打ちつけます。その範囲は、潮が満ち引きする場所に、100〜200mにわたって。4〜5月に自然に杭についたムール貝のベビーを6〜7月まで見守り育て、8月頃にいったん外して網に入れます。網に入れたまま再び杭に巻きつけて育てます。牡蠣は人の手を介さない限り、一度くっついた場所に一生留まりますが、ムール貝は動くことができるそう。網に入れるのは、そういう理由からかもしれません。翌春、1年かけて大きくなったムール貝はいよいよ市場に出回ります。波をかぶったり日に晒されたりしながら育ったムール貝は、オレンジ色がかった濃い黄色で、小さいけれど身はたっぷり。濃厚でジューシーな味わいの最高級品になります。ムクラードのように火を通しても食べますし、生でも食べられます。

　ムクラードはスパイスの歴史とも関係のある料理です。かつて漁港ラ・ロシェルにはアフリカからの船が停泊していました。そのアフリカの香辛料を土地の料理に加えるようになって定着したのがカレー風味のムクラード。ハーブをふんだんに料理に用いるフランスにおいて、ムクラードはカレーパウダー、つまりスパイスを利用した最初の料理という説もあります。

Domaine du Haut-Planty
"Les Yonnières"
Muscat Sèvre et Maine sur Lie
ドメーヌ・デュ・オー・プランティ
"レ・ヨンニエール"
ミュスカデ・セーヴル・エ・メーヌ・シュール・リ

産地：ロワール／品種：ミュスカデ／白
造り手のオー・プランティはブルターニュの影響を受けている人で、ロワールのミュスカデでありながら一線を画し、繊細さと緊張感を備えた個性的なミュスカデを醸しています。エチケットにもブルターニュの旗が描かれるなど、理念の強さが窺えます。

　ミュスカデは貝類など海の幸に100％合う白ワインです。ムールの出汁や自然の塩気に心地よく溶け込むのはミュスカデならでは。みずみずしさやふんわりとした花の香り、ミネラル感といった特性が作用して、海の香りをしっかりと残します。

# Mouclade au muscadet

**材料** 6人分

- ブショ・ムール貝*¹ moules de bouchot ― 2ℓ
- A │ 白コショウ poivre blanc du moulin ― 適量
  │ エシャロット（みじん切り）échalotes hachées ― 50g
  │ 白ワイン〈ミュスカデ〉vin blanc ― 100mℓ
  │ ブイヨン bouillon ― 50mℓ
  ※または水

ソース sauce：
- ポワロー poireaux ― 100g
- エシャロット（みじん切り）échalotes hachées ― 50g
- バター beurre doux ― 30g
- 卵黄 jaunes d'œuf ― 3個
- ディジョンマスタード moutarde de Dijon ― 5g
- カレーパウダー curry en poudre ― 3g
- 生クリーム crème ― 400mℓ
- ムール貝の蒸し汁 jus de cuisson des moule ― 約150mℓ

*1＝ブショ式で養殖したムール貝。フランスでは真空の箱入りで売られており、単位は1ℓ。1箱（1ℓ）に入っているムール貝の数は25個前後。

**1** 鍋にムール貝、Aを入れる。蓋をして強火にかけ、5〜6分蒸し煮にする。鍋はSTAUB社の貝専用のものを使用しているが、一般的な鍋で問題ない。

▲ 鍋に網がついているのは、貝と蒸し汁を分けるため。フランスならではの調理器具。

**2** ときどき上下を返しながら、口が開くまで火を入れる。

▲ ムール貝は火を入れすぎるとかたくなるので、まんべんなく火を通して同時に口が開くように手助けする。

**3** 蒸し汁を鍋に移す。蒸し汁はジュ・ド・キュイッソン・ド・ムール [jus de cuisson des moule] という。

▲ 鍋底にはムール貝の砂が溜まるので、移す蒸し汁に入らないようにする。使用するのは150mℓほど。

**4** ムール貝は上殻を外す。

**5** ソースを作る。ポワローは粗みじんに切る。

**6** {suer} 鍋にバターを熱し、ポワロー、エシャロットを炒める。

**7** しんなりしたら、蒸し汁150mlを漉し入れる。

**8** ボウルに卵黄を入れ、泡立て器で溶きほぐす。マスタード、カレーパウダーを順に加え、混ぜる。

**9** 生クリームを加え、泡だてないように混ぜる。7の蒸し汁を少しずつ加えながら混ぜる。

**10** 鍋に移して弱火にかけ、木べらで混ぜながらとろみをつける。

**11** {cuire à la nappe} 木べらにソースをつけて持ち上げ、指で線を引いた時、筋状の跡が残るくらいがとろみの目安。これをナッペ状という。

**12** 皿にムール貝を並べ、ソースをかける。

ソースをかけてからサラマンドルでさっと焼いても美味しい。

---

## フランスの食風景

*Scène de la cuisine française*

# マスタード

[moutarde]

マスタードはフランスでよく使われる調味料で、刺激的な風味は数千年の昔から愛されてきました。セイヨウカラシナや黒ガラシの種子を潰して、酢や酒で溶き、塩などで調味します。中世には酢の代わりにブドウの汁ムー[moût]が使われていたことが名前の由来です。また中世の頃までは、ステーキを食べながら口の中にマスタードの種子を入れて噛んでいたそうです。

産地ではディジョンが有名。ペースト状のマスタードをこの名で呼びますが、産地を限定する名称ではなく全国で作られています。種子をそのまま、あるいは粗く挽いた"昔風の"粒入りマスタードもよく使われます。他には、ブルゴーニュのカラシと白ワインで作られ、辛味が強い「ブルゴーニュマスタード」、白ガラシの種子で作る、穏やかな辛味で薄い黄色の「アルザスマスタード」などもあります。

Bretagne

# Coquilles Saint-Jacques à la bretonne

[ブルターニュ風帆立貝のグラティネ]

帆立貝はかつて愛のシンボルでした。フランス語では帆立貝をCoquilles Saint-Jacques（聖ヤコブの貝）といいますが、聖ヤコブの名を冠するように、悪霊や病気から身を守ってくれる象徴でもありました。なぜ帆立貝をこう呼ぶのかというと、サン・ティアゴ・デ・コンポステーラへ向かう巡礼者たちが帆立貝をお守りとして腰につけていたという説、巡礼者が巡礼の途中の浜辺で拾った帆立貝を持ち帰り、巡礼の証としたという説などがあります。

　ブルターニュで帆立貝はよく使われる食材です。ソテやムニエル、グリエなどの調理法がありますが、グラティネは昔からのスペシャリテの一つ。殻を縁取るジャガイモや玉ねぎのソースもこの料理の決まりです。コキーユ・サン・ジャックとあれば殻つきのことで、貝柱だけの場合はサン・ジャックといいますから、皿に見立てた殻つきで出てくるのもお約束。装飾的な一皿ですが、ブルターニュではごく日常の家庭料理。お母さんたちは手際よく作って食卓に並べます。

### Taittinger Brut "Millésimé" Champagne
テタンジェ・ブリュット "ミレジメ" シャンパーニュ

産地：シャンパーニュ／
品種：シャルドネ、ピノ・ノワール／スパークリング・ワイン

帆立貝のグラティネはソースやあしらいなど手間をかけた料理なので、1本目は特別感があるヴィンテージのシャンパンを。シャルドネとピノ・ノワールのブレンディングによる深み、高級感のある泡は、魚介を引き立てます。不思議とハッピーな気分にさせてくれるのもシャンパンの魅力。高揚感や甘美な陶酔をもたらして、料理も飲み物もプレステージへと誘います。

### Château de Gaure "Campagne de Gaure" Chardonnay Limoux
シャトー・ド・ゴール・"カンパーニュ・ド・ゴール" シャルドネ・リムー

産地：ラングドック／品種：シャルドネ／白

シャンパン以外にもシャルドネでも楽しめる例として、ボリューム感とフレッシュさが身上のラングドックの1本を。リムーでは深みとこく、いい意味で太陽の熟成感のある白ワインができます。ボリュームがありながらキリッとしているというのは疲れないワインの特徴なのですが、それを具現化できるのは造り手の技術力の賜物です。

# Coquilles Saint-Jacques à la bretonne

**材料** 6人分

帆立貝 coquilles Saint-Jacques ― 6個
塩 sel ― 1g
白コショウ poivre blanc du moulin ― 適量
バター beurre doux ― 50g

アパレイユ appareil：
玉ねぎ oignon ― 250g（1個）
エシャロット échalotes ― 50g（2個）
にんにく gousses d'ail épluchées ― 10g（2かけ）
バター beurre doux ― 110g
白ワイン*1 vin blanc ― 200㎖
塩 sel ― 2g
白コショウ poivre blanc du moulin ― 適量

リエゾン liaison：
　パン粉 chapelure ― 20g
　生クリーム crème ― 165g
　パセリ（みじん切り）persil haché ― 15g

ジャガイモのデュセス*2 pommes de terre duchesse：
ジャガイモ pommes de terre ― 500g（3個）
バター beurre doux ― 70g
卵黄 jaunes d'œuf ― 3個
塩 sel ― 3g
白コショウ poivre blanc du moulin ― 適量

仕上げ finition：
バゲットパン粉 chapelure de baguette ― 30g
※バゲットを乾燥させ、粉砕する
バター beurre doux ― 30g

飾り décor：
パセリ persil ― 適量

*2＝ジャガイモのデュセスはつけ合わせだが、ベニエにしても（衣をつけて揚げても）美味。

### Muscadet
［ミュスカデ］

*1＝〈Guy Saget-Muscadet de Sèvre et Maine sur lie〉。ロワール渓谷地方にある四つのワイン産地のうち最も河口寄りに位置するペイ・ナンテ地区で造られる辛口白ワイン。ブドウ品種のミュスカデは「ムロン・ド・ブルゴーニュ」とも呼ばれ、ブルゴーニュ原産の品種。1709年頃にこの地を襲った寒波の際、修道院を通してブルゴーニュ地方から持ち込まれた。

**1** 帆立貝は殻から外す。殻と帆立貝の間にパレットを差し込み、殻に沿って動かして貝柱を外す。膨らんでいるほうの殻は器にするのでとっておく。

⚡ 殻は平らなほうを先に、膨らんでいるほうを後ではがすとやりやすい。

**2** 貝柱、ヒモ、生殖巣（卵）に分ける。ウロ（黒い部分）とエラは取り除く。

⚡ 生殖巣は性別によって色が異なり、オレンジ色は卵（メス）、白色は白子（オス）。

**3** ヒモは塩（分量外）をふって包丁でしごき、ぬめりを取り、細かく刻む。

**4** アパレイユを作る。玉ねぎ、エシャロット、にんにくはぶつ切りにし、フードプロセッサーに入れて撹拌し、みじん切りにする。

**5** {suer} フライパンにバター60gを入れて火にかけ、4を加える。木べらで混ぜながら、水分を飛ばすように弱火で45分、色づけないように炒める。

🍴 急いで炒めると苦味が出るので、時間をかけてゆっくり炒める。

**6** ジャガイモのデュセスを作る。ジャガイモは皮つきのまま、塩分濃度1％で1時間かけて塩ゆでする。皮をむき、裏ごしする。

**7** バター、卵黄、塩、白コショウを加え、混ぜる。

**8** {coucher} 絞り袋に星口金をつけ、7を入れる。殻は膨らんでいるほうを器にし、縁に絞る。サラマンドルで焼き色がつくまで焼く。

**9** アパレイユの続き。5を弱火で45分炒め、水分が飛んだら、帆立貝のヒモを加え、炒める。

**10** 白ワイン、塩、白コショウを加え、水分を飛ばすように炒める。

**11** ボウルにパン粉、生クリームを入れ、混ぜ合わせる。

🍴 リエゾンするための材料。

**12** 10を4〜5分炒めたら、11、バター50gを加えて混ぜる。

**13** 貝柱は半分に切り、生殖巣とともに塩、白コショウをふる。フライパンにバター50gを熱し、貝柱、生殖巣を焼く。

**14** 薄く色づいたら、12を300g加えて混ぜる。パセリを加え、混ぜる。

**15** {coucher} ジャガイモを絞った殻に入れ、バゲットパン粉を散らし、バターを1個につき5gのせる。サラマンドルで焼き色がつくまで焼く。盛りつけ、パセリを添える。

*Bretagne* | 329

# *Pâté de campagne breton*
## [ブルターニュ風パテ・ド・カンパーニュ]

パテとは本来、香辛料などで味つけした肉のミンチをパート・フイユテ（パイ生地）の中で焼いた料理を指しました。パイ包み焼きと訳されるパテ・アン・クルート [pâté en croûte] はその伝統を残す料理です。テリーヌも中身のファルスは同じですが、テリーヌ型に入れて火を通すのでテリーヌと呼びます。また、パテ・パンテン [pâté pantin] というものもあって、これはフイユテもテリーヌ型も使わず、ファルスを手で整えて焼いたもの。

中身のファルスには鴨や魚もありますが、カンパーニュと名前がつく場合は、中身は豚肉などの肉のミンチと決まっています。パテ・ド・カンパーニュ・ブルトン、すなわちブルターニュ風は豚肉と豚のレバーを使うのがルールで、肉を粗めに挽くのも特徴です。レバーを使うのは、サントル＝ヴァル・ド・ロワール地方も同じ。海の幸が豊富な印象の強いブルターニュですが、内陸部では養豚が盛んです。豚肉生産量はフランス国内の5割を超えるほど。豚肉は4分の3ほどが加工品になるのでアンドゥイユやパテの種類も多く、パテ・ド・カンパーニュのようなスペシャリテが定着します。

パテ・ド・カンパーニュはフランスの家庭教理で、各地方にさまざまな種類、ルセットがありますが、もともとは食材を無駄にしない精神から生まれたもの。昔は家庭で豚を屠殺していましたから、余った肉もすべて混ぜて使っていたのです。

### Domaine de La Citadelle "Le Châtaignier" Côtes du Luberon
ドメーヌ・ド・ラ・シタデル "ル・シャテニェ" コート・デュ・リュベロン

産地：ローヌ／品種：カリニャン、グルナッシュ、ムールヴェードル、シラー／赤
パテにはどんなワインでも合います。好みで選べる自由さが魅力。気軽で庶民的な料理には、赤の2本をお勧めします。リュベロンは、ローヌの太陽の恩恵を受けたブドウのブレンディング。ボリューム、スパイシーさ、赤いフルーツの香りがあって、しっかりとした濃いめの味わいです。パテがあることで引き立つワインで、秋冬向き。どしっとした横綱。

### Famille Hugel Pinot Noir "Jubilee" Alsace
ファミーユ・ヒューゲル・ピノ・ノワール "ジュビリー" アルザス

産地：アルザス／品種：ピノ・ノワール／赤
ファミーユ・ヒューゲルは家族経営の造り手で、アルザスの名門。ピノ・ノワールは赤のなかでもみずみずしく、やさしく、さっぱりしているので、フレッシュなワインを飲みたくなる夏向け。ふくよかなボリューム感や赤いベリーの果実感もあって、パテを主役に格上げします。

## Pâté de campagne breton

**材料**　内寸30×11×高さ8cmのテリーヌ型4台分

豚肩ロース肉 échine de porc ─ 1kg
豚バラ肉 poitrine de porc ─ 1kg
背脂 lard de porc ─ 500g
豚レバー foie de porc ─ 1kg
【レバー用】塩 sel ─ 4g
【レバー用】黒コショウ poivre noir du moulin ─ 適量
【レバー用】ブランデー〈コニャック〉eau de vie ─ 100mℓ
玉ねぎ oignons ─ 400g
エシャロット（みじん切り）échalotes hachées ─ 100g

A｜にんにく（みじん切り）ail haché ─ 70g
　｜全卵 œufs ─ 6個
　｜パセリ（みじん切り）persil haché ─ 30g
　｜生クリーム crème ─ 150mℓ
　｜ブランデー〈コニャック〉eau de vie ─ 50mℓ
　｜カトルエピス quatre-épices ─ 適量
　｜塩 sel ─ 60g（アパレイユの1.5%）
　｜黒コショウ poivre noir du moulin ─ 6g

網脂 crépine de porc ─ 1台約500g
※1日水にさらし、水気をきる

ローリエ laurier ─ 1台4枚
タイム thym ─ 1台6〜7枝
サラダ油 huile végétale ─ 80mℓ

つけ合わせ accompagnement：
トーストしたパン・ド・カンパーニュ（薄切り）
　pains de campagne grillé ─ 適量
コルニッション cornichons ─ 適量
トマトのコンフィ tomate confit ─ 適量
オリーヴ（黒・緑）olives noires et vertes ─ 各適量

ブルターニュ風のパテ・ド・カンパーニュにはレバーが必須。

**1**　{saisir} レバーは大きめの一口大に切り、塩、黒コショウをふる。フライパンにサラダ油30mℓを熱し、レバーの表面を焼く。焼き色がついたらブランデーを加え、火をつけてアルコール分を飛ばす。バットに移し、粗熱をとる。

▲ レバーは焼くことでジューシーになる。ただし焼きすぎるとぱさつくので、表面が焼ければ中は生でよい。

**2**　玉ねぎ、エシャロットはみじん切りにする。フライパンにサラダ油50mℓを熱し、水分を飛ばしながら茶色に色づくまで炒める。

**3**　肩ロース、バラ、背脂は適当な大きさに切る。肉4種類をミンサーでひき肉にする。穴径は8mmで中程度、これをモイエンヌ[moyenne]という。

▲ レバー、肩ロース、バラ、背脂の順でミンサーに入れると、機械の中に肉が残らない。

**4**　2、Aを加え、練り混ぜる。粘りが出て、少し糸を引くようになるまでよく混ぜる。これでアパレイユの完成。

▲ この状態で冷蔵庫で一晩寝かせてもよい。マリネすることで肉が調味料の風味が馴染む。また、少しかたくなるので型に入れやすく、美しい仕上がりになる。

**5** {barder} 型に網脂を敷く。上面にかぶせる分を残し、型全面に敷く。

**6** アパレイユの1/4量を型に詰め、上面を網脂で覆い、端は型の中に入れ込む。

**7** ローリエ、タイムをのせる。

**8** 網脂をかぶせ、型よりひとまわり大きく切り、端を型の中に入れ込む。冷蔵庫で最低2時間休ませ、味を馴染ませる。

🔖 この段階まで前日に作り、冷蔵庫で休ませておいてもよい。

**9** {bain-marie} 深めのバットなどに型を置き、水を注ぎ入れ、直火にかける。

**10** 沸騰したら180℃のオーヴンで1時間湯煎焼きにする。

🔖 直火にかけず、最初からオーヴンで湯煎焼きにしてもよい。その場合はバットに湯を注ぐ。

**11** 金串を中心まで刺し、唇に当てて熱ければ焼き上がり。粗熱をとり、冷蔵庫で一晩休ませる。1週間は保存可能。

**12** 1.5～2cm幅に切って皿に盛り、トーストしたパン・ド・カンパーニュ、コルニッション、トマトのコンフィ、オリーヴを添える。

Bretagne | 333

# Homard bleu à l'armoricaine

## [ブルーオマール海老のソテ、アルモリケーヌ風]

オマールにはユーラシア大陸沿岸のヨーロッパロブスターと、大西洋アメリカ大陸沿岸のアメリカロブスターの2種類があります。ブルターニュで獲れる、青みがかった殻に白い斑紋のあるものをオマール・ブルーと呼び、このオマールが最上とされます。アメリカロブスターは赤褐色から焦げ茶色で、ややずんぐりした体つき。

また、ソースにも二つの名前があります。ソース・アメリケーヌ［sauce américaine］とソース・アルモリケーヌ［sauce armoricaine］。実はこの二つのソース、まったく同じものなのです。名前の由来には諸説ありますが、ソース・アルモリケーヌはコート・ダルモール［Côtes-d'Armor］からきているのでは？というのが私の見解です。コート・ダルモールはブルターニュ北部に位置する沿岸地域。そこで獲れるオマールを料理に用いたのが背景にあるのではないでしょうか。と仮定すると、ソース・アメリケーヌはアメリカ産のオマールを使ったことになります。

ソース・アルモリケーヌを作るうえで重要な点は、生きているオマールを使うこと。美味しいソースを作る絶対条件です。

### Pierre Gaillard Condrieu
ピエール・ガイヤール・コンドリュー

産地：ローヌ／品種：ヴィオニエ／白
香りも味もしっかりしたこの料理のワインは二択。双方主役とするかか主従関係に徹するか。まずは主役級から、ローヌの白を。ピエール・ガイヤール氏はローヌ新世代ドメーヌのパイオニア。ボリューム、香り、僅かな甘味があって、なおかつ上品で華やかな白は、濃厚なソースにフィットします。

### Domaine Paul Blanck Riesling
ドメーヌ・ポール・ブランク・リースリング

産地：アルザス／品種：リースリング／白
もう1本はミネラル感のある白を。リースリングはいつも口の中をフレッシュにしてくれて、そのミネラル感とオマールのボリューム感が合います。「酸味があるワインは魚介と相性がいい」のは定法。強いていうなら1本目のコンドリューは複雑で、リースリングはシンプル。リースリングは魚介の他に豚肉にも合います。

# Homard bleu à l'armoricaine

**材料** 6人分

オマール homards — 2尾（1尾500g）
サラダ油 huile végétale — 50g
ブランデー〈コニャックV.S.O.P〉eau de vie — 50㎖

ソース sauce：
エシャロット（みじん切り）échalotes hachées — 50g
にんにく（みじん切り）ail hachée — 10g
バター beurre doux — 50g
トマト tomates — 220g
※皮をむいて種を取り、2cm角に切る
トマトペースト concentré de tomates — 20g
マデイラ madère — 150㎖
白ワイン〈ミュスカデ〉vin blanc — 150㎖
塩 sel — 2g
白コショウ poivre blanc du moulin — 適量
カイエンヌペッパー poivre de cayenne — 少量
フュメ・ド・ポワソン fumet de poisson — 170g
エストラゴンの酢漬け*1 estragon au vinaigre — 10g
ブールマニエ beurre manié — 25g
※バターと薄力粉を1：1で混ぜ合わせる
トマト tomate — 100g
※皮をむいて種を取り、2cm角に切る
カイエンヌペッパー poivre de cayenne — 少量

リエゾン liaison：
《ブール・ド・オマール beurre de homard》
オマールのコライユ corail de homard — 58g（2尾分）
バター beurre doux — 70g
※ポマード状にする
塩 sel — 1g
白コショウ poivre blanc du moulin — 適量
ブランデー eau de vie — 10g

飾り décor：
パセリ（みじん切り）persil haché — 適量
エストラゴン（みじん切り）estragon haché — 適量

**1** オマールは頭に縦に包丁を入れ、活け締めにする。

**2** 頭と胴を持ち、ねじって二つに分ける。胸脚もねじって外す。ジュースはとっておく。

**3** はさみのつけ根を切り、はさみの中ほどを包丁の背で叩き、割れ目を入れる。

**4** 胴は関節で切り、筒切りにする。

**5** 頭を縦に切り、砂袋を取り除く。コライユはスプーンでかき出し、ジュースと合わせてとっておく。

**6** フライパンにサラダ油を強火で熱し、オマールを焼く。

\*1＝エストラゴンの葉を枝ごとヴィネガーに漬けたもの。エストラゴンはアニスに似た甘さとセロリのような芳香がある。このヴィネガーをソースなどに使っても味が引き立つ。

336　｜ Bretagne

**7** {flamber} 裏返しながら焼き、色づいてきたらブランデーを加え、火をつけてアルコール分を飛ばす。

**10** マデイラ、白ワインを加え、5分煮詰める。

**13** ブール・ド・オマールを作る。ボウルにコライユを入れ、ポマード状のバターを加えて混ぜる。塩、白コショウ、ブランデーを加え、混ぜる。

**16** ソースに13のブール・ド・オマールを加え、泡立て器でよく混ぜる。

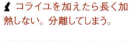

コライユを加えたら長く加熱しない。分離してしまう。

**8** ソースを作る。フライパンにバターを熱し、エシャロット、にんにくを炒める。

**11** 底の広い浅鍋にオマールを入れ、10を加える。

**14** 器にオマールを取り出す。

**17** {lier} ブールマニエを加えてよく混ぜ、3〜4分煮て、粉に火を入れ、とろみをつける。

**9** トマト220g、トマトペーストを順に加え、炒め合わせる。

**12** 塩、白コショウ、カイエンヌペッパー、フュメ・ド・ポワソン、エストラゴンの酢漬けを加えて蓋をし、弱火で10分ほど煮る。

**15** {passer} ソースをシノワで漉す。レードルで押しつけ、旨味をしっかり出し、鍋に入れる。

**18** トマト100g、カイエンヌペッパーを加えて混ぜ、ソースの完成。

**19** 器に盛ったオマールにソースをかけ、パセリ、エストラゴンを散らす。

*Bretagne* | 337

ノルマンディー地方

# Normandie

## 地理・気候

フランス北西部の地方。英仏海峡に臨み、北東はセーヌ川下流周辺から南西はサンマロ湾を含む。中部・東部の土壌は肥沃で、西部コタンタン半島は痩せている。コタンタン半島の沿岸部では湿地帯、荒野、断崖など変化に富んだ地形が続く。海岸には漁港や海水浴場も多い。内陸部は牧草地やリンゴの果樹園、農地が広がる。

　緯度は高いが、海岸性気候の影響から温暖湿潤。

**中心都市：ルーアン**

## 特徴

- ムール貝や牡蠣など貝類の養殖が盛ん
- 沿岸部では魚介類が豊富に獲れる
- 魚介をスープにする時は、濃厚で酸味の強い、名産の生クリームを使うことが多い
- 内陸部はフランスきっての酪農地帯で牧畜が盛ん
- 沿岸部と内陸部では、料理の特徴も食材も異なる
- ノルマンディー風と名前がつく料理には、バター、生クリーム、リンゴ、シードル、
  カルヴァドスを単独で、あるいは組み合わせて使う
- 気候の影響でブドウが育たず、リンゴや洋梨が栽培されている
- シードル、カルヴァドスをはじめ、シードル用リンゴ果汁とカルヴァドスをブレンドして
  熟成させたポモー・ド・ノルマンディー、洋梨のポワレ・ドンフロンが名産

## 食材

◎肉：ノルマンド種の牛、プレ＝サレの子羊、
ルーアン種の鴨

◎豚肉加工品：ヴィールのアンドュイェット

◎魚介：モン＝サン＝ミシェル湾の養殖ムール貝、
コンタンの牡蠣、鰊、鱈、舌平目、小型オマール、
帆立貝、小海老

◎野菜：クレアンスのポワロー、根セロリ、
キャベツ、かぶ

◎果物：リンゴ、洋梨

◎チーズ・乳製品：カマンベール、ポン＝レヴェック、
ヌシャテル、リヴァロ、
イジニー産のバターや生クリーム

## 代表的な郷土料理

◎前菜
メール・プラールのオムレツ [omelette de la mère Poulard]、
ジャガイモとハムのサラダ、クリームソース [salade cauchoise]

◎魚介料理
ノルマンディー風エスカロップ [escalope de veau à la normande]、
ディエップ風マルミット [marmite dieppoise]、
小オマール海老のポシェ [demoiselles de Cherbourg à la nage]

◎肉料理
若鶏のオージュ渓谷風 [pouler vallée d'Auge]、
鶏肉のソテ、シードル風味 [poulet au cidre]、
兎のマスタード風味 [lapin à la moutarde]

◎菓子
ルアン風ミルリトン [mirlitons de Rouen]、
ポム・ランヴェルセ [pommes renversées]、
リンゴのブルドロ [bourrelet aux pommes]、
洋梨のドゥイヨン [douillon aux poirea]、
タルト・オ・ポム・ノルマンド [tarte aux pommes normande]

# *Boudin noir aux pommes et calvados*

## [ブーダン・ノワール、リンゴとカルヴァドスの香り]

ブーダンは豚の屠殺のあと、最初に作る料理です。一番デリケートな部位で、冷蔵庫のない時代には保存が難しかったからです。昔はどんな家庭でも豚を飼っていました。アミアンの大聖堂所蔵の円形画には、12月に行われる豚の屠殺の様子が描かれています。平民が子豚を両膝で挟んで喉を切って殺しています。かたわらには頭を下にして吊り下げられた子豚。子豚の下に置かれた鍋に滴り落ちる血……。

豚の屠殺をする日は親戚や近所の人々の応援を借りて、早朝から作業が進められます。屠殺の方法は大聖堂の絵画と大差ありません。大鍋に湯を沸かして、屠殺した豚を湯通しします。豚の血を抜いたら血が固まらないようにすぐに鍋に入れてかき混ぜ、これでブーダンを作ります。夕方にはブーダンをゆでるためのクールブイヨンを煮立てます。ペリゴールのあたりでは、ブーグラ［bougras］と呼ぶブーダンのゆで汁を農場の家畜や家禽にふるまいます。動物たちは敬意を払い、多くの子供を生むようになる、という謂れです。

ブーダンは地方によって栗やリンゴ入りも。我が故郷カルカソンヌでは豚足を血と混ぜます。温製も冷製もおつな味。ノルマンディーでは名産のリンゴのソースで温かくいただきます。

リンゴはフランスで最も消費されている果物です。どの家庭にもリンゴが盛られた果物かごがあって、デザートやおやつのたびに登場します。生食用に栽培されている品種は約30種類。マルシェには赤や黄色、黄緑色のリンゴが常時数種類並んでいます。生産量が多いのはアメリカ種のゴールデン・デリシャス。伝統的なヨーロッパ種は、味は良いのですが傷みやすいものが多いのが難点です。とは言え、ノルマンディー特産のカルヴィル種は最高種と評され、9〜10月に成熟するレーヌ・デ・レネット種、冬の終わりに成熟するレネット・ド・マン種、最も丈夫なベル・ド・ボスコープ種なども健闘しています。

### Domaine Alain Voge "Les Vieilles Vignes" Cornas

ドメーヌ・アラン・ヴォージュ "レ・ヴィエイユ・ヴィーニュ" コルナス

産地：ローヌ／品種：シラー／赤
甘酸っぱいカルヴァドスの香り。ソースはふんわり甘味があって、血のソーセージは個性があります。この料理のワイン選びのキーワードはコントラスト。1本目は血の肉のソーセージに合わせてのマリアージュ。ローヌのなかでも独特の香りと味があるコルナスの赤は、スパイシーで深み、ボリューム感があって、ブーダンの血の味をやさしく包みます。ブーダンにはコルナス。

### Domaine Paul Blanck Grand Cru "Fürstentum" Vieilles Vignes Gewurztraminer

ドメーヌ・ポール・ブランク・グラン・クリュ "ファーステンタム" ヴィエイユ・ヴィーニュ・ゲヴュルツトラミネール

産地：アルザス／
品種：ゲヴュルツトラミネール／甘口
次はソースを考えてのマリアージュ。ふんわり甘いソースには甘いワインも合います。2本目はアルザスの甘口を。ゲヴュルツトラミネールはナチュラルな甘味があって、疲れないワイン。蜜の甘味、酸味のバランスのとれた味わいは、カルヴァドスのリンゴの甘さにマッチします。このワインはフォアグラやロックフォール、デザートにも合います。

# Boudin noir aux pommes et calvados

**材料** 5人分

ブーダン・ノワール boudin noir ― 570g
サラダ油 huile végétale ― 20g
カルヴァドス calvados ― 40㎖

リンゴのグラッセ pommes glacées :
リンゴ pommes ― 480g（4個）
減塩バター beurre demi-sel ― 50g
グラニュー糖 sucre granulé ― 50g
カルヴァドス calvados ― 40㎖
クレーム・ドゥーブル crème double ― 80g
白コショウ poivre blanc du moulin ― 適量
レモン果汁 jus de citron ― 1/2個分

ブーダン・ノワールは小分けされず、長い状態で売られている。使用したリンゴの品種はレーヌ・デ・レネット [Reine des Reinettes]。小ぶりで酸味が強く、果肉は締まっている。加熱しても柔らかくならず、食感が残る。

**1** リンゴのグラッセを作る。リンゴは皮をむき、8等分のくし形に切り、種と芯を取る。

**2** フライパンにバター、グラニュー糖を入れ、火にかける。

🕯 リンゴを重ねず並べられるよう、フライパンは大きめのサイズを選ぶ。

**3** {glacer} リンゴを重ならないように並べ、水分を出しながら焼く。

**4** 色づいたら裏返し、両面を焼く。

**5** {flamber} 両面焼いたら、カルヴァドス40㎖を加え、火をつけてアルコール分を飛ばす。

**6** クレーム・ドゥーブル、白コショウを加え、さらに色づき、とろみがつくまで煮詰める。

**7** レモンを絞り入れる。
🍴 フランスの家庭では果肉にフォークを刺してねじるように絞る。

**8** リンゴを焼きながら、並行してブーダンの用意をする。5等分に切り、縦に切り込みを入れ、皮をむく。

**9** フライパンにサラダ油を熱し、ブーダンを焼く。

**10** 裏返しながら、両面をしっかり焼く。

**11** {flamber} 両面しっかり焼けたら、カルヴァドス40㎖を加え、火をつけてアルコール分を飛ばす。皿にブーダンを並べ、リンゴのグラッセを飾る。

---

### フランスの食風景

*Scène de la cuisine française*

# 栗のブーダン・ノワール
### [boudin noir aux oignons et marrons]

**材料**　ブーダン約8kg分

アパレイユ appareil：

豚背肉のひき肉 bardière de porc hachée grille 8mm ― 2kg

豚喉肉のひき肉 gorge de porc hachée grille 8mm ― 1kg
※ひき肉はミンサー直径8mmを使用

玉ねぎ（みじん切り） oignons hachés ― 2kg

サラダ油 huile végétale ― 100㎖

栗のグラッセ (p.264。小さめの角切り)
　marrons glacés en cubes ― 1kg

A｜塩 sel ― 80g
　｜黒コショウ poivre noir du moulin ― 40g
　｜ピマン・デスペレット piment d'Espelette ― 3g
　｜カトルエピス quatre-épices ― 5g

フレッシュな豚の血 sang de porc frais ― 3ℓ

豚の小腸 boyaux de porc ― 1.2kg

**1** 鍋にサラダ油、玉ねぎを入れ、70℃で1時間炒める。
**2** 別の鍋に豚背肉、豚喉肉を入れ、同様に70℃で1時間炒める。
**3** 豚肉はざるに上げて脂をきる。玉ねぎの鍋に栗のグラッセとともに加えて混ぜ、火を止めて冷ます。
**4** 50℃ほどに下がったら、A、豚の血を加え、よく混ぜる。温度が高いと血が固まるので注意。
**5** 腸の片端をひもで縛り、漏斗でアパレイユを流し込む。アパレイユは液状なので流れないようにし、もう片端もひもで縛る。
**6** 鍋に湯を沸かし、85℃でブーダンを入れ、35分ほどゆでる。湯温が高いと破れるので85℃を保つ。水気をきり、粗熱をとり、冷蔵庫で保存する。1週間は保存可能。

 *Conseil*

ブーダン作りで一番重要なのはフレッシュな血を使うこと。アパレイユは腸に入れすぎないこと。多すぎるとゆでる際に破裂することがあります。また、取り出す際はトングなどは避け、木製のへらなどを使用します。

　栗入りのブーダン・ノワールはオーヴェルニュ＝ローヌ＝アルプの名産です。ノルマンディーは栗なしが主流。地方によって、生クリーム、リンゴ、ナッツ、豚の頭の肉やハーブを加えます。ヌーヴェル＝アキテーヌならアジャンのプラムなど。土地の果物を加えることが多いのは血と果物の甘味の相性がいいからです。

*Normandie* | 343

# Filets de sole à la Normande

[ノルマンディー風舌平目のポシェ]

舌平目の sole の語源はラテン語のサンダルが語源です。履物のサンダル。平らな形状からの着想でしょう。舌平目の生息地は砂のある浅瀬。ぺたんこな体を活かして砂の中に隠れ、目だけを出しています。

　テュルボティエール [turbotière] という鍋の存在が表しているように、舌平目はフランスでは珍重されてきました。テュルボティエールは菱形の鍋で、舌平目やカレイなど大型の平たい魚を切り分けずにそのまま調理する際に使用します。

　舌平目はデリケートな魚ですから、フレッシュさが重要。鮮度が良いものは少し光沢があって、えらの中が濃い赤色をしています。皮は尻尾側からむきますが、簡単にむけるものは鮮度が落ちています。新鮮なものは皮がむきにくいので、うまくやらないと身もはがれてしまいます。

　ノルマンディーはバターや生クリームなどの乳製品を使うのが特徴。魚はブイヨンの中でポシェして風味をつけることが多いです。大きな声では言えませんが、個人的にはグリエかムニエルが好きです。一尾丸々ムニエルにして、レモンを絞っていただくのが美味しいと思います。ムニエルは粉をはたいたらサラダ油で焼きます。バターは最初から加えると黒く焦げてしまいますから途中で投入。ブール・ノワゼットのソースを作る時は、魚を焼いたバターを使ってはいけません。必ずフライパンをきれいにして、初めからソースを作ります。

### Domaine William Fèvre Grand Cru "Les Clos" Chablis

ドメーヌ・ウイリアム・フェーヴル
グラン・クリュ "レ・クロ" シャブリ

産地：ブルゴーニュ／品種：シャルドネ／白
海が近い地方の魚料理にはシャブリ系が合います。ワインは料理と同じ土地のものを合わせるのが定石ですが、ノルマンディーのようにほとんどワインを造っていない地域の場合は、料理の性質を捉えてマリアージュします。お勧めはグラン・クリュ。ウイリアム・フェーヴル氏はシャブリのスペシャリストで、限られた造り手しか持ってない畑を所有しています。フェーヴル氏のシャブリはシャブリの概念を覆す、インパクトのある美味しさ。みずみずしい果実味とフレッシュでキレの良い酸味は、ソースたっぷりの魚料理と合わせることで、双方の個性が一層輝きます。

# Filets de sole à la Normande

**材料** 4人分

ムール貝 moules ― 600g

A　エシャロット（みじん切り）échalote haché
　　　― 1/2個（10g）
　　白ワイン vin blanc ― 50㎖
　　白コショウ poivre blanc du moulin ― 適量
　　バター beurre doux ― 30g

舌平目 soles ― 2尾（1kg）
※えら、内臓、裏身のうろこ、表身の皮を取ったものを使用

塩 sel ― 4g

白コショウ poivre blanc du moulin ― 適量

バター beurre doux ― 40g

エシャロット（みじん切り）échalote haché
　― 1個（20g）

白ワイン vin blanc ― 50㎖

フュメ・ド・ポワソン fumet de poisson ― 200g

むき海老 crevettes décortiquées ― 200g

シャンピニオン champignons de Paris ― 8個

クレーム・エペス crème épaisse ― 200g

レモン果汁 jus de citron ― 1/2個分

ディル（葉を摘む）aneth ― 適量

レストランの調理器具。左は舌平目やカレイ用、
右はサーモン用の鍋。

**1** ムール貝はAを入れて蒸し煮にし、貝と蒸し汁に分ける（p.324の1〜3）。殻から身を取る。正味約200g。

**2** {lever les filets} 舌平目を5枚おろしにする。表身側を上に置き、中央の太い骨に沿って切り込みを入れる。

**3** 切り込みから外側に向かい、中骨に包丁を沿わせて切り進め、表身の片側をおろす。

**4** もう片側も同様におろす。

**5** 裏身も同様に上身2枚におろす。

**6** 2尾分の5枚おろしのでき上がり。2尾で正味500g。

**7** 塩、白コショウをふる。身を外側にして二つ〜三つ折りにし、形を揃える。

**8** フライパンにバター20gを塗り広げ、エシャロットを全体に散らす。舌平目を放射状に並べる。

**9** 白ワイン、ムール貝の蒸し汁、フュメ・ド・ポワソンを加える。
🔖 液体は舌平目の高さの1/2〜2/3になるのが最適。

**10** オーヴンペーパーで落し蓋を作り、バター20gを塗る。

**11** バターを塗った面を下にして舌平目にのせ、弱火で、2〜3分煮る。身はまだピンクがかっている。舌平目を取り出し、ゆで汁はシノワで漉し、鍋に入れる。

**12** ゆで汁の入った鍋を強火にかけ、半量くらいになるまで煮詰める。

**13** 海老は殻、背わたを取る。シャンピニオンは薄切りにする。

**14** ゆで汁が半量になってとろみがついてきたら、クレーム・エペスを加える。

**15** 海老、シャンピニオンを加え、2〜3分煮る。

**16** ムール貝の身を加え、混ぜる。

**17** {monter} バターを加えて混ぜ、とろみをつける。

**18** レモン果汁を加えて混ぜ、ソースのでき上がり。皿に舌平目を並べ、ソースをかけ、ディルを散らす。

Normandie | 347

# *Côte de veau au calvados*

[子牛肉のソテ、カルヴァドス風味]

　子牛には二つの種類があります。ス・ラ・メイル［veau sous la mère］とフェルミエ［veau fermier］。ス・ラ・メイルは4〜5カ月で体重は150kgほど。母乳のみで育ち、まだ草を食べていない子牛です。母乳も1日2〜3回と与える時間が決まっています。フェルミエは6〜10カ月の子牛で、母乳または乳母の乳で育ち、ときには穀物も与えます。ノルマンディーはフランスきっての酪農地帯。ノルマンド種など、乳牛、肉牛ともに飼育が盛んで、良質の牛乳から作る乳製品もまた優良です。

　ノルマンディーは気候や土壌の関係でブドウが育たずワインの生産はありませんが、リンゴから三つの伝統的で特徴あるお酒が造られています。リンゴの果汁を発酵して造られる発泡性のある果実酒、シードル［cidre］。シードル3に対してアルコール度数の高いカルヴァドス1を加えて、最低14カ月熟成して造るリキュールタイプのお酒、ポモー・ド・ノルマンディー［pommeau de Normandy］。これはアペリティフやデザートとして楽しまれています。そしてカルヴァドス。シードルを蒸留して造るリンゴ原料のブランデーで、1942年に制定されたアペラシオン・ドリジーヌ・コントローレ（原産地管理呼称）により、その製造・販売は厳しく管理され、リンゴの生産地域や蒸留・熟成に関する規定が定められています。

　料理にデザートにと汎用性の高いカルヴァドスですが、食前酒として飲む場合はブランデーグラスに少量を注ぎ、輝きや風味とともに口に広がる余韻を楽しみます。同じくペイ・ドージュ地区で作られるチーズのリヴァロやポン・レヴェック、チョコレートと一緒に。またエスプレッソとカルヴァドス（カフェ＆カルヴァ）を並べて交互にちびちび飲むのもフランス人お勧めの楽しみ方。葉巻との組み合わせも素晴らしく、なかでもハバナ産の葉巻との相性は抜群です。

### Maison Joseph Drouhin 1$^{er}$ Cru "Folatières" Puligny-Montrachet

メゾン・ジョゼフ・ドルーアン
プルミエ・クリュ "フォラティエール"
ピュリニー＝モンラッシェ

産地：ブルゴーニュ／品種：シャルドネ／白
子牛はやさしい肉。そして上品な料理なので、ワインは繊細でこくがあってエレガントなものが合います。まずはジョゼフ・ドルーアン氏の白。モンラッシュ・グラン・クリュ・マルキ・ド・ラギッシュなど稀有な畑を持っていて、素晴らしい白ワインを造るドメーヌです。ボリュームがあるのに繊細な香りと味わい、こく。バランスのとれた上品なこのワインは、子牛のソテーをリードして楽しませてくれます。

### Domaine Charles Thomas Chambolle Musigny

ドメーヌ・シャルル・トマ・
シャンボール・ミュズィニー

産地：ブルゴーニュ／
品種：ピノ・ノワール／赤
赤は譲れないという人なら、シャルル・トマ氏の赤。ソフトなタッチで、赤ワインでも重さを感じさせず、エレガントで丸みがあります。ピノ・ノワールは他の品種よりエレガントさや果実感があるので、白い肉にも合います。南フランスやボルドーに比べると繊細なので、白ではなく赤が飲みたい人に最適。

# Côte de veau au calvados

**材料** 1〜2人分

子牛の骨つきあばら肉 côtes de veau — 450g
【下味用】塩 sel — 3g
【下味用】白コショウ poivre blanc du moulin — 適量
サラダ油 huile végétale — 25㎖
カルヴァドス*1 calvados — 120㎖
フォン・ド・ヴォ fond de veau — 40g
クレーム・エペス crème épaisse — 120g
塩 sel — 1g
白コショウ poivre blanc du moulin — 適量
バター beurre doux — 60g

ガルニチュール garniture：
《リンゴのカラメリゼ pomme caramelisée》
リンゴ pomme — 1個
バター beurre doux — 20g
グラニュー糖 sucre granulé — 10g
カルヴァドス calvados — 適量

## Calvados
[カルヴァドス]

クリスティアン・ドルーアンの蒸留所 [destillerie] でカルヴァドス用のリンゴを収穫した様子。いずれも小ぶりだが、淡い緑から赤いものまで風味の異なるリンゴを混ぜる。

*1＝〈Christian Drouin-Le Calvados "Sélection" / Le Calvados Pays d'Auge "Hors d'âge"〉。ノルマンディー地方を代表するリンゴのブランデー。シードルを蒸留して造る。カルヴァドスAOCには製造エリアにより三つのサブ・アペラシオンがある。1：カルヴァドス・ペイ・ドージュAOC（原料にペリー種の梨を30％まで使用可能、単式蒸留器で2回蒸留、2年以上オーク樽で熟成）。2：カルヴァドス・ドンフロンテAOC（原料にペリー種の梨を30％以上使用、連続式蒸留機で1回蒸留、3年以上オーク樽で熟成）。3：ジェネリックなカルヴァドスAOC（蒸留は単式でも連続式でも可、2年以上オーク樽で熟成）。なかでもリンゴの優良産地であるペイ・ドージュ地区で生産されるカルヴァドス・ペイ・ドージュは、繊細で上品な酒質をもち、リンゴの芳醇な香りとこくのあるまろやかな味わい、そして口の中に残る長い余韻があり、多くの人々を魅了する。

1 肉に塩、白コショウをふる。

2 {saisir} ソトワール[sautoir]＝平鍋にバター30gを熱し、肉を焼く。最初は強火、肉が締まったら弱火にし、4分焼く。

3 {arroser} 美味しそうな焼き色がついたら裏返す。出てきた油脂をかけながら、4分ほど焼く。

4 リンゴのカラメリゼを作る。リンゴは皮をむき、種と芯をくり抜き、薄切りにする。皮と芯はとっておく。

5 耐熱皿にバターを塗り、リンゴを並べ、上にもバターをのせる。グラニュー糖をふり、カルヴァドスをかける。サラマンドルで5分、こんがり焼き色がつくまで焼く。

6 {arroser, reposer} アロゼしながら5分ほど焼くと、濃い焼き色がつき、ふっくらする。耐熱皿に移し、180℃のオーヴンで4分ほど焼く。ソースを作る間、温かい場所に置く。

7 ソースを作る。鍋をきれいにし、リンゴの皮と芯、バター10gを入れて火にかけ、炒める。

8 {flamber} 少ししんなりしたら、カルヴァドス100mlを加え、火をつけてアルコール分を飛ばす。弱火にし、2～3分煮詰める。

9 フォン・ド・ヴォ、クレーム・エペスを加え、2～3分煮る。

10 塩、白コショウを加え、2～3分煮、シノワで漉す。

11 鍋にソースを入れる。肉を肉汁ごと加え、からめて取り出す。

12 {monter} バター20gを加えて混ぜ、とろみをつける。カルヴァドス20mlを加えて混ぜ、ソースのでき上がり。

13 皿に肉をのせ、ソースをかけ、リンゴを飾る。

Normandie | 351

# Tripes à la mode de Caen

[トリップ・ア・ラ・モード・ド・カン]

トリップはノルマンディーを代表する料理です。フランスには四大料理と呼ばれるものがあって、フランス人にフランス料理のスペシャリテを尋ねると、カスレ、ブイヤベース、シュークルート、トリップの四つを答えます。しかし近年では二番手にクスクスが浮上するなど、ゆゆしき事態が起きています。

大昔、トリップはリンゴのジュースの中で煮込んでいました。酪農が盛んなノルマンディーの食材は肉が多く、リンゴも名産ですから、当を得た結果です。トリップは硬いので、美味しく食べるには8時間から10時間は煮込まなければいけません。この時、煮込みに使うトリップ専用の鍋があります。トレピア［tripiere］という広口で浅型の土鍋です。カスレのカソールやドーブのドビエールのように、料理名の由来にもなっています。現在は機能性の高い鍋が主流ですから、こういった昔ながらの鍋は姿を消しつつあります。それでも料理の起源となったものですから、大切に伝え続けていきたいと思います。

さて、現代ではリンゴのジュースの代わりにカルヴァドスで作ります。シードルならば応用の許容範囲内。そのシードルはリンゴの果汁を発酵して造られる発泡性のある果実酒。醸造に使われるリンゴには、苦味の強い品種、苦味と甘味の強い品種、甘味の強い品種、酸味の強い品種の四つの系統があります。

トリップは他の煮込みと同様に、温め直して食べるのが美味しいです。ピマン・デスペレットを加えたのは私の閃きで隠し味。僅かな辛味がトリップをさらに美味しくします。

### Christian Drouin Cidre Bouché Brut de Normandie NV

クリスティアン・ドルーアン・シードル・ブシェ・ブリュット・ド・ノルマンディー NV

産地：ノルマンディー／
品種：リンゴ　／シードル

ノルマンディー地方を代表する料理には、同じくノルマンディーのシードルを。赤ワインはトリップの香りを消してしまうので避けるのが無難です。リンゴの芳香豊かでフレッシュな味わいのシードルは、トリップの独特な香りとよく合います。造り手のクリスチャン・ドゥルエン氏もシードルのスペシャリスト。代表選手を極める組み合わせです。

### Château de Parnay "Clos d'Entre les Murs" Saumur blanc

シャトー・ド・パルネー・"クロ・ダントル・レ・ミュール" ソミュール・ブラン

産地：ロワール／品種：シュナン・ブラン／白

トリップにワインを合わせたい人には、甘味のあるロワールのソミュールがいいです。畑は世界遺産にも登録されているソミュール城の中にあって、とても貴重。味わいはシュナン・ブラン由来のほんのりとした甘味が持ち味。シードルと比べて白ワインの自然な甘さ、フルーティーな甘さがあります。

## Tripes à la mode de Caen

**材料** 12人分

牛の胃 tripes de bœuf — 3kg
子牛の足 pieds de veau — 2本
生ハム jambon cru — 200g
オニオンピケ oignon piqué
    玉ねぎ oignon — 1/2個
    クローヴ clous de girofle — 8粒
玉ねぎ oignons — 800g（3個）
ポワロー poireaux — 3本
にんじん carottes — 700g（細10本）
にんにく gousses d'ail épluchées — 4かけ

A｜粗塩 gros sel — 55g
  粗挽き黒コショウ poivre noir moulu — 12g
  ピマン・デスペレット piment d'Espelette — 4g
  ブーケ・ガルニ bouquet garni pour viandes — 1束
  ※ローリエを多くする
  シードル*1 cidre — 1.5ℓ（2本）
  カルヴァドス calvados — 160㎖
  水 eau — 500㎖

仕上げ finition：
カルヴァドス calvados — 適量
イタリアンパセリ（みじん切り） persil plat haché — 適量

ガルニチュール garuniture：
ゆでたジャガイモ pommes de terre bouillies — 適量

牛の胃は第1胃・ミノ、第2胃・ハチノス、第3胃・センマイを使用。フランスではゆでて売られている。子牛の足は後ろ足のほうが肉が多い。

**1** 牛の胃はそれぞれ4〜5cm角に切る。写真は上から、みの、せんまい、はちのす。

**2** {clouter} 玉ねぎの切り口にクローヴを刺し、オニオンピケを作る。

### Cidre
［シードル］

*1=〈Rémi Viel-Cidre de la Ferme du Pressoir Brut〉。ノルマンディー地方のリンゴを発酵させて造る酒。アルコール度数は3〜5%前後。軽く発泡し、甘口から辛口まである。シードル・ブシェ[cidre bouché] は糖分が残っている状態で瓶詰めし、瓶内で発酵させる伝統的製法。シャンパンと同様に栓を針金で固定する。

**3** 鍋に牛の胃、子牛の足、オニオンピケ、材料が隠れるくらいの水を入れ、蓋をして火にかける。

**4** {émincer} 玉ねぎは4等分にし、厚めの薄切りにする。ポワローは緑の部分をブーケ・ガルニに使い、白い部分を太いものは縦に切ってから薄切りにする。にんじんは6〜7mm厚さに切る。にんにくは包丁で押し潰す。

**5** {écumer} 沸騰したら蓋を取り、アクを取りながら10分ほど煮る。

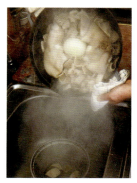

**6** {égoutter} 鍋を傾けて水気をきる。子牛の足をいったん取り出す。

**9** 子牛の足をのせ、Aを加え、蓋をする。120℃のオーヴンで10時間煮込む。

**10** 10時間煮込んだ状態。

**11** ブーケ・ガルニを取り除く。子牛の足、生ハムを取り出す。足は骨を取り、生ハムとともに食べやすい大きさに切る。

**12** 器に盛り、カルヴァドスをかけ、イタリアンパセリを散らし、ゆでたジャガイモを添える。

**7** 鍋に生ハムを塊のまま入れる。

**8** 4を加える。

Normandie | 355

# Caneton à la rouennaise

［ルアン風子鴨のロースト、血とフォアグラのソース］

　むかしむかしルアンの田舎に1人の少女がおりました。少女は鴨の入ったかごを手に、遠く離れたマルシェまで鴨を売りに歩きます。ある日のこと、かごの中で窒息している鴨を見つけます。1羽でも多く売ろうと、鴨を詰め込みすぎたのです。健気な少女のことですから、死んでしまった鴨ももったいなくて捨てたくありません。恐る恐るその鴨で自分の食事を作ってみます。するとどうでしょう。とても美味しいではありませんか！　とは土地の言い伝え。

　こののち鴨の屠殺は、窒息させるエトフェ［etouffer］という手法が行われるようになります。窒息させることで血液が体の中に留まり、鴨の風味がより高まるというもの。元来は首の後ろに針を刺して仮死状態にし、血を抜かずに屠殺するという方法でした。さらに血でソースを作るために、血を押し出すプレス機［presse à canard］を考え出します。

　この料理はお客さまの前でソースを作るのが醍醐味。この演出は、フランス料理の歴史と伝統を育み続ける名店「トゥールダルジャン」などで見られます。

Domaine Rodolphe Demougeot
"Les Vignots"
Pommard

ドメーヌ・ロドルフ・ドゥモジョ
"レ・ヴィーニョ" ポマール

産地：ブルゴーニュ／
品種：ピノ・ノワール／赤

基本的に鳥肉には白ワインか上品な赤ワインが合います。鴨は鳥肉のなかでも味が濃く、血とフォアグラのソースを使った料理ですから、個性やパンチのある赤が最適です。ポマーレはブルゴーニュにある村で、ボリューム感のある、しっかりとした味わいが特徴です。ピノ・ノワールの個性を最大限に発揮させていて、まず特筆すべきは香りのインパクト。さらに口に含むと濃度が長く、赤いフルーツの熟成感が楽しめます。赤い鳥肉やジビエにも合うワインです。

Normandie | 357

## Caneton à la rouennaise

**材料** 6人分

鴨 canard — 1羽（2kg）
塩 sel — 6g
黒コショウ poivre noir du moulin — 適量
サラダ油 huile végétale — 60㎖
ディジョンマスタード moutarde de Dijon — 適量

ソース・ルアネーズ sauce rouennaise：
鴨の手羽先、首づる、レバー、砂肝
    aileron, cou, foie, gésier de canard — 1羽分
エシャロット échalotes — 90g（2個）
赤ワイン*1 vin rouge — 350㎖
ローリエ laurier — 1枚
タイム thym — 3枝
フォン・ブラン・ド・カナール
    fond brun de canard — 300㎖
塩 sel — 2g
黒コショウ poivre noir du moulin — 適量
ブランデー〈コニャック〉eau de vie — 50㎖
ポート porto — 150㎖
赤ワイン vin rouge — 50㎖
レモン果汁 jus de citron — 10㎖
バター beurre doux — 80g
黒コショウ poivre noir du moulin — 適量

ガルニチュール garniture：
葉野菜のサラダ salade mesclun — 適量
※好みの葉野菜をソース・ヴィネグレット（p.64）であえる

### Chinon ［シノン］

*1＝〈Domaine Audebert et fils-Chinon〉。シノンはフランス最長のロワール川支流のヴィエンヌ流域にあるワイン産地。カベルネ・フラン種から伝統的な製法で醸造される。ほどよい酸味と独特のこくが特長。

**1** {parer} 鴨は手羽先を切る。首の皮に縦に切り込みを入れ、首づるを皮からはがす。皮を頭のきわで切り、首づるを根元で切る（p.55の2〜4）。手羽先、首づるはソースに使う。

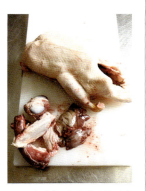

**2** {vider} 内臓を取り出す（p.55の5〜6）。レバー、砂肝をソースに使用する。

**3** 砂肝は半分に切り、中の砂などを出して洗い、皮を取る。

**4** {flamber} 直火に当て、表面に残っている細かい毛を焼いて除く。

**5** 胴の中に塩1.5g、黒コショウをする。

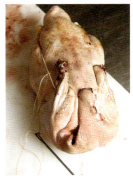

**6** {brider} ブリデ針にたこ糸を通し、手足を縫って縛り、形を整える（p.240）。

**7** 表面に塩3g、黒コショウをふり、すり込む。

**8** ロースト用鍋［plaque à rôtir］にサラダ油を熱し、鴨を焼く。裏返し、表面に軽く焼き色をつける。

**9** 200℃のコンヴェクションオーヴンで15分焼く。

**10** ソースを作る。鍋にバター40gを熱し、エシャロットを炒める。透き通ってきたら、赤ワイン、ローリエ、タイムを加える。

**11** 鴨の手羽先、首づる、レバー、砂肝を加え、赤ワインが半量になるまで弱火で煮詰める。

**12** {reposer} 鴨はバットなどに取り出し、温かい場所に置き、休ませる。
鍋にはたっぷりの脂が出ているので鴨脂として調理に使う。

Normandie | 359

**13** 鍋のソースが半量に煮詰まったら、フォン・ブラン・ド・カナール、塩、黒コショウを加え、さらに半量になるまで10分ほど強めの中火で煮詰める。

**16** {flamber} フライパンにブランデーを入れ、火をつけてアルコール分を飛ばす。ポートも加え、同様にフランベする。

**19** ももは骨に沿って包丁を入れ、厚みが均一になるように開く。余分な脂や皮は取る。

**22** 胴の皮をそいで取る。首の皮も取る。

❗ 皮は食べないので、できるだけ薄く切る。本来はここからメートル・カナルディエの仕事。

**14** {passer} シノワで漉す。レードルなどをシノワに押しつけ、旨味をしっかり出す。

**17** {réduire} 15のソースを加え、半量になるまで弱火で煮詰める。

**20** もも肉に塩1.5g、黒コショウをふる。グリルを熱し、身側から焼く。焼き色がついたら裏返し、皮側を焼く。

**23** 背骨に沿って、両側に切り込みを入れる。

**15** {réduire} 鍋に漉したソースを入れ、アクを取りながら、半量になるまで煮詰める。

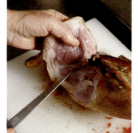

**18** 鴨のたこ糸を取る。もものつけ根の関節のまわりの筋や軟骨を切り、もも肉を切り離す。

**21** 再び裏返して皮を上にし、マスタードを塗る。

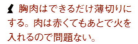

**24** 切り込みに対して垂直に包丁を入れ、胸肉を薄切りにする。

❗ 胸肉はできるだけ薄切りにする。肉は赤くてもあとで火を入れるので問題ない。

360 | *Normandie*

**25** もも肉と胸肉を切り取った胴。血が出やすいようにぶつ切りにする。

**28** {monter} 17のソースにレモン果汁、バター40gを加え、泡立て器でよく混ぜてとろみをつける。

**31** もも肉は半分に切って骨を取り、そぎ切りにする。皿に盛り、30のソースをかけ、黒コショウをふり、サラダを添える。胸肉はソースごと供する。

**26** 鴨プレス機の容器に鴨の胴を入れ、赤ワインを加える。

❧ 赤ワインを加えると血が出やすくなる。

**29** 血を加え、沸騰させないように泡立て器で混ぜる。黒コショウを加えて味を調え、火を止める。

❧ 沸騰させると血が固まってだまになり、なめらかさを得られない。

**30** 熱いソースに胸肉を入れて火を止め、余熱で火を通す。裏返し、火を通しながらソースをからめる。

❧ 火を入れすぎると美味しくない。ロゼに仕上げる。

**27** 鴨プレス機にセットし、血と鴨の旨味を搾り出す。

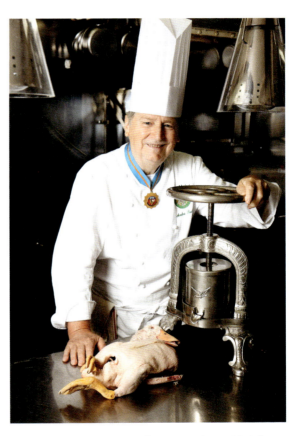

### 《カナルディエ協会》

1986年、ルアンの町でミッシェル・ゲレが鴨の歴史と文化と料理を継承するため20人のメンバーとともに発足。私は1993年にルアンの知事から、この会を日本で立ち上げる使命を帯びました。今では年に数回、鴨のガラディナーを開催して普及に努めています。プレス機 [Presse à Canard] は貴重な物で、私が所有している他は日本に数点のみ。フランス料理や鴨料理の行事があるごとに貸し出しをしています。

Normandie | 361

イル＝ド＝フランス地方

# Île-de-France

## 地理・気候

フランスの首都パリとその周辺の地方。中北部に位置する。イル゠ド゠フランスは「フランスの島」を意味し、セーヌ、マルヌ、オワーズなどの川に囲まれている地形が名前の由来。フランス北部の大盆地、パリ盆地を占め、パリを中心として平地と丘陵が同心円状に交互に現れる。

西岸海洋性気候で、夏はそれほど暑くならず、冬も暖流や偏西風気圧配置の影響で高緯度のわりには気温が下がらず温和。

**中心都市：パリ**

## 特徴

- 国内外から幅広い種類の上質な食材が集まる。この地が中央集権国家の中心となった
  17世紀、王侯貴族たちがフランス国中から産物を集めたことが起こり
- 高級料理ばかりでなく、カジュアルな料理の伝統もある
- 早い時期から農業先進地帯として開け、小麦や野菜の収穫が多い
- とくに野菜類の美味しさには定評がある
- パリ風とつく料理には、ジャガイモとサラダ菜の蒸し煮、
  またはアーティチョークの芯などをつけ合わせることが多い
- ベルシー風とつく場合は、ワインとエシャロットをベースにした料理が多い。
  これは19世紀頃、ベルシー地区にヨーロッパ最大のワイン市場があったことに由来する

## 食材

◎肉
ウーダンの家禽

◎豚肉加工品
ジャンボン・ド・パリ

◎野菜
アルジャントゥイユのアスパラガス、
クラマールのグリンピース、
アルパジョンのいんげん豆

◎果物
モンモランシーのサクランボ

◎チーズ
ブリ・ド・モー、ブリ・ド・ムラン、クロミエ

◎その他
モーのマスタード、グラン・マルニエ

## 代表的な郷土料理

◎前菜
パテ・アン・クルート・リシュリュー [pâté en croûte Richelieu]
◎ポタージュ
オニオングラタンスープ [gratinée]、
クレシー風にんじんのポタージュ [potage Crécy]、
パリ風ポタージュ [potage parisien]、
サン゠ジェルマン風ポタージュ [potage Saint-Germain]
◎野菜料理
グリンピースのピュレ [purée Saint-Germain]、グリンピース、レタス、
ベーコンと玉ねぎの煮込み [petits pois à la française]
◎肉料理
ブッフ・ア・ラ・モード [bœuf à la mode]、ブッフ・ミロトン [bœuf miroton]、
子牛レバーのポワレ、ベルシ風 [foie de veau Bercy]、
マレンゴ風子牛肉のソテ [sauté de veau Marengo]、
子牛頭のソース・ラヴィゴット [tête de veau sauce ravigote]
◎菓子
パリ゠ブレスト [paris-brest]、サン゠トノレ [saint-honoré]、オペラ [opéra]、
タルト・ブルダルー [tarte Bourdaloue] フォンテーヌブロー [fontainebleau]、
ポワール・ベル・エレーヌ [poire Belle Hélène]

*Île-de-France* | 363

# *Côte de porc charcutière*

## ［骨つき豚肉のポワレ、シャルキュティエール］

料理名にコート・ド・ポ［côte de porc］とある場合は、豚肉に骨がついているのが正しい状態です。近頃は豚肉をコート・ド・ポといって、骨がついていない部位が皿にのってくることもありますが、それはいかがなものでしょう。côte は肋骨がついた背肉でなければいけません。部位名でいうと、骨つきは carré de porc、骨なしは longe de porc となります。

少し脂のあるコート・ド・ポと、コルニッションの酸味とマスタードのほのかな辛味が効いたソース・シャルキュティエールの相性は抜群。酸味のあるソースが香ばしく焼いた豚肉をさっぱりと包む、理に適った組み合わせです。ちなみにキャレ・ド・ポ［carré de porc］のおしり側をパヴェ［pavé］といいますが、この部位がいくらか脂が少ないので厚切りにして調理します。

ソース・シャルキュティエールはシャルキュティエが作るソースのこと。この料理は19世紀頃に誕生したといわれています。シャルキュティエ［charcutier］は食肉加工をする職人です。精肉屋においては扱う肉の種類によって細かく分類されていました。今でこそブッシュリ［boucher］では牛肉を主に扱いながら羊や他の肉も扱っていますが、本来「boucher」は牛肉専門店。豚肉屋は「charcutièr」、豚肉加工品屋は「charcutièr traiteur」、鳥肉屋は［volailler］、馬肉屋は「boucherie chevaline」といった風。馬肉屋は少なくなりましたが、私の故郷カルカソンヌには2軒ほど残っています。

### Domaine Guffens-Heynen "C.C" Pouilly-Fuissé

ドメーヌ・ギュファン＝エナン "C.C" プイィ・フュイッセ

産地：ブルゴーニュ／品種：シャルドネ／白
豚肉は白い肉。デリケートな白い肉には白ワインが合います。赤ワインや重い白ワインは豚の性質を消してしまうので、豚肉には酸味のあるワインを選びます。プイィ・フュイッセはシャルドネのなかでもジューシーで、フレッシュさ、ミネラル感が豊富。樽熟成のボリューム感とは異なる、酸味を生かしたボリューム感があることも魅力です。ソースに酸味がありますが、実は酸味のある料理は難しい。例えばヴィネグレットを使ったサラダやカルパッチョなど。酸味のある料理には、邪魔をしない、潰し合いをしないという意味でも上品な酸味の白を合わせます。ちなみにワイン名のC.Cは、ヴェルジッソン村のラ・コート畑とカルマントラン村のアサンブラージュで二つの畑の頭文字を表しています。

### Domaine La Mijane "Arpège Blanc" Languedoc

ドメーヌ・ラ・ミジャーヌ "アルページュ・ブラン" ラングドック

産地：ラングドック／品種：グルナッシュ、ヴィオニエ／白
ワイナリーは世界遺産のミディ運河沿いに位置し、父がが保有するシャトー・ヴィルカルラの並びにあります。バランスのとれた白ワインは、フレッシュフルーツ、白桃、パイナップルの香り。口当たりはまっすぐでクリア、丸みがあってリッチです。酸味のあるソースによく合います。

# Côte de porc charcutière

**材料** 4人分

豚の骨つき背肉 côtes de porc ― 1枚180gを4枚
塩 sel ― 6g
黒コショウ poivre noir du moulin ― 適量
サラダ油 huile végétale ― 30㎖

ガルニチュール garniture：
ヴァントレッシュ ventrèche ― 100g
玉ねぎ oignon ― 1/2個
にんにく gousses d'ail épluchées ― 2かけ
サラダ油 huile végétale ― 15㎖
グリンピース（缶詰）*1 petit pois en boîte ― 固形分280g（1缶分）
※または生
減塩バター beurre demi-sel ― 60g
塩 sel ― 2g
黒コショウ poivre noir du moulin ― 適量

ソース・シャルキュティエール sauce charcutière：
エシャロット échalotes ― 2個
コルニッション*2 cornichons ― 6本
サラダ油 huile végétale ― 15㎖
減塩バター beurre demi-sel ― 25g
白ワイン vin blanc ― 70㎖
ディジョンマスタード moutarde de Dijon ― 15g
フォン・ド・ヴォ fond de veau ― 80g
黒コショウ poivre noir du moulin ― 適量

飾り décor：
イタリアンパセリ（みじん切り） persil plat haché ― 適量

**1** ガルニチュールを作る。ヴァントレッシュ、玉ねぎは1cm角に切る。にんにくは繊維に直角に薄切りにする。

**2** 鍋にサラダ油を熱し、ヴァントレッシュを炒める。

*1＝グリンピースの水煮。フランスも日本同様、4～6月が最も美味しい時期。旬の季節以外は缶詰を使用するのが一般的で、生と比べても遜色ない美味しさ。1缶400g。生を使用する場合は鞘から出して塩ゆでしてから調理する。

*2＝手摘みの小型きゅうりの極上品だけを厳選して、上質の白ワイン酢に漬け込んだ酢漬け。大きく成長する前の極小の実のみを使用しているため、みずみずしくカリっとした食感の良さとすっきりとした酸味が特徴。ソースの他、パテなどの前菜のつけ合わせとしても使用。MAILLE（マイユ）はフランスを代表するマスタード、ヴィネガーのブランド。ワイン産地として名高いブルゴーニュ地方の中心ディジョンに本拠地を構える。

**3** 1分ほど炒めて色が変わってきたら、玉ねぎ、にんにくを加えて炒める。

**6** ソースのエシャロットはみじん切り、コルニッションは細切りにする。

**9** 焼き色がついたら裏返し、両面焼く。焼けたら火を止めておく。

**12** 豚肉のフライパンに加え、ソースを馴染ませる。

**4** 色づいたら、グリンピースの汁気をきって加える。

**7** ソースを作る。フライパンにサラダ油、バターを熱し、エシャロットを炒める。

**10** 7のソースのエシャロットが薄く色づいたら、白ワインを加え、2〜3分煮詰める。

**13** ガルニチュールもグリンピースが旨味を含み、できあがり。

**14** 皿に豚肉を並べ、ソースをかけ、イタリアンパセリを散らす。別皿にガルニチュールを添える。

**5** バター、塩、黒コショウを加えて混ぜる。蓋をし、ときどき混ぜながら15〜20分蒸し煮にする。

💡 グリンピースはバターと相性がいいので、たっぷり加えると美味しい。

**8** 同時に豚肉を焼き始める。豚肉に塩、黒コショウをふる。フライパンにサラダ油を熱し、豚肉を焼く。

**11** コルニッション、マスタード、フォン・ド・ヴォを加え、3〜4分煮る。黒コショウで味を調える。

*Île-de-France* | 367

# *Cervelles de porc meunière aux câpres*
[豚の脳みそのムニエル、ケイパー風味]

フランスの子供たちは「脳みそを食べると頭が良くなるよ」と言われて育ちます。骨がなく柔らかいので子供でも食べやすいこと、安いので財布にやさしいことが、親たちが子供に脳みそを食べさせたい理由です。

脳みそ料理はムニエルが広く親しまれています。本来は豚よりも子牛や子羊の脳みそが一般的ですが、作り方は同じ。豚の脳みそは一回り小さいというだけです。脳みそは柔らかく扱いにくいので、前日にポシェして冷蔵庫で固めておくのが調理のポイントです。ケイパーと酢のさっぱりしたソースを合わせますが、子供は酸っぱい味が嫌いなのでレモンを少し。

脳みそのムニエルは古典料理の範疇なのでしょうか。もともと日曜など家族が集まった時に食べる特別な日の料理ではありましたが、この頃ではレストランやビストロでも見かけなくなりました。マルシェでも手に取るのはお年寄りばかり。子供の頃は避けていた脳みそを何十年かののちに好むようになるとは不思議なものです。「頭が良くなるよ」というお母さんの言葉を思い出して、記憶力を鍛えようとしているのかもしれません。

### Famille Perrin "Réserve" blanc Côtes du Rhône
ファミーユ・ペラン "レゼルヴ" ブラン・コート・デュ・ローヌ

産地：ローヌ／品種：グルナッシュ・ブラン、マルサン、ルサーヌ、ヴィオニエ／白
ムニエルにケイパーのソースは定番ですが、ここではケイパーの酸味で癖のある脳みそを食べやすくするため。名脇役のケイパーですが、ケイパーやレモン果汁の特徴の酸っぱさは、赤のタンニンと合いません。ケイパーには白ワインを選ぶのが賢明です。お勧めはローヌの白。花の香り、アプリコットやピーチなどの白いフルーツの香りがして心地よく、口当たりは丸みがありながらフレッシュです。ミネラル感があるので酸味とフィットして絶妙に合う。Côte de porc にきりっとした白のプイィ・フュイッセを合わせたのは、豚肉のソテという、想像しやすい単純な料理だから。一方、この料理は脳みその食感もあるので、ボリューム感のあるワインが合います。ボリューム感とこくを適えるのが4種類のブドウのブレンディングです。

# Cervelles de porc meunière aux câpres

**材料** 4人分

豚の脳みそ cervelles de porc — 4個（400g）

A ｜ 水 eau — 1ℓ
　｜ 赤ワイン酢 vinaigre de vin rouge — 30㎖
　｜ 塩 sel — 6g

薄力粉 farine de blé type 45 — 適量
塩 sel — 5g
黒コショウ poivre noir du moulin — 適量
サラダ油 huile végétale — 25㎖
バター beurre doux — 25g

ソース・ケイパー sauce câpres：
バター beurre doux — 25g
ケイパー câpres — 40g
※水にさらして塩抜きし、水気をきる
黒コショウ poivre noir du moulin — 適量
赤ワイン酢 vinaigre de vin rouge — 10g
イタリアンパセリ（みじん切り）persil plat haché — 適量

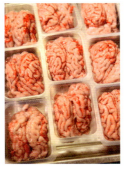

肉屋には豚の脳みそも並ぶ。1個の重さは120gほど。1個単位で購入する。

### ❖ Conseil

豚の脳みそのムニエルには、ソース・グルノーブル［sauce grenoblois］もお勧めです。ベースはソース・ケイパーと同じですが、レモンの果肉の小さな角切り、クレソンも加えたもの。骨つき豚肉のポワレ［côte de porc］に合わせても美味しいソースです。

**1** 鍋にAを入れて火にかける。

❢ 脳みそは臭みがあるので、下処理には酢を用い、臭みを取る。

**2** {pocher} 沸騰したら、脳みそを入れ、弱火にする。アクを取りながら、3〜4分煮る。

**3** 水気をきり、冷蔵庫で冷やす。

❢ この下処理は前日にしてもよい。より固くなり、切りやすくポワレしやすくなる。ただし、ゆで汁に浸けたままだと酢の風味が染み込んでしまうので、必ず水気をきる。

**4** 脳みそは厚みを半分に切り、均一にする。

**5** {fariner} バットに薄力粉を入れ、脳みそをのせる。塩、黒コショウをふり、薄力粉をかけ、両面に薄力粉をしっかりつける。

**6** フライパンにサラダ油、バターを熱し、脳みそは余分な粉をはらって並べ入れ、強火で焼く。

❢ 多めの油と強火で揚げ焼きにする。

**7** 徐々に泡が出てくる。脳みそのまわりに火が入ってきたら裏返し、両面をしっかり焼く。

❢ ポシェしているので火は通っているが、中まで熱くなるようによく焼く[Bien cuit]。また崩れやすいので裏返す時は丁寧に。

**8** 両面よく焼けたら、皿に盛る。

**9** ソースを作る。フライパンをきれいにし、バターを熱し、溶けかけたらケイパーを加える。

**10** {déglacer} 1分ほど加熱してケイパーが温まったら、黒コショウ、赤ワイン酢を加えて混ぜる。イタリアンパセリを加え、でき上がり。皿に盛った脳みそにかける。

Île-de-France | 371

# Navarin d'agneau
## ［子羊肉のナヴァラン風煮込み］

*Île-de-France*

ナヴァランの語源はかぶのナヴェ［navet］。かぶと子羊の煮込みがナヴァランです。フランス人の祖先は14世紀、アリコ［haricot］または［héricoq］と呼ばれる細かく切った羊肉の煮込みを食べていました。古代フランス語に「ずたずたに細かく切る」という意味のアリゴテ［harigoter］という言葉があり、アリコの料理名はここからきているのでしょう。14世紀にはこの羊肉の煮込みにすでにかぶが入っていましたが、遡るとインゲン豆、さらに遡るとジャガイモが羊のパートナーでした。名前がナヴァランに変わった由来は、野菜のかぶとも、1827年のナヴァラン＝ピロスの戦いに勝利した記念とも、ナヴァール風だともいわれています。

　ナヴァランは春の料理です。なぜなら「Navarin d'agneau printanière」と書くのが本来の料理名。春の料理に見えるように仕上げなければいけません。けれどもそれは難しくありません。春は野菜が最も豊富で、かぶも美味しい季節です。子羊はエポールやポワトリーヌを使います。ナヴァランはビストロあるいは家庭料理ですから、材料費のかからない部位を選ぶのはもちろん、硬い部位は時間をかけて煮込む料理に最適です。

### Famille Perrin "Les Cornuds" Vinsobres
ファミーユ・ペラン"レ・コルニュ"ヴァンソーブル

産地：ローヌ／
品種：グルナッシュ、シラー／赤
子羊は独特な風味がありますから、少しワイルドでテロワールが出るような赤が合います。個性的な肉ほど個性的なワイン。グルナッシュとシラーはうってつけです。造り手はファミーユ・ペラン。赤いベリー、ブラックベリー、スミレの香り、花の甘さとスパイシーさ。口にした時の丸みとインパクト、こくが持ち味。ボリュームがありつつのバランスの良さは煮込み料理に最適です。

### Hecht & Bannier Minervois
エシェ・エ・バニエ・ミネルヴォワ

産地：ラングドック／
品種：シラー、グルナッシュ、カリニャン／赤
男性2人で造っているモダンなワインです。カシスなどのベリー系を熟成させた感じで、赤い果実感が印象的。3種類のブドウのブレンディングなので、個性的な肉と合わせると複雑さがうまくマッチします。赤いジビエなど、癖のある肉と合わせると、その良さをフルに感じる赤ワインです。

# Navarin d'agneau

**材料** 4〜6人分

子羊の骨つき肩肉 épaule d'agneau avec os ── 正味1.2kg
塩 sel ── 15g
黒コショウ poivre noir du moulin ── 適量
かぶ3種 trois variétés de navets ── 300g
にんじん carottes ── 210g
オニオンヌーボー*1 oignons nouveaux ── 白い部分200g
玉ねぎ oignons ── 300g
にんにく gousses d'ail épluchées ── 30g(8かけ)
トマト tomates ── 410g
グリンピース petits pois frais ── 正味100g
さやいんげん haricots verts ── 160g
オリーヴ油 huile d'olive ── 100ml
薄力粉 farine de blé type 45 ── 35g
A│白ワイン vin blanc ── 400ml
　│水 eau ── 400ml
　│トマトピュレ purée de tomate ── 50g
　│タイム thym ── 4〜5枝
　│ローリエ laurier ── 3枚
　│塩 sel ── 9g
　│黒コショウ poivre noir du moulin ── 適量
ジャガイモ pommes de terre ── 480g(4個)

*1＝葉玉ねぎ。玉の部分が膨らみかけたくらいで早い時期に葉付きのまま収穫したもの。みずみずしく柔らかで、辛味はほとんどなく甘い。

ブッシュリ(精肉店)で売られている子羊は骨つきが一般的。頼めば店でデゾッセしてくれ、必要なら骨もくれる。

かぶは黄色の球形、白の長球形、根元が赤紫で先が白い小ぶりの3種類を使用。

**1** {mise en place, désosser} 子羊は骨を取り、一口大に切る。塩、黒コショウをふる。

**2** かぶは一口大、にんじんは2cm幅、玉ねぎは1cm角に切る。にんにくは潰す。オニオンヌーボーは緑の部分を切り落とす。グリンピースは鞘から出し、さやいんげんはヘタを切り落とす。トマトは皮をむいて種を取り、2cm角に切る。

**3** {rissoler} 鍋にオリーヴ油を熱し、強火で子羊を焼く。返しながら、全面にしっかり焼き色をつける。

🔖 リソレが煮込みを美味しくする秘訣。エスコフィエ曰く「肉の表面に壁を作り、中のジュースがあまりにも早く流れ出て、ブイイ（ゆでる）になるのを防ぐのが目的」。

**4** しっかり焼き色がついたら取り出す。鍋はそのまま使う。

**5** {déglacer} 子羊から出た脂で玉ねぎ、にんにくを炒める。こびりついた子羊の旨味を木べらでこそげ取るように炒める。

🔖 玉ねぎは水分が多いので、鍋についた旨味を煮溶かす液体代わりになる。

**6** かぶ、にんじん、オニオンヌーボーを加え、炒める。

**7** 全体に脂がまわったら、子羊を鍋に戻す。

**8** {singer} 薄力粉をふり入れ、粉に焼き色をつけるように強火で炒める。

**9** トマト、Aを加え、蓋をし、弱火で1時間煮込む。

**10** ジャガイモは一口大に切る。9を30分煮込んだら、ジャガイモを加え、再び蓋をして煮込む。

🔖 ジャガイモは9で加えてもよいが、形を残したい場合は30分後に加える。

**11** グリンピース、さやいんげんは硬めに塩ゆでし、水気をきる。煮込みのでき上がりにのせる。

*Île-de-France* | 375

# Hachis parmentier
[アッシ・パルマンティエ]

ジャガイモを使った料理に「パルマンティエ」の名がつきます。冠されるのは、アントワーヌ＝オーギュスタン・パルマンティエという、18〜19世紀のフランスに生きた薬剤師。彼はフランスにジャガイモを普及させた人物として知られます。

　当時のフランスでは、ジャガイモは病を引き起こすとして、栽培を禁止する法律がありました。パルマンティエは七年戦争で捕虜としてドイツで過ごしている際に、ジャガイモの成分を研究。害がないばかりか、体にいいことを発見します。帰国後パルマンティエは、ルイ16世とマリー・アントワネットにジャガイモを栽培するための土地としてサブロン平野を提供させます。ジャガイモ畑が緑になると、これ見よがしに銃を持った兵士に護衛をさせ、人々に興味をもたせ、価値あるものと思い込ませます。この策略は成功。食糧難の時代背景もあって、一気にジャガイモの噂が広まります。エッフェル塔に隣接するシャン・ド・マルスは一面のジャガイモ畑。料理人たちがそのジャガイモを使い、肉のミンチと合わせて作ったのがアッシ・パルマンティエです。肉は牛肉を用いるのが決まりで、ポトフなどの煮込みの牛肉を応用しても構いません。

### Maison Delas Frères Grignan-Les-Adhémar
メゾン・ドゥラス・フレール・グリニャン＝レ＝ザデマール

産地：ローヌ／品種：シラー／赤
アッシ・パルマンティエはつけ合わせにもしますが、家庭ならばメイン料理。メインはワイン選びの自由度も高くなるので、中の牛肉に合わせて赤を2本。グリニャン・レ・ザデマールは村の名前で、最近注目され始めたエリアです。スパイシー、赤いフルーツの香り、丸み、すべてのバランスがとれていながら個々に主張もあって、誰もが好きなテイストを網羅。老若男女が楽しめる、今の時代に沿ったワインです。

### Georges Descombes "Vieilles Vignes" Morgon
ジョルジュ・デコンブ "ヴィエイユ・ヴィーニュ" モルゴン

産地：ボジョレ／品種：ガメイ／赤
ヴィエイユ・ヴィーニュは樹齢が古い樹のこと。口当たりは軽く、徐々に広がるフルーツの風味。フレッシュで心地よく、ジューシーな赤ワインです。アッシ・パルマンティエは広くフランスの家庭で親しまれている料理ですから、必ずしもテロワールにこだわる必要はなく、シンプルで万人に好まれるワインが合います。

# Hachis parmentier

**材料** 6〜8人分

牛すね肉 jarret de bœuf ┐
牛頬肉 joue de bœuf ├ 合わせて3kg
牛しっぽ肉 queue de bœuf ┘
【下味用】塩 sel ― 30g（肉の1%）
【下味用】黒コショウ poivre noir du moulin ― 適量
A ｜ にんじん carottes ― 2本
　　 セロリ céleris ― 2本
　　 にんにく gousses d'ail épluchées ― 2かけ
　　 オニオンピケ oignon piqué de clous de girofle ― 1個
　　 ブーケ・ガルニ bouquet garni pour viandes ― 1束
　　 バター beurre doux ― 60g
　　 塩 sel ― 8g
　　 黒コショウ poivre noir du moulin ― 適量
　　 フォン・ド・ヴォライユ fond de volaille ― 3ℓ
オリーヴ油 huile d'olive ― 50㎖

ジャガイモのエクラゼ pommes de terre écrasées：
ジャガイモ pommes de terre ― 2kg
塩 sel ― 適量
バター beurre doux ― 300g
牛乳 lait ― 200㎖
生クリーム crème ― 200㎖
塩 sel ― 3g
白コショウ poivre blanc du moulin ― 適量
ナツメグ noix de muscade ― 少量
【型用】にんにく gousse d'ail épluchée ― 1/2かけ
【型用】バター beurre doux ― 10g

仕上げ finition：
グリュイエール gruyère ― 160g
バター beurre doux ― 30g

牛肉は3種類の部位を合わせて3kg使用。左からしっぽ、頬、すね。

**1** にんじんは1〜2cm角、セロリは2cm幅に切る。にんにくは包丁で押し潰す。

**2** 肉はぶつ切りにし、塩、黒コショウをふる。

**3** {rissoler} フライパンにオリーヴ油を熱し、肉を焼く。裏返しながら、全面に焼き色をつける。

**4** 鍋に肉を入れ、Aを加える。材料の頭が液体から少し出ていても問題ない。蓋をし、弱火で3〜4時間煮る。

⚠ ゼラチンが多い部位なので、長時間煮込んでもぱさぱさにならずジューシーに煮上がる。

**5** 肉を煮たら、肉だけを取り出す。

**6** {passer} 煮汁をシノワで漉す。レードルをシノワに押しつけ、旨味をしっかり出す。

**7** 鍋に煮汁を入れ、半量になるまで煮詰める。

**8** {effilocher} 肉は熱いうちに細かくほぐす。

**9** 肉を煮ながら並行してジャガイモのエクラゼを作る。ジャガイモは適当な大きさに切る。鍋にジャガイモ、たっぷりの水、1%の塩を入れ、弱火でゆでる。

**10** 水気をきり、フォークで潰す。これをエクラゼ[écrase]という。

❢ 神経質に潰さなくてよい。ジャガイモは少し食感が残っているほうが美味しい。

**11** バター、牛乳、生クリームを加え、混ぜる。

**12** 塩、白コショウ、ナツメグを加え、混ぜる。

**13** ほぐした肉に、煮詰めた煮汁を加え、よく混ぜて肉に吸わせる。

**14** 耐熱器ににんにくをこすりつけ、バターを塗る。器の半分の高さまで肉を入れ、平らにする。ジャガイモをのせ、平らにする。

**15** グリュイエールを全体に散らし、バターを小さくちぎり、ところどころにのせる。200℃のオーヴンで15〜20分、美味しそうな焼き色がつくまで焼く。

*Île-de-France* | 379

380 | Île-de-France

# *Blanquette de veau à l'ancienne*

[ブランケット・ド・ヴォ・ア・ランシエンヌ]

白い肉を使って白く仕上げる煮込みがブランケット・ド・ヴォ。白い肉なら子牛である必要はなく、鶏でも作れ、その場合はブランケット・ド・ヴォライユとなりますが、ブランケットといえばやはり子牛が一番美味しいです。

　現在はクリームで煮れば何でもブランケットと呼んでしまうなど、アペラシオンが曖昧になっていますが、それは間違いというもの。物事は進化するとは言え、伝統は学び、理解し、守るものです。そんな思いもあり、ここで紹介するのは"昔ながらの"ブランケット・ド・ヴォのルセットです。

　ブランケット・ド・ヴォは調理師免許を取得する際に出題される料理です。そのことからもわかるように、重んじられる料理ということです。さて、試験はブランケット・ド・ヴォとマレンゴ風子牛肉のソテ[sauté de veau Marengo]、二つの料理の材料がテーブルに並べられます。受験者は正しい材料を選んで、それぞれの料理を作ります。合否の分かれ道は赤と白。ブランケット・ド・ヴォはクリームを、マレンゴ風子牛肉のソテはトマトを選ばなければいけません。

　料理の基礎を身につけていなければ、フランス人でもわかりません。料理人はこういう古典料理を覚えるべきですが、メニューに載せているレストランもほとんどありません。私の修業時代でさえ、エムリック氏の店では賄いでした。高級な部位はお客さまに出し、タンドロン[tendron]など骨のある肉は賄いで消費しようという理由でしたが。最後にもう一つ。白い料理にフリカッセがありますが、フリカッセは少しだけ焼いてほんのり色づけます。フリは揚げる、カッセは壊すで、「色をつけて止める」の意味ですから、ポシェするブランケットとは異なります。

### Domaine Josmeyer "Les Pierrets" Riesling

ドメーヌ・ジョスメヤー "レ・ピエレ" リースリング

産地：アルザス／品種：リースリング／白

酸味があるクリームソースには酸味のあるワイン、やさしい子牛の肉にはやさしいワインを。この条件を叶えるのがリースリングです。正直なところ白ワインは全般合うのですが、面白いのはアルザスの頂点と評されるドメーヌのジョスメヤー。デリケートな子牛にボリューム感のあるワインでは、ワインが目立ち過ぎてしまいます。ワインと料理の双方を、むしろ料理を際立たせるなら、ミネラル感のあるワインがいいです。造り手のジョスメヤー氏はリースリングのミネラル感の表現が秀逸。最後の最後には僅かに蜜の味がします。リースリングの他には樽を使わずやさしくベーシックなブルゴーニュ、ロワールの白やサンセールなど、きりっとしたワインが合います。

# Blanquette de veau à l'ancienne

**材料** 8～10人分

子牛の肩肉、バラ肉 épaule, poitrine de veau ― 3kg

A │ オニオンピケ oignon piqué de clous de girofle ― 1個
　│ ポワロー poireaux ― 2本 (700g)
　│ エシャロット échalotes ― 3個
　│ にんじん carottes ― 大2本 (700g)
　│ かぶ navets ― 4個
　│ ブーケガルニ bouquet garni pour viandes ― 大1束
　│ ゲランド産の塩 sel de Guérande ― 15g
　│ 粒白コショウ poivre blanc en grains ― 30粒
　│ 水 eau ― 2ℓ

ソース sauce：
ルー・ブラン roux blanc
　バター beurre doux ― 100g
　薄力粉 farine de blé type 45 ― 80g
ブイヨン (子牛の煮汁) bouillon de cuisson ― 1ℓ
生クリーム crème ― 580g
卵黄 jaunes d'œuf ― 3個
レモン果汁 jus de citron ― 1個分
パセリ (みじん切り) persil haché ― 適量
シャンピニョン champignons de Paris ― 20個
【シャンピニョン用】バター beurre doux ― 30g
塩 sel ― 4g
白コショウ poivre blanc du moulin ― 適量

ガルニチュール garniture：
プティオニオン petits oignons ― 20個 (245g)
バター beurre doux ― 30g
グラニュー糖 sucre granulé ― 12g
ブイヨン (子牛の煮汁) bouillon de cuisson ― 100㎖
塩 sel ― 1g
白コショウ poivre blanc du moulin ― 適量

飾り décor：
パセリ (みじん切り) persil haché ― 適量

**1** 子牛は一口大に切り、水で洗い、水気をきる。

🔖 白く仕上げる料理で、また子牛は血が多いので、洗う。レストランではブランシールするが、家庭なら水洗いで充分。洗うことでアクも少なくなる。

**2** 鍋に子牛を入れる。洗った子牛は少し白くなる。

**3** Aを加え、火にかける。沸騰してきたら弱火にし、蓋をして1時間半煮る。

🔖 家庭料理なので一緒に煮る野菜も食べる。切らずに煮るのは形を残すため。

**4** 1時間半煮た状態。

**5** 野菜と肉を別々に取り出す。野菜はポワロー、エシャロット、にんじん、かぶを食べる。

**6** {passer} 煮汁をシノワで漉す。この煮汁がソースとガルニチュールのブイヨンになる。煮汁は2/3量ほどになるまで煮詰め、味を凝縮させる。

**7** ソースを作る。まず、ルー・ブランを作る。底の広い浅鍋にバターを入れ、火にかける。

🔖 熱した鍋にバターを入れると焦げやすいので、火にかける前にバターを入れる。

**8** バターが溶けたら薄力粉を加え、弱火で炒める。色づけないように泡立て器で混ぜながら、粉気がなくなるまで炒める。

**9** 最初はどろりとするが、徐々にふつふつと沸いてくる。さらりとした状態になったら、粉に火が入った合図。これがルー・ブラン。

**10** ブイヨンを200〜300mlずつ加え、その都度泡立て器でよく混ぜる。

🔖 ブイヨンは少しずつ加え、だまになるのを防ぐ。

**11** 加えたブイヨンは1ℓほど。だまが残らないように混ぜる。

**12** 生クリーム570gを加え、4〜5分煮る。

*île-de-France*

**13** {glacer} ガルニチュールを作る。鍋にバター30gを熱し、プティオニオンを色づけないように炒める。バターがまわったら、グラニュー糖を加え、軽く炒める。

**16** シャンピニオンは4等分に切る。フライパンにバター30gを熱し、シャンピニオンを入れる。ひと混ぜしたら、塩3g、白コショウを加え、軽く炒める。

**19** 器に肉、15の野菜を入れ、ソースをかけ、パセリを散らす。

**14** ブイヨン、塩1g、白コショウを加え、水分がなくなるまで煮る。

**17** シャンピニオン、ガルニチュールのプティオニオン、塩1g、白コショウを加える。4〜5分煮て、味を馴染ませる。

**15** 5のにんじん、ポワロー、かぶ、エシャロットを食べやすい大きさに切る。

**18** {lier} ボウルに卵黄、生クリーム10g、レモン果汁を入れて混ぜる。鍋に加えて火を止め、混ぜる。

卵を加えたら火を入れない。固まってだまができるので注意。

384 | *Île-de-France*

# Coulommiers aux truffes
[トリュフ入りクロミエチーズ]

　クロミエはイル＝ド＝フランスを代表するチーズです。ブリ三兄弟として、ブリ・ド・モー、ブリ・ド・ムランと並ぶ白カビタイプ。トリュフを挟んだクロミエが昔からある料理というわけではありませんが、トリュフを楽しむアイディアとしての一品。

　トリュフの季節は限られていますから、シーズン中は満喫したいもの。トリュフの醍醐味は芳醇な香りですから、それを邪魔しないクリーミーなチーズが合います。ロックフォールのように香りの強いもの同士ではケンカをしてしまい、それぞれの魅力が台無しです。他にトリュフと調和するのは、カマンベール、山羊のチーズなど。フロマジュリ（チーズ専門店）にはフルーツなどを組み合わせた独自のチーズが並び、それぞれの感性が光ります。

　レストランではもちろん家で友人を招く時など、トリュフ入りのチーズがあると喜ばれます。トリュフの風味を染み込ませるためにチーズに挟んだら数日は冷蔵庫で寝かせ、食べる時は最低でも1時間前には常温にもどします。とろける状態が最高。パン・ド・カンパーニュをグリエして添えれば完璧です。

### Collet "Millésimé" Champagne
コレ "ミレジメ" シャンパーニュ

産地：シャンパーニュ／品種：シャルドネ、ピノ・ノワール／スパークリング・ワイン
ブドウ畑のあるアイ村はグラン・クリュ17の村の一つで、美味しいシャンパン造りに必要な条件が完璧に揃っている土地。コレ社は20世紀からのメーカーで歴史は古くありませんが、自社のブドウを持っているのが強みです。ボトルもアール・デコ風で美しく、蜂蜜色のシャンパンはフレッシュでエレガント。熟成感と深みもあって、トリュフの香りを生かし、チーズのこくと風味を引き立て、さらにまろやかにしてくれます。

### Domaine Georges Vernay "Les Terrasses de l'Empire" Condrieu
ドメーヌ・ジョルジュ・ヴェルネ・"レ・テラス・ド・ランピール" コンドリュー

産地：ローヌ／品種：ヴィオニエ／白
この料理のこだわりはシャンパンか白。トリュフは香りが強いので、それに対応できるヴィオニエが必須。ヴィオニエはエキゾチックさと丸み、ピーチやアプリコットの白いフルーツの香りがして、上品かつこくがあります。独特のボリューム感と、トリュフとクロミエの味わいとのバランスは絶妙。インパクトがあります。

*Île-de-France*

## Coulommiers aux truffes

**材料** 6人分

クロミエ*1 coulommiers ― 1個
トリュフ truffe ― 適量
塩 sel ― 適量

*1＝牛乳で作られる白カビタイプのチーズ。イル＝ド＝フランス地方クロミエ村産。ブリの一種で、ブリ・ド・モー、ブリ・ド・ムランとともに「ブリ三兄弟」と称される。小型で厚みがあり、白カビが表皮を覆う。中身は薄く黄色がかって柔らかく、熟成するとペースト状になる。熟成途中の中心に芯があり、酸味が感じられる若いうちに食べても美味しい。

### Conseil

チーズは専門店のフロマジュリ[fromagerie]はもちろん、マルシェやスーパーの他に、エピスリ[épicerie]でも売られています。エピスリはフランスの食料品店のこと。もともとはコショウ店を指しましたが、調味料やシャルキュトリ、お惣菜を扱う店もあります。カルカソンヌのこの店はエピスリ・フィーヌ[épicerie fine]といって、高級店。多少値は張りますが、上質な食材が揃います。

**1** クロミエは厚みを半分に切る。

**2** トリュフはスライスし、クロミエの切り口に並べる。

**3** 塩を軽くふる。
　塩を加えるとトリュフの香りがよく出る。

**4** 上半分のクロミエを戻す。ラップで包み、冷蔵庫で2日間寝かせる。

フランスの
食風景

*Scène de la cuisine française*

# チーズ

[fromages]

チーズはフランス人にとってなくてはならないもの。Bon pain! Bon vin! Bon fromage!　美味しいパンとワインとチーズさえあれば、フランス人は文句を言いません。美食家のブリア＝サヴァランも「チーズのない食卓は片目のない美女と同じだ」という名言を残しています。

　フランスではチーズをメイン料理の後、デザートの前に食べます。これは、チーズには食事の消化を助ける働きがあると考えられているからです。そして料理がそうであるように、地方ごとにたくさんの種類と特色があります。

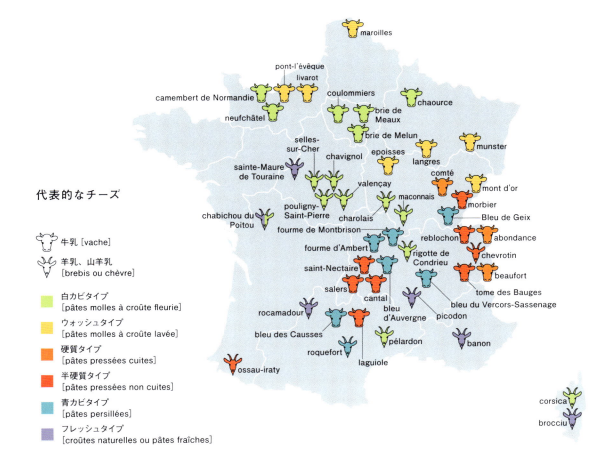

代表的なチーズ

- 牛乳 [vache]
- 羊乳、山羊乳 [brebis ou chèvre]
- 白カビタイプ [pâtes molles à croûte fleurie]
- ウォッシュタイプ [pâtes molles à croûte lavée]
- 硬質タイプ [pâtes pressées cuites]
- 半硬質タイプ [pâtes pressées non cuites]
- 青カビタイプ [pâtes persillées]
- フレッシュタイプ [croûtes naturelles ou pâtes fraîches]

*Île-de-France* | 389

グラン・テスト地方

# Grand Est

## 地理・気候

旧区分のシャンパーニュ＝アルデンヌ地方、ロレーヌ地方、アルザス地方が統合。フランス北東部に位置する。北はベルギーとルクセンブルク、北東から東はドイツ、南東はスイスと国境を接する。

シャンパーニュ＝アルデンヌ地方は丘陵地が多く気候も温暖だが、旧シャンパーニュ州に当たる地域は東部、中央部、西部の三つに分類され、土壌や気候が異なる。ロレーヌ地方は冬は長く厳しく、夏は暑い半大陸性気候。アルザス地方は大陸性気候で冬は積雪に見舞われるが、ヴォージュ山脈で西風が遮られるので比較的乾燥して暖かい。夏はこの山脈が障壁となり、暖かく日射量が多い日が続く。

**中心都市：ストラスブール**

## 特徴

- シャンパーニュ＝アルデンヌ地方は古くから農耕が営まれてきた
- シャンパーニュは、東部の湿潤地域は牧畜、中央部の乾燥地域はテンサイ、小麦、大麦などの栽培、西部の丘陵地域はブドウ栽培が盛ん
- シャンパンが名産
- 北部のアルデンヌ地方はジビエの宝庫
- ロレーヌ地方は半大陸性気候を活用し、牛の飼育、小麦と大麦の栽培に注力

- アルザス地方は古代からライン川の水運を利用した農業が盛ん
- 東部はドイツの影響を色濃く受け、豚肉とその加工品がよく用いられる
- ビールがよく飲まれ、料理にも用いられる
- アルザス地方の料理はドイツ語方言のアルザス語の名前が多い
- アルザス風とつく料理は、シュークルート、ハム、塩漬け豚バラ肉、ストラスブールソーセージなどを添えることが多い

## 食材

◎肉：鹿、猪、野兎、ウズラなどのジビエ。若鶏、ホロホロ鳥、羽と足の赤い七面鳥、黒色七面鳥、去勢鶏

◎豚肉加工品：トロワのアンドゥイエット、アルデンヌのドライハム、ランスのハム、ルテルの白ブーダン、クナック、クレスコプフ

◎魚介：ブロシェ、ウナギ、鯉

◎野菜：トウモロコシ、ホップ、キャベツ

◎果物・種実：ミラベル、クエッチ、ブドウ

◎チーズ・乳製品：シャウルス、ラングル、カレ・ド・レスト、マンステール、液状生クリーム

◎その他：ヴォージュ山脈の樅の木の蜂蜜、アルザスマスタード、アルザス特産のシュトゼンベルジェやメテオールなどの地ビール

## 代表的な郷土料理

◎前菜
タンポポと豚バラ肉のサラダ [salade de pissenlits au lard]、
野兎のテリーヌ [terrine de lièvre]、シック [chique]、
キッシュ・ロレーヌ [quiche lorraine]、玉ねぎのタルト [tarte à l'oignon]、
タルト・フランベ [tarte flambée]
◎ポタージュ
シャンパーニュ風ポテ [potée champenoise]、ロレーヌ風ポテ [potée lorraine]
◎魚介料理
シャンパーニュ風マトロット [matelote champenoise]、鯉の揚げ物 [carpe frite]、
マスのオ・ブルー [truite au bleu]
◎肉料理
サント＝ムヌー風豚足 [pied de porc à la Sainte-Ménehould]、
牛肉のポトフ [suppefleisch]
◎ジビエ
雄鶏のブジーワイン煮 [coq au bouzy]、
鷲鳥の詰め物、農夫風 [oie farcie à la paysanne]、鷲鳥のドーブ [oie en daube]、
雄鶏のリースリング風 [coq au riesling]、野兎のシヴェ [civet de lièvre]
◎菓子
ガトー・モレ [gâteau mollet]、タルト・オ・クムー [tarte au quemeu]、
ノネット [nonnette]、クグロフ [kouglof]、
クエッチのタルト [tarte aux quetsches]、ベラヴェッカ [beerawecka]

*Grand Est* | 391

# Truite saumonée au champagne

# Truite saumonée au champagne
[サーモントラウトのブレゼ、シャンパーニュ風味]

海から程遠いグラン・テスト地方のスペシャリテがなぜサーモントラウトの料理なのでしょう？　なぜならサーモントラウトは産卵のために生まれた川に戻るから。その機会を狙って捕獲するのです。

　グラン・テストを流れるのはライン川。フランスとドイツの国境を北に向かい、ストラスブールを超えていきます。近代化の脅威は自然に及び、ダムの建設によってサーモントラウトの遡上を妨げます。ライン川においては遡河回遊魚に必要な環境を整えることを決断。水門を改修するなどして、魚が通れる道を設け、遡上を可能にしました。一時期は供給の途絶えたサーモントラウトでしたが、再び普及し始めてレストランや家庭のテーブルに並ぶようになりました。そのような背景もあり、この料理は古いルセットなのですが、再ブームが到来中です。

　サーモントラウトはもともと高い魚ではありませんが、ソース・シャンパーニュに特別感があるので、結婚式やお祝いの席に相応しい料理です。調理に使うワインやシャンパンによっても料理としてのグレードが変わります。

　魚は大きければ大きいほど、調理の際には細心の注意を払わなければいけません。スズキと同様、鮮度、タイミング、時間が重要です。難しいのは火の入りの見極め。途中で切って確認するわけにもいきませんから、経験のみがものを言います。とにかく作ってみることです。

### Laurent-Perrier "Brut Millésimé" Champagne
ローラン・ペリエ "ブリュット・ミレジメ" シャンパーニュ

産地：シャンパーニュ／
品種：シャルドネ、ピノ・ノワール／スパークリング・ワイン

魚には白ワインですが、料理のグレードと同等の高級感のあるシャンパンを合わせるのも心躍ります。ローラン・ペリエ氏は19世紀の人で、屈指のシャンパンメーカー。ミレジメは収穫年を指しますが、つまりはそのワインの美味しい年のものということ。これは食事用のシャンパンです。特徴は花の香り、柑橘類の酸味、白い花の味、ピーチやアプリコットのフレッシュな甘味。魚を引き立てる酸味とミネラル感があります。ブリュットより満足感も深みもある充実の1本。また、他の白ワインなら、ブルゴーニュ、ボリューム感のあるシャルドネ、リースリング系も合います。ですが冬の季節、脂ののったサーモンにはこのシャンパンが随一の組み合わせです。

## 材料 6人分

サーモントラウト truite saumonée — 1尾
バター beurre doux — 30g
塩 sel — 12g
白コショウ poivre blanc du moulin — 適量
エシャロット（みじん切り）échalotes hachées — 70g
シャンパン*1 champagne — 200mℓ

ソース sauce：
海老の殻 carapaces de crevettes — 16尾分
オリーヴ油 huile d'olive — 50mℓ
にんにく（みじん切り）ail haché — 10g
エシャロット（みじん切り）échalotes hachées — 70g
ブランデー〈コニャック〉eau de vie — 50mℓ
シャンパン champagne — 570mℓ
フュメ・ド・ポワソン fumet de poisson — 550mℓ
ブーケ・ガルニ bouquet garni pour poissons — 1束
トマト tomates — 正味200g
トマトペースト pâte de tomate — 10g
エストラゴンの酢漬け（p.336）estragon au vinaigre — 20g
塩 sel — 2g
白コショウ poivre blanc du moulin — 適量
ブールマニエ beurre manié — 30g
※バターと薄力粉を1：1で混ぜ合わせる
生クリーム crème — 250g
レモン果汁 jus de citron — 1個分
バター beurre doux — 30g

ガルニチュール garniture：
海老〈ブルーシュリンプ〉crevettes bleues — 16尾
※殻はソースに使用する
シャンピニョン champignons de Paris — 18個
バター beurre doux — 50g
ブランデー〈コニャック〉eau de vie — 20mℓ

飾り décor：
エストラゴン（みじん切り）estragon haché — 適量
パセリ（みじん切り）persil haché — 適量

### Champagne
［シャンパーニュ］

*1＝〈Champagne Jacquart Brut Mosaïque〉。シャンパーニュ地方のスパークリングワイン。シャルドネ40％、ピノ・ノワール30％、ピノ・ムニエ30％。ノン・ヴィンテージでありながら3年以上貯蔵し、新鮮で黄金色の色合い。口当たりはパワフルながらもエレガントな味わい。

# Truite saumonée au champagne

**1** サーモントラウトはひれ、うろこ、内臓を取る。トマトは皮をむいて種を取り、2cm角に切る。

**4** {flamber} ブランデーを加え、火をつけてアルコール分を飛ばす。

**6** 天板にアルミ箔を敷き、バターを塗り、塩4g、白コショウをふる。

**9** まわりにエシャロットを散らし、シャンパンをかける。200℃のコンヴェクションオーヴンで30分焼く。

**2** ガルニチュールの海老は身と殻に分け、殻はソースに使う。

**5** シャンパン550㎖、フュメ・ド・ポワソン、ブーケ・ガルニ、トマト、トマトペースト、エストラゴンの酢漬け、塩2g、白コショウを順に加える。蓋をし、弱火で15分煮る。

**7** サーモントラウトの表面と腹の中に塩8g、白コショウをする。

**10** {passer} ソースをシノワで漉す。レードルで押しつけ、旨味をしっかり出す。

**3** ソースを作る。平鍋にオリーヴ油を熱し、海老の殻を炒める。色が赤くなってきたら、にんにく、エシャロットを加えて混ぜる。

**8** 天板にのせ、頭と尾をアルミ箔で覆う。
🕯 頭と尾は焦げやすいので、アルミ箔でカバーする。

**11** サーモントラウトを10分ほど焼いたところで、ソースをかける。
🕯 サーモントラウトにかけたシャンパンのアルコール分が飛んでからソースを加える。最初からかけるとアルコールの臭みが出る。

**12** サーモントラウトを皿に取り出し、アルミ箔を外す。

**15** シャンピニオンは4等分に切る。フライパンにバター30gを熱し、茶色に色づくまで炒める。

**18** 海老は3cm長さに切る。フライパンにバター20gを熱し、炒める。ブランデーを加え、火をつけてアルコール分を飛ばし、ソースに加える。

**20** ソースの具をサーモンにのせる。ソースを半量になるくらいまで煮詰め、バターを加えてよく混ぜ、とろみをつける。シャンパン20mlを加え、香りをつける。サーモントラウトにかけ、エストラゴン、パセリを散らす。

**13** {passer} ソースはざるで漉し、半量になるまで煮詰める。

**16** {lier} ソースにブールマニエを少しずつ加え、泡立て器で混ぜ、とろみをつける。粉気がなくなるまで5分ほど煮る。

**19** {aciduler} ソースにレモン果汁を加える。

**14** サーモントラウトの皮を取り、薄いグレーの部分もこそげる。

**17** 生クリームを加えて混ぜ、炒めたシャンピニョンを加える。

# *Truite farcie au riesling*
## ［ニジマスのファルシ、リースリングの香り］

これは私の恩師マルセル・エムリック氏のスペシャリテです。ニジマスはフランス全土で養殖されていますから、食材から考えるとグラン・テストの郷土料理とは限定できません。着目すべきはリースリング。アルザスが誇るワインを利用しているということ。エムリック氏がカルカソンヌで作る際は、ブランケット・ド・リムーを使っていました。所変わればワインも変わるのです。

　天然のニジマスは今の時代なかなか手に入りませんが、私がエムリック氏のもとで修業していた頃は天然のものでした。エムリック氏のレストランではよくこのファルシが出ていて、ニジマス自体が人気の魚ですから、ムニエルなども流行っていました。アーモンドスライスをまぶしたムニエル・オ・ザマンドなど。

　この料理はニジマスを器にするので、形を残して下処理をするのがポイントです。他にはスズキでも同じように作ることができます。大きな魚を器にすると、ダイナミックで恰好良く仕上がります。

### Domaine Loew "Bruderbach" Clos des Frères Riesling
ドメーヌ・ローヴ "ブルーダーバッハ" クロ・デ・フレール・リースリング

産地：アルザス／品種：リースリング／白
ニジマスのファルシもサーモンのブレゼと料理としての系統は同じですが、夏の一品。ここは「調理に使ったワインと同じワインを合わせる」王道を踏襲します。コストパフォーマンスの良さからもお勧めしたいのが、ドメーヌ・ローヴ。ミネラル感、酸味があるけれど、ふんわりとした丸みも含んで、心地よいワインです。リースリング以外には同じくミネラル感豊富なロワールのソーヴィニョン・ブランも好相性です。

### Les Terrasses de l'Arago "Elecció Rosé" Côtes du Roussillon
レ・テラス・ド・ララゴ "エレクシオ・ロゼ" コート・デュ・ルシヨン

産地：ルシヨン／品種：シラー、グルナッシュ／ロゼ
夏の一品には夏に人気のロゼワインを。アロマチックでフルーティー、そしてスパイシーな香り。赤い木の実の酸味とジューシーさが魚料理にぴったりです。このエリアには複数の洞窟があり、なかでも45万年前の人骨が発見されたフランス最古のコーヌ・ド・ララゴ（アラゴ洞窟）は有名。ワイナリーがすぐそばにあることが名前の由来です。

# Truite farcie au riesling

🟦 **材料** 6人分

ニジマス truites ー 6尾
ムール貝 moules ー 18個
A│ エシャロット（みじん切り）échalotes hachées ー 1個
 │ 白ワイン*1 vin blanc ー 50㎖
海老 crevettes ー 12尾
白ワイン vin blanc ー 150㎖
B│ バター beurre doux ー 50g
 │ エシャロット（みじん切り）échalotes hachées ー 75g
シャンピニョン champignons de Paris ー 6個
トリュフ truffes ー 50g（小2個）
C│ フュメ・ド・ポワソン fumet de poisson ー 50㎖
 │ 白ワイン vin blanc ー 100㎖
 │ ジュ・ド・トリュフ jus de truffe ー 40g
 │ 塩 sel ー 1g
 │ 白コショウ poivre blanc du moulin ー 適量

アパレイユ appareil：
舌平目 sole ー 300g
※または白身魚（平目、鯛など）
卵白 blancs d'œuf ー 4個分
生クリーム crème ー 370g
トリュフ truffe ー 20g（小1個）
ジュ・ド・トリュフ jus de truffe ー 7g
塩 sel ー 4g
白コショウ poivre blanc du moulin ー 適量
ナツメグ noix de muscade ー 少量

ソース sauce：
ソース・オランデーズ sauce hollandaise
 │ 卵黄 jaunes d'œuf ー 4個
 │ 白ワイン vin blanc ー 30㎖
 │ ブール・クラリフィエ beurre clarifié ー 300g
 │ ※バターを450g用意する
 │ 塩 sel ー 1g
 │ 白コショウ poivre blanc du moulin ー 適量
生クリーム crème ー 280g
パセリ（みじん切り）persil haché ー 10g

### Riesling
［リースリング］

*1＝〈Fleischer-Riesling〉。アルザス地方の白ワイン。ドイツのラインガウ地方が原産でブドウの品種はドイツ系で最も古いものの一つ。輝きのある黄色、豊かな酸味と果実味、フレッシュでドライな味わい。

**1** 鍋にムール貝、Aを入れ、蓋をして強火にかける。口が開くまで、4〜5分蒸し煮にする。蒸し汁は取っておく。ムール貝は上殻を外す。

**2** 鍋に蒸し汁を戻し、白ワイン150㎖、海老を入れ、蓋をして強火にかける。2〜3分蒸し煮にして色が変わったら、火から外し、余熱で火を通す。蒸し汁はとっておく。

400 | Grand Est

**3** ニジマスは口から内臓と骨を取る。胴部の背中心に切り込みを入れる。

🕯 ニジマスは背を開いて器にするので、腹側を切らずに口から下処理をする。

**4** アパレイユを作る。トリュフはみじん切りにする。

**5** 舌平目はぶつ切りにし、フードプロセッサーに入れ、すり身状になるまで撹拌する。

**6** 卵白、生クリームを順に加え、その都度撹拌する。

**7** トリュフ、ジュ・ド・トリュフ、塩、白コショウ、ナツメグをすりおろして加え、撹拌する。アパレイユのでき上がり。

**8** バットにBのバターとエシャロットを入れて混ぜ、全体に広げる。

**9** 絞り袋に直径12mmの丸口金をつけ、アパレイユを入れる。ニジマスの背を開いて器にし、絞り入れる。

**10** 同様にニジマスにアパレイユを詰め、バットに並べる。

**11** シャンピニョン、トリュフは薄切りにする。シャンピニョン1個につきトリュフ3枚を挟み、ニジマスにのせる。

**12** 1のムール貝の蒸し汁50㎖、2の海老の蒸し汁50㎖、Cを加える。

**13** アルミ箔をかぶせ、180℃のオーヴンで15分加熱する。

**14** {clarifier} ソースを作る。まずオランデーズのブール・クラリフィエを作る。鍋にバター450gを入れて火にかけ、溶かす。上澄みの黄色く澄んだ部分をすくい取る。約300gのブール・クラリフィエができる。

🕯 鍋に残った乳漿[petit-lait]は水溶液。美味しくないので加えない。

Grand Est | 401

**15** {émulsionner} ボウルに全卵、白ワインを入れる。湯煎にかけ、泡立て器で8の字を書くように混ぜ、空気を含ませる。

⚠ 火加減が強いと卵が固まってしまう。70〜80℃の湯煎でゆっくり混ぜ、ボリュームを出す。

**16** もったりしたリボン状になったら、火から下ろす。

**17** ブール・クラリフィエを少しずつ垂らし、泡立て器でしっかり混ぜ、乳化させる。塩、白コショウを加えて混ぜ、オランデーズ完成。

⚠ 泡立て器はボウルに沿って同じ方向に混ぜ、ブール・クラリフィエは泡立て器の軌道に垂らすようにする。

**18** ニジマスの蒸し上がり。ニジマスは穴あきバットに取り出す。蒸し汁はシノワで漉す。

**19** ソースを仕上げる。鍋に蒸し汁を入れて火にかけ、半量になるまで煮詰める。

**20** 生クリームを加え、1〜2分煮詰める。

**21** 火から下ろし、オランデーズを加え、混ぜる。パセリを加え、混ぜる。

**22** {gratiner} 耐熱皿にニジマスを盛り、ムール貝と海老を飾る。ニジマスにソースをかけ、サラマンドルで焼き色がつくまで焼く。

> パッション家の
> 食卓

### 《ニジマスのムニエル》

カルカソンヌには養殖のニジマス釣りができる場所があって、ヴァカンスには孫たちと出かけて釣りを楽しみます。釣りはいつも大漁で、大きなニジマスは決まってムニエルに。牛乳で臭みを取って、粉をまぶしたら、大きなフライパンで一気に焼きます。ソースはブール・ノワゼットとレモン。小さな孫も自分で釣ったことが嬉しくて、2尾をぺろりとたいらげます。

*Choucroute au champagne*

# Choucroute au champagne

## ［シュークルート、シャンパーニュ風味］

シュークルートはアルザスの漬物です。キャベツを細切りにして塩漬けにしたもの。樽の中で3週間ほど漬けて完成させます。シュークルートをドイツ語ではザワークラウトといいますが、これは「酸味のあるキャベツ」という意味です。

　シュークルートはそのままサラダとして食べても美味しいです。フルーツや他の野菜と合わせて。スモークした魚とも合います。いずれもサラダですから冷たい一皿で、豚肉料理などのガルニチュールにも使えます。温かくいただくならば、もちろんシュークルート。シュークルートという名前は材料としての漬物も、料理も指します。

　アルザス風シュークルートは本来リースリングで調理しますが、グラン・テストが統合して大きな地方になったので、かつてのシャンパーニュ地方からシャンパンを拝借しました。ドライなアルザスの白ワインなら、何を使っても美味しくできます。ソーセージは4～5種類を合わせるのが基本。いくつかスモークタイプが入るといいです。シュークルートもベッコフやカスレと同じで、パン屋の竈の余熱で焼いてもらう料理です。毎週日曜の朝は教会でミサが行われますが、まずパン屋に立ち寄って鍋を預けます。昼の12時の鐘が鳴ったらパン屋に向かい、鍋を受け取る際にパンを買って帰ります。火を落としたあとの竈ですし、パンも売れるわけですから、毎週竈を提供してもパン屋は文句を言いません。

### Charles de Cazanove "Brut Millésimé" Champagne

シャルル・ド・カザノーヴ "ブリュット・ミレジメ" シャンパーニュ

産地：シャンパーニュ／品種：シャルドネ、ピノ・ノワール、ピノ・ムニエ／スパークリング・ワイン

シュークルートはソーセージ各種、野菜もさまざまと具だくさん。白ワインで作ることもありますが、シャンパンを使うとよりエレガントな料理に、ソースはなめらかになります。シュークルートはやさしい味、重くないソースなので、シャンパンなら間違いありません。食事を楽しむならミレジメ。グレードが高いので料理も高めます。ふくよかさ、こく、スパイシーさがあって、バランスがすごくいい。重すぎず軽すぎず、シャルドネが多く酸味が強いので、濃くない肉料理に合います。

# Choucroute au champagne

**材料**　12人分

シュークルート*¹ choucroute ― 3kg

玉ねぎ oignons ― 900g

ソーセージ5種*² assortiment de saucisses fumées ― 合わせて2kg

ベーコン poitrine fumée ― 530g

骨つき豚バラ肉*³ poitrine de porc avec os ― 780g

骨つき生ハム jambon cru avec os ― 300g

豚の脂 lard ― 100g
※または鴨脂

シャンパン champagne ― 2本（1.5ℓ）

フォン・ド・ヴォライユ fond de volaille ― 1ℓ

A｜ジュニパーベリー baies de genièvre ― 60粒
　　粒白コショウ poivre blanc en grains ― 30粒
　　クローヴ clous de girofle ― 15粒
　　ローリエ laurier ― 4枚
　　粗塩 gros sel ― 17g
　　黒コショウ poivre noir du moulin ― 適量

ジャガイモ pommes de terre ― 6〜8個

**1** ベーコン、骨つき豚バラ肉、にんにく風味のソーセージは1cm幅に切る。

**2** {suer}玉ねぎは薄切りにする。鍋に豚の脂を熱し、玉ねぎを炒める。弱火で色づけないように炒める。

*¹＝細切りにしたキャベツを塩漬けして発酵させたもの。アルザスの伝統的な漬物で、ドイツのザウアークラウトに同じ。フランスでは生のものが量り売りされている。日本で一般的な瓶詰めを使う場合は、塩気が強いので洗って塩抜きしてから調理する。
*²＝5種類のソーセージは、saucisson à l'ail fumé［にんにく風味スモークソーセージ］1/2本、saucisse de Morteau cru［モルト産スモーク生ソーセージ］4本、saucisse de Strasbourg［ストラスブルグソーセージ］4本、saucisse de Montbéliard crue［モンベリアール産生ソーセージ］4本、saucisse de Francfort［フランクフルトソーセージ］6本を使用。
*³＝骨つき豚バラ肉をブイヨンで煮たもの。写真は銀色の楕円皿の中央。

406　|　*Grand Est*

**3** しんなりしたら、シュークルートの1/2量をほぐして加え、軽く炒め合わせる。

**4** ベーコン、骨つき生ハム、にんにく風味のソーセージを並べ入れ、残りのシュークルートを加える。

**5** にんにく風味以外のソーセージ、骨つき豚バラ肉はあとで加える。
▲ 煮崩れしやすいもの（皮の破れやすいソーセージ）はあとで加える。

**6** シャンパン、フォン・ド・ヴォライユ、Aを加え、強火で沸騰させる。
▲ あらかじめオーヴンの温度に合わせることが目的。時間短縮にもなる。

**7** 沸騰したら蓋をし、180℃のオーヴンで10分、120℃に下げて2時間加熱する。

**8** 残りのソーセージ、骨つき豚バラ肉、ジャガイモを加え、さらに30分加熱する。

---

フランスの食風景

*Scène de la cuisine française*

# ジュニパーベリー

[baies de genièvre]

ジュニパーベリーはセイヨウネズという低木の果実を乾燥させたもの。ジンの香りづけやジビエのマリナード、シュークルートに用いられる香辛料で、ジンの名前はフランス語の genièvre に由来。本書ではカルボナードやベッコフにも登場します。

　ジュニパーベリーに限らず香辛料（スパイス）、フランス語でエピス [épices] には、多くの利点があります。刺激的な辛さで料理に辛味をつけたり、風味を纏わせたり、その風味で臭みや癖を抑えたり、着色をしたり。加えて防腐や消化促進の効果もあるので、肉食の文化圏や暑い地域では必要不可欠な材料です。エピスのなかでもコショウはかつて貴重で高価なもので、その価値は金銀と同等。危険を伴う長旅をしてでも手に入れる価値があるとされるほどでした。

　13世紀フランスの寓話『Le Roman de la Rose（薔薇物語）』には次のような一節があります。
「そして美味しい"エスピス"の数々を味わう食事の楽しさよ」
エスピス [espice] は1150年頃に使われていたエピスを意味する言葉ですが、フランス料理においてのエピスの立ち位置を巧く表現していると思います。

# Baeckeoffe alsacien
## ［アルザスベッコフ］

鍋ありきの料理というものがあって、ベッコフもその一つ。カスレと同じで、鍋が大切です。ベッコフに使用する鍋は、楕円型のスフレンハイム焼き。スフレンハイム焼きはこの土地特有の赤土で作る陶器で、花や鳥などの愛らしい絵柄が特徴です。

ベッコフはアルザス語で「パン屋の竈」という意味。材料を詰めた鍋をパン屋に預け、火を落とした竈に入れて煮込んでもらいます。仕事を終えたばかりの竈は熱々。余熱で充分に加熱できるのです。パン屋に鍋を預けるという件、フランスの煮込み料理のストーリーでしばしば登場します。

一説によると、アルザスでは毎週月曜日が洗濯の日と決まっていて、洗濯機のない時代ですから主婦は大忙し。前日に肉をマリネしておいて、月曜日の朝に鍋をパン屋に預けていました、というもの。あるいは、金曜日と土曜日は火を使ってはいけないという慣習から、金曜日の夜にパン屋に預けて土曜日の昼に取りに行ったという説。

決まりは豚、牛、子羊の3種類の肉を使うこと。ジャガイモやポワローなどの野菜と一緒に白ワインでマリネします。ベッコフ鍋の蓋には蒸気穴がなく、隙間にもパン生地を貼りつけてしっかり密閉しますから、鍋の中の水分は蒸発せずに汁気を残したまま仕上がります。

### Domaine Schlumberger "Les Princes Abbés" Pinot noir Alsace
ドメーヌ・シュルンバジェ "レ・プランス・アベ" ピノ・ノワール・アルザス

産地：アルザス／品種：ピノ・ノワール／赤
アルザスでベッコフを食べる時は、ピノ・ノワールを飲むのが地元の誇り。ドメーヌ・シュルンバジェは日本でも話題です。果実感がしっかりあるピノ・ノワールが、ベッコフのしっかりした具の味を引き立てます。アルザスのワインといえばピノ・ノワールで、ふくよかなブルゴーニュのものと比べると、あっさりとしていて飲みやすく、口の中をフレッシュにしてくれます。

### Domaine Alain Graillot "La Guiraude" Crozes-Hermitage
ドメーヌ・アラン・グライヨ "ラ・ギロウド" クローズ゠エルミタージュ

産地：ローヌ／品種：シラー／赤
1本目とコントラストをつけて、ローヌの赤ワイン。日本での知名度は高くありませんが、アラン・グライヨ氏はシラーのスペシャリストで、クローズ・エルミタージュといえばグライヨ氏というくらい、ただただ美味しい。スパイシーさとフルーティーさのバランスが素晴らしく、ソースや具とからめると心地よくマリアージュします。価格的にも秀でていて、オールマイティーさも魅力。

## Baeckeoffe alsacien

**材料** 6人分

豚肩ロース肉 échine de porc ― 800g
牛肩肉 paleron de bœuf ― 800g
子羊肩肉 épaule d'agneau ― 800g
ゆでた豚足*1 pieds de porc cuits désossés ― 3本
ベーコン poitrine fumée ― 200g

マリナード marinades crue：
玉ねぎ oignons ― 400g
ポワロー（白い部分）poireaux ― 500g
にんじん carottes ― 700g
にんにく têtes d'ail ― 3株
白ワイン vin blanc ― 1本（750mℓ）
タイム thym ― 3枝
ローリエ laurier ― 3枚
クローヴ clous de girofle ― 6粒
ジュニパーベリー baies de genièvre ― 6粒
ローズマリー romarin ― 4枝

生地 pâte à pain：
水 eau ― 200g
薄力粉 farine de blé type 45 ― 200g

鴨脂 graisse de canard ― 適量
ジャガイモ pommes de terre ― 2kg
玉ねぎ oignons ― 2個
ポワロー（白い部分）poireaux ― 2本分
フォン・ド・ポ*1 fond de porc ― 350g
タイム thym ― 3枝
ローリエ laurier ― 3枚
塩 sel ― 25g
黒コショウ poivre noir du moulin ― 適量

飾り décor：
パセリ（みじん切り）persil haché ― 適量

＊1＝フランスではゆでた豚足が売られている。ゆで方はp.138の1〜3を参照するが、一晩おく必要はない。ゆでた豚足は骨を取り除く。このゆで汁がフォン・ド・ポになる。

**1** 前日。豚肉、牛肉、子羊肉、ゆでた豚足は一口大に切る。ベーコンは7〜8mm幅に切る。

**2** マリナードの玉ねぎは4等分にし、厚めの薄切りにする。ポワローは太いものは縦に切ってから薄切りにする。にんじんは6〜7mm厚さに切る。にんにくは薄皮をむく。

**3** {mariner} 1の肉類をマリナードに漬け、冷蔵庫に12時間おく。

**4** 生地を作る。材料を混ぜ合わせ、ひと塊になったら、ラップで包み、冷蔵庫で一晩寝かせる。
🔖 最低でも1〜2時間は寝かせる。

**5** 当日。{égoutter} 3の具をざるにあげ、マリナード液と分ける。

**6** ジャガイモは薄切りにする。玉ねぎは4等分にし、厚めの薄切りにする。ポワローは太いものは縦に切ってから薄切りにする。

**7** 鍋に鴨脂を塗る。ジャガイモの1/4量を並べ入れる。
🔖 鴨脂は側面までしっかり塗る。

**8** 玉ねぎ、ポワローの1/3量を重ね入れる。塩の1/4量、黒コショウを加える。

**9** 肉類とマリナードの野菜類の1/3量を重ね入れる。

**12** 生地を麺棒で細長くのばし、端から巻いて棒状にする。

**14** 蓋をして密着させる。200℃のオーヴンで1時間、150℃に下げて2時間煮込む。

**15** でき上がりは生地を包丁などではがし、蓋を開ける。皿に盛り、パセリを散らす。

**10** 7〜9を繰り返し、3層にする。

**13** {luter} タイム、ローリエをのせ、塩、黒コショウをふる。鍋の縁に生地を貼りつける。

**11** 一番上にジャガイモを並べる。フォン・ド・ポ、マリナード液を鍋いっぱいに加える。
🥄 ジャガイモに少し隙間を作り、フォンなどを注ぐといっぱいになる様子がわかる。隙間は最後に埋める。

*Grand Est* | 411

パッションの美学
*Vision d'André Pachon*

# 週末のおもてなし
~ティエリの食講座~

### 週末の集まり

フランス人にとって食事は一日の一番の楽しみです。昼も夜も充分な時間を割きますが、それは家庭でもレストランでも同じです。フランス人の食事の時間が長いのは、おしゃべり好きという理由もあって。みんな会話上手で、それは子供も同じ。大人と同じテーブルについて対等に話します。食事は食べるだけではなくて、会話を楽しみ、コミュニケーションをとる時間でもあるのです。

　週末ともなれば親戚が集まったり友人を招いたりと大人数。夕食は8時以降、早くても7時半、来客がある時はアペリティフから始まります。この日は昼食でのおもてなし。来客は父の友人と伯母ロリータ。シャトーに住む伯父ミッシェルは恒例のメンバーです。居間で挨拶や近況報告をしたりと、アペリティフは場を和ませる時間。おしゃべり好きなフランス人ですから時間が過ぎるのはあっという間です。食事は食堂に移動していただきます。

### 献立のヒント

おもてなしの献立は、前菜、メイン、チーズ、デザートが一般的です。アペリティフのおつまみはカナッペ、この本で紹介している料理ならグラトンやテリーヌなど。この日の前菜はエスカルゴのカルゴラードでしたが、サラダ、パテ、生ハムなど簡単に準備できて美味しいものが定番です。サラダは葉野菜だけではなくて豆や麦やクスクスを使ったもの。海老のマヨネーズや夏ならばトマトのファルシ、生ハムメロンもいいです。小さなメロンを半分に切っ

てくり抜き、ポルト酒を注いだ前菜はお勧めです。

　メインは肉か魚のどちらか。ホストも席を離れないほうがいいので、オーヴンに入れておけばでき上がるローストや煮込みなどが適しています。メインにはガルニチュールを添えること。これは絶対です。煮込みの場合は肉以外の具材の野菜をガルニチュールと考えていいですが、ローストにはジャガイモやカリフラワーのグラタンなどを合わせます。メニュー選びは、人数の増減に対応できることも大切です。

　チーズは2～3種類。ハード、白カビ、青カビ、歯応えの異なるものや牛乳と山羊乳などを組み合わせます。家庭によってはここで葉野菜のサラダを添えます。

　フランス人の食事には焼き立てのパンが欠かせません。たいていのパン屋はケーキも売っていますから、パンと一緒にパン屋でデザートのケーキを買います。親しい人たちとの集まりなら、道すがらの買い物を頼むこともあります。

## 夏の食卓

パッション家に限らず、フランス人は外で食事をするのが好きです。レストランもテラス席は込み合います。気候のいい夏限定の楽しみですから、天気のいい日は庭にテーブルを作り、食器やシルバーも普段と同じものを準備。前菜は季節の食材を生かしたもので、メインはバーベキューが人気です。

## アペロ

週末はレストランに出かけることも楽しみです。夜は長いですから、食事を満喫したあとは映画を観たりクラブに行ったり。食事の前はもちろんアペリティフ。夕食開始が8時のフランスですからレストランのオープンも7時半。早い時間でも開いていてお酒のあるカフェなどでアペロをしてからレストランに向かいます。アペロ [apéro] は夕食の前に軽くお酒を嗜むことで、食事をさらに美味しくしましょうという習慣。つまりはアペリティフのことなのですが、好きな飲み物とおつまみで過ごすひと時です。

　レストランに行く前に、自宅に招いてアペロをすることもあります。フランス人は家を披露するのが好きですし、よく人を招きます。また、「うちにアペロしにおいでよ」と誘われることもあって、その時はアペロだけで食事は出ません。招く側も招かれる側も、その気軽さもいいのです。

オー＝ド＝フランス地方
# Hauts-de-France

## 地理・気候

フランス最北部に位置する地方。かつてのノール＝パ＝ド＝カレ地方とピカルディ地方が統合した。北はベルギーと国境を接し、イル＝ド＝フランス地方とベルギーを道路網や鉄道網でつなぐ。また、ドーバー海峡の海底を通る英仏海峡トンネルによってイギリスとも繋がっている。

夏はそれほど暑くならず、冬も暖流や偏西風気圧配置の影響で高緯度のわりには気温が下がらず温和な西岸海洋性気候。気候は内陸部と沿岸部で異なるが、夏と冬の寒暖差が少なく湿潤。冬も気温が下がりにくく、比較的過ごしやすい。

中心都市：リール

## 特徴

- ノール＝パ＝ド＝カレ地方は古くからの農工業地帯
- ブーローニュ＝シュール＝メールなど良港があり、フランス国内に魚を供給している
- 魚の缶詰製造も盛ん
- フランドル地方はベルギー西部にかけて広がる文化圏に属し、ベルギーと共通する料理がある
- アンディーヴの生産量は国内一
- ピカルディ地方の平野は大規模農業に適し、ジャガイモとテンサイの生産量は国内一
- ソンム川沿いでは湿地帯を利用した野菜の集約栽培が盛ん
- ブドウ栽培地の北限を超えているためワインはできないが、ビールを産す

## 食材

◎肉
七面鳥、肥育鶏、若鶏などのリックの家禽、
ベル・ブルーと呼ばれる乳・肉兼用牛、
プレ＝サレの子羊

◎魚介
タイセイヨウニシン

◎野菜
アンディーヴ、
メルヴィルのビンチュ種ジャガイモ、
アルルーの燻製にんにく、ランゴ豆、
ほうれん草、グリンピース、さやいんげん

◎チーズ
マロワール、ブーレット・ダヴェール、
ミモレット

◎その他
フランス唯一の穀物の蒸留酒ジュニエーヴル酒、
ジャンランやシュティなどの長期熟成ビール

## 代表的な郷土料理

◎前菜：アミアン風鴨のパテ [pâté de canard d'Amiens]

◎ポタージュ：湿地栽培野菜のスープ [soupe des hortillons]

◎野菜料理：フラマンドル風ホワイトアスパラガス [asperges blanches à la flamande]

◎魚介料理：魚のワーテルゾイ [waterzooï de poissons]、
ウナギのボシェ、グリーンソース [anguille au vert]、
白身魚とジャガイモとムール貝のクリーム煮 [caudière de Berck]

◎肉料理：オシュポ [hochepot]、ポチュヴレシュ [potjevlesch]、
雄鶏のビール風味煮 [coq à la bière]、
カギューズ、またはカキューズ [caghuse, caqhuse]、
ローストポーク、ソース・エーグル・ドゥ [rôti de porc à l'aigre doux]

◎軽食：ウェルシュ [welsh]

◎菓子：タルト・オ・シュクル [tarte au sucre]、
ビールのタルト [tarte à la bière]、ゴーフル [gaufre]、
ガトー・バテュ [gâteau battu]、
ラボット、またはタリビュール [rabote, talibur]、
アミアンのマカロン [macarons d'Amiens]、メルヴェイユ [merveilleux]

*Hauts-de-France* | 415

416 | *Hauts-de-France*

# *Flamiche aux poireaux*
## ［ポワローのフラミッシュ］

フラミッシュはピカルディーで愛されているタルト。フランス北部の言葉でタルトを指すのがフラミッシュです。古典的なルセットでは、ポワローとウォッシュチーズのマロワールを入れるのが伝統。ビストロではフラミッシュ・オ・マロワール［Flamiche au maroilles］の名前でメニューに載ることもあります。私のルセットは、パリの有名なキャバレー「キャバレー・ド・パリ・モンマルトル」のもので、マロワールは入れません。キャバレーのオーナーがピカルディーの生まれで、彼はいつも「フラミッシュはポワローとクリームに限る！」と熱弁していました。

ポワロー以外ではカボチャを使っても美味しいですし、温製、冷製どちらでも使え、汎用性の高い一品です。メインディッシュにする場合は温かく、前菜にする場合は冷たくいただくにしても、冷蔵庫には入れず常温程度にするのがいい具合です。タルト生地はパータ・フォンセかパート・ブリゼで作ります。

### Domaine Verget Mâcon La Roche-Vineuse
ドメーヌ・ヴェルジェ・マコン・ラ・ロッシュ＝ヴィヌーズ

産地：ブルゴーニュ／品種：シャルドネ／白
フラミッシュは前菜ですから、酸味のある白が合います。お勧めはマコンの白。マコンはブルゴーニュの中心から少し離れた地域で、酸味のある白ワインを得意とします。造り手は名門シャンソン。素晴らしいドメーヌで、どのワインも美味しいです。なかでもこの1本は、酸味があってジューシー、レモンや洋梨、白桃などの果実のフレッシュさが魅力です。料理の邪魔をせず、とくにシンプルな料理に最適。例えば刺し身にも合います。

### Les Terrasses de l'Arago "Chardonnay de nos Nuits" Côtes Catalanes
レ・テラス・ド・ララゴ "シャルドネ・ド・ノ・ニュイ" コート・カタラーヌ

産地：ルシヨン／品種：シャルドネ／白
毎年恒例の独特な行事があります。それはシャルドネ品種を真夜中に収穫すること。この収穫によって、ブドウがもつ本来のフレッシュさと質を最大限に保つことができます。南国のフルーツや洋梨に軽くヘーゼルナッツの香り。口の中ではとろみ、リッチで丸みがあり、バランスの良いフレッシュさが特徴。前菜にぴったりのワインです。

## *Flamiche aux poireaux*

**材料** 直径21×高さ2.5cmのタルト型3台分

パート・ブリゼ (p.302) pâte brisée ― 810g
※1台270g使用。p.302の分量を1.6倍にして作る

ドリュール dorure ― 適量
※全卵と卵黄を1:1で混ぜ合わせる

ブール・クラリフィエ (p.401の13) beurre clarifié ― 適量

ガルニチュール garniture：
ポワロー poireaux ― 1kg
バター beurre doux ― 100g

アパレイユ appareil：
クレーム・エペス crème épaisse ― 500g
卵黄 jaunes d'œuf ― 6個
シブレット ciboulette ― 50g
塩 sel ― 30g
白コショウ poivre blanc du moulin ― 適量
ナツメグ noix de muscade ― 少量
生クリーム crème ― 100mℓ

飾り décor：
ソース・クレーム sauce crème ― 適量
※生クリームを煮詰めてとろみをつけ、
　塩、白コショウで味を調える

**1** ガルニチュールを作る。ポワローは太いものは縦に切ってから、1.5cm幅に切る。

**2** 鍋にバターを溶かし、ポワローを入れ、木べらで混ぜながら炒める。強めの中火で5〜6分炒めたら、バットなどに移して冷ます。
▲ 水分を飛ばすのが目的。色をつけないようにする。

**3** アパレイユを作る。シブレットを1cm長さに切る。ボウルにクレーム・エペス、卵黄、シブレットを入れ、泡立て器でなめらかになるまで混ぜる。

**4** 塩、白コショウ、ナツメグをすりおろして加え、混ぜる。

**7** パート・ブリゼを作る（p.302の1〜4）。1台につき、底用150g、蓋用120gを用意する。

**10** アパレイユを型の高さまでたっぷり詰め、表面を平らにする。

**13** 手で型の縁を押し、余分を落とす。

**5** ポワローを加えて混ぜる。

**8** {foncer} 台に打ち粉をし、生地を置く。麺棒を転がし、1.5〜2mm厚さに、型よりひとまわり大きくのばす。型に生地を敷き込む（p.302の5〜7）。
◢ 底用は側面の立ち上がり分も大きくのばす。

**11** 生地の縁にドリュールを刷毛で塗る。

**14** 上面にドリュールを刷毛で塗る。180℃のオーヴンで40分焼く。

**6** 生クリームを加え、よく混ぜる。

**9** {piquer} フォークで底に穴をあける。

**12** 蓋用の生地をのせ、端を底用の生地とともに型の側面に押しつけ、密着させる。
◢ 蓋用の生地はアパレイユに沿って密着させ、アパレイユが出ないように注意する。

**15** 焼き上がったら、熱いうちにブール・クラリフィエを刷毛で塗り、つやを出す。

**16** 供する際は切り分けて皿に盛り、ソース・クレームを添える。

Hauts-de-France | 419

# *Ficelles picardes*
## ［フィセル・ピカールド］

フィセルはバゲットの種類で、フィセルが「ひも」の意味をもつことから細長いバゲットを指します。この料理はクレープを巻いてフィセルを模ることが名前の由来。クレープとはいっても甘くない生地で、一般的には前菜にする料理です。

フィセル・ピカールドの誕生は1950年代。アミアンの縁日に合わせて、地元の料理人マルセル・ルフェーヴルによって考案されました。ピカルディーはノール地方とノルマンディー地方の間に位置して広大なソンム湾に臨み、森林文化の伝統が息づいた地域。クレープの中には炒めたシャンピニョンをたっぷりと入れます。ソース・ベシャメルと合わせますが、クレーム・エペスで代用しても構いません。優しい味わいは老若男女に愛されています。

郷土料理のなかでは比較的新しい料理ですが、クレープには長い歴史があります。人類が穀物をすり潰して水で練り、熱した石の上でガレット［galette］を焼いたのは紀元前7000年頃のこと。時を経て、帰還した十字軍がアジアからフランスに持ち帰ったのが13世紀です。

2月2日の聖燭祭［chandeleur］は、キリストが聖母マリアとヨセフによって神殿に連れて来られたことを記念する祝日ですが、クレープの日でもあります。2月の初めは冬の種まきが始まる時期。農民は余った小麦粉でクレープを作りました。というのも、クレープの丸い形の金色は太陽を思わせます。つまり、新しい年の豊穣を願う習慣なのです。クレープを作る時は、左手に金貨を握りながら、右手で最初のクレープをひっくり返します。フライパンの中できれいに返れば、その年は繁栄に恵まれるというわけ。また、この時期はサン・ジャック・ド・コンポステルへ向かう巡礼者にふるまう食事もクレープでした。

### Château Cambon Beaujolais
シャトー・カンボン・ボジョレ

産地：ボジョレ／品種：ガメイ／赤
ロゼもいいですが、軽い赤ワインを合わせます。軽さが特徴のボジョレの赤。ちなみにボジョレ・ヌーヴォーはワインのお祭りで、アペラシオンがあるボジョレとは別物です。ボジョレ地区の品種はガメイ。造り手はマルセル・ラピエル氏。フレッシュな果実味とやさしい甘味、柔らかな酸味が特徴です。料理の邪魔をせず、ワインの風味も楽しめるワイン。重いワイン、ボリュームのあるワインはメインに合わせるものですが、このワインは赤でも、色もルビーで、こってりした白より軽く感じます。タンク熟成でフルーツの良さだけで造った味わいは、カジュアルなフィセル・ピカールドに馴染みます。

### Clos du Gravillas "L'Inattendu" Minervois
クロ・デュ・グラヴィヤス "リナタンデゥ" ミネルヴォワ

産地：ラングドック／品種：グルナッシュ、マカブー／白
ブドウは有機農法で栽培。熟した上質なブドウのみを一粒一粒手摘みで収穫します。樹齢90年を超えるマカブーのリッチさとミネラル感が印象的なドライの白ワイン。年間3000本の生産と、貴重な1本です。

# Ficelles picardes

**材料** 6人分

パータ・クレープ pâte à crêpe：
※でき上がり約980g。1枚100g使用

薄力粉 farine de blé type 45 — 250g

塩 sel — 3g

全卵 œufs — 3個

牛乳 lait — 500㎖

ブール・フォンデュ beurre fondu — 50g
※バターを火にかけて溶かす

【焼き用】バター beurre doux — 適量

アパレイユ appareil：

シャンピニョン champignons de Paris — 600g

エシャロット échalotes — 2個

バター beurre doux — 50g

白ワイン vin blanc — 150㎖

塩 sel — 2〜3g

白コショウ poivre blanc du moulin — 適量

ジャンボン・ブラン jambon blanc — 薄切り6枚

【型用】バター beurre doux — 適量

クレーム・エペス crème épaisse — 200g

グリュイエール gruyère — 120g

ソース・ベシャメル sauce béchamel：

ルー・ブラン roux blanc
　　バター beurre doux — 50g
　　薄力粉 farine de blé type 45 — 50g

牛乳 lait — 250㎖

塩 sel — 1g

白コショウ poivre blanc du moulin — 適量

**1** パータ・クレープを作る。ボウルに薄力粉、塩を入れ、中央に卵を落とす。泡立て器で中央から外側に向かって混ぜる。

**2** {passer} 牛乳を加え、なめらかになるまで混ぜる。シノワで漉し、ボウルに入れる。

**3** ブール・フォンデュを加え、泡立て器で混ぜる。室温に15分おく。
⚠ 鍋底に溜まる乳漿 [petit-lait] は水溶液でバターではないので加えない。

422　Hauts-de-France

**4** アパレイユを作る。シャンピニョン、エシャロットはみじん切りにする。

**5** ソテーパンにバターを溶かし、エシャロットを色づけないように炒める。

**6** 透き通ってきたら、シャンピニョンを加え、水分を飛ばすように中火で5〜6分炒める。

**7** 並行してソース・ベシャメルを作る。鍋にバターを入れ、火にかける。バターが溶けたら薄力粉を加え、弱火で炒める。

**8** 色づけないように泡立て器で混ぜながら、粉気がなくなるまで炒める。最初はどろりとするが、徐々にふつふつと沸いてくる。手応えが軽くなり、さらりとした状態になったら、粉に火が入った合図。これがルー・ブラン。

**9** シャンピニョンの水分が飛んだら、白ワインを加え、水分がなくなるまで煮詰める。

**10** ルー・ブランに牛乳を少しずつ加え、その都度泡立て器でよく混ぜる。途中で塩、白コショウを加える。徐々に手応えが重くなってくるので、手を休めずに混ぜる。牛乳を全量加えたらベシャメルの完成。

冷たい牛乳を少しずつ加え、だまになるのを防ぐ。

**11** シャンピニョンにベシャメルの1/2量、塩、白コショウを加え、混ぜる。

**12** 直径20cmのクレープパンを弱めの中火で熱し、バターを薄く塗り、パータ・クレープを100gほど入れる。クレープパンを素早くまわし、均一な厚さに広げる。

**13** 薄く焼き色がついたら裏返し、両面を焼く。

生地は少し厚めが美味しい。

**14** 直径18cmのセルクルで抜く。

Hauts-de-France | 423

**15** 生地にジャンボン・ブランを重ね、**11**をのせる。手前から巻く。これがフィセル。

**17** 残りのベシャメルにクレーム・エペスを加え、ゴムべらでよく混ぜる。

**16** 耐熱容器にバターを塗り、フィセルを置く。

**18** クレープにのせ、グリュイエールをかける。180℃のオーヴンで25分焼く。

---

フランスの
食風景

*Scène de la cuisine française*

# バゲット

[baguette]

日常的な食事用のパンは、棒状のバゲットです。基本的な材料は小麦粉と水と塩。生地を酵母で発酵させて焼きます。棒状のパンの生地はみな同じ。サイズによって名前が異なり、バゲットはその一つです。フィセル・ピカールドの料理名の由来となったフィセルや他の棒状のパンには以下のような種類があります。

● バゲット [baguette]
生地の状態で重さ350g、焼減率は理想が25%とされているので焼き上がりは250g、長さは68cm。

● バタール [bâtard]
バゲットと同じ生地量350gで、サイズは40cmと短く、そのぶん太い。

● パリジャン [parisien]
長さはバゲットと同じ68cm程度で、太い。地方によってはパン [pain]、あるいはフルート [flûte] と呼ぶ。

● フルート [flûte]
パリジャン、またはフルートの別名。バゲットと同じ長さでやや細いものを指すこともある。

● フィセル [ficelle]
「ひも」の意味。生地量がバゲットの半分で長さはバゲットと同じ68cm程度。両端が尖ったものを指す場合もある。別名ドミ＝バゲット [demi-baguette]。

● エピ [épi]
「麦の穂」の意味。細長くした生地に左右から交互にはさみで切り込みを入れて開き、麦の穂の形を作る。

*Carbonade flamande*

# *Carbonade flamande*
## ［カルボナード］

カルボナード、カルボナード・フラマンドは牛肉のビール煮込みのこと。フランドル地方はフランス北部に位置し、石炭産業で繁栄した地域です。石炭はフランス語でシャルボン［charbon］というのですが、この料理は調理をする際に石炭を使っていたのが起こりで、石炭が転じたのが名前の由来です。ガスのない時代、フランス国内でも鍋を温める方法はかくも違うものでした。

　当時は牛肉と限らず、馬肉も使われていました。また、フランドルはベルギー西部にかけて広がる地域で、郷土料理にもベルギーと共通するものが多く、カルボナード以外にはオシュポやワーテルゾイなどが挙げられます。このあたりはブドウ栽培の北限を超えていますから、飲み物はビールが主流。調理に用いられるのもワイン代わりのビールです。

　カルボナードの特筆すべき点はリエ。伝統に従えば、マスタードを塗ったパン・デピスを肉の上にのせて煮込み、仕上げに崩してとろみをつけます。パン・デピスを粉と考えれば納得がいきますが、他の地方にはない面白い発想です。パン・デピスのスパイスの風味や甘味が美味しさの隠し味になるのでしょう。

### Kronenbourg 1664 "Brune"
**クローネンブルグ1664 "ブリューヌ"**

産地：アルザス／品種：麦芽、ホップ／黒ビール

クローネンブルグは、1664年にストラスブールに設立されたフランスを代表するブルワリーです。白やラガー、フルーツなどのビールも造っていますが、料理に合わせるにはこくのある黒。黒ビールの酸味とボリューム感が煮込みに調和します。インパクトがあって、マリアージュが素晴らしいです。

### Domaine Bertagna "Les Dames Huguettes" Bourgogne-hautes-côtes-de-Nuits
**ドメーヌ・ベルターニャ "レ・ダーム・ユゲット" ブルゴーニュ＝オート＝コート＝ド＝ニュイ**

産地：ブルゴーニュ／
品種：ピノ・ノワール／赤

ワインならブルゴーニュの赤。ビール煮込みは赤ワイン煮込みほど重くないので、ワインもあまり重すぎないものが合います。ピノ・ノワールは果実感とタンニンがあって、黒ビールに少し似た性質をもっています。酸味と赤いフルーツの熟成感が、煮込み料理を楽しませてくれます。

## *Carbonade flamande*

**材料**  6〜8人分

牛肩甲骨まわり肉 paleron ― 1.5kg
塩 sel ― 18g
黒コショウ poivre noir du moulin ― 適量
ベーコン poitrine fumée ― 300g
サラダ油 huile végétale ― 50mℓ
玉ねぎ oignons ― 5個
エシャロット échalotes ― 4個
にんにく gousses d'ail épluchées ― 4かけ
カソナード cassonade ― 60g
赤ワイン酢 vinaigre de vin rouge ― 100mℓ
薄力粉 farine de blé type 45 ― 30g
ビール*1 bière ― 1ℓ
フォン・ド・ヴォ fond de veau ― 400g
ブーケ・ガルニ bouquet garni pour viandes ― 1束
ジュニパーベリー baies de genièvre ― 8粒
パン・デピス*2 pain d'épices ― 200g
バター beurre doux ― 60g
ディジョンマスタード moutarde de Dijon ― 100g

飾り décor：
パセリ（みじん切り） persil haché ― 適量

**bière** ［黒ビール］

*1＝〈Jade Bière Ambrée Malt Bio〉。フランス産の黒ビール。添加物は一切加えず、NATURE&PROGRESの認定を受けた原材料を用い、製造工程もエコロジーマーク「ECOCERT」を取得。1986年に誕生したフランス初のビオビール。有機のローストした麦芽はカンパーニュのようにリッチで香り高い。

*2＝香辛料がたっぷり入ったパンという意味。フランス全土で見られるが、アルザスのものが有名。10世紀に中国で作られていたものが、十字軍により11世紀にヨーロッパにもたらされた。

**1** ベーコンは1cm幅に切る。フライパンにサラダ油を熱し、ベーコンを強火でこんがりと焼き色がつくまで焼く。焼いたら網に置き、油をきる。フライパンの油はとっておく。

**2** 牛肉はぶつ切りにし、塩、黒コショウをふる。

**3** {saisir} ベーコンを焼いた油で、牛肉を焼く。強火で返しながら焼き、全面にしっかり焼き色をつける。油はとっておく。

428 | *Hauts-de-France*

**4** 玉ねぎ、エシャロットは繊維を断つように薄切りにする。3のフライパンの油を鍋に入れて熱し、玉ねぎ、エシャロットを強火で炒める。にんにくを潰して加え、7〜8分炒める。

**5** 薄茶色になったら、バターを加え、7〜8分炒める。

🔥 濃い色の料理の場合は、玉ねぎはしっかり色づける。

**6** {caraméliser} しっかり色づいたら、カソナードを加えて炒め、焦がして色づける。

🔥 カソナードを使うことで、より色も風味も出る。

**7** {déglacer} カラメリゼして色づき、つやが出てきたら、赤ワイン酢を加え、鍋にこびりついた旨味を溶かす。

**8** 牛肉、ベーコンを加え、混ぜる。

**9** {singer} 薄力粉をふり入れ、粉気がなくなるまでしっかり焼く。

🔥 焼きが甘いとソースが白くなるので、しっかりと火を入れる。サンジェすることでとろみがつき、食べる時に肉にソースがからむ。

**10** ビールを加え、2〜3分煮る。

**11** フォン・ド・ヴォ、ブーケ・ガルニを加える。ジュニパーベリーは潰して香りを出してから加える。

**12** パン・デピスは1cm厚さに切り、マスタードを塗って鍋に加える。混ぜる必要はない。蓋をし、弱火で2時間煮込む。

🔥 パン・デピスはリエのため。卵やブールマニエのような役割をする。

**13** 1時間煮込んだ状態。

**14** {lier} 2時間煮込んだら、パン・デピスを崩し、とろみをつけながら馴染ませる。

**15** 供する際は、皿に盛り、パセリを散らす。

Hauts-de-France | 429

# 家畜肉の部位　Découpe de la viande

## 牛肉の部位名 [découpe du bœuf]

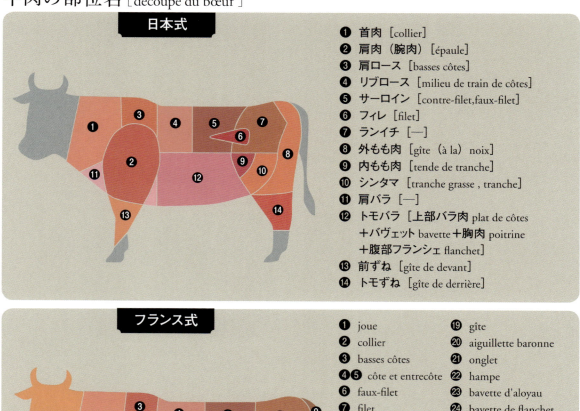

**日本式**

1. 首肉 [collier]
2. 肩肉（腕肉）[épaule]
3. 肩ロース [basses côtes]
4. リブロース [milieu de train de côtes]
5. サーロイン [contre-filet, faux-filet]
6. フィレ [filet]
7. ランイチ [—]
8. 外もも肉 [gîte (à la) noix]
9. 内もも肉 [tende de tranche]
10. シンタマ [tranche grasse, tranche]
11. 肩バラ [—]
12. トモバラ [上部バラ肉 plat de côtes ＋バヴェット bavette ＋胸肉 poitrine ＋腹部フランシェ flanchet]
13. 前ずね [gîte de devant]
14. トモずね [gîte de derrière]

**フランス式**

1. joue
2. collier
3. basses côtes
4. 5. côte et entrecôte
6. faux-filet
7. filet
8. rumsteck
9. queue
10. bond de gîte
11. tende de tranche
12. 13. poire et merlan
14. gîte à la noix
15. araignée
16. plat de tranche
17. rond de tranche
18. mouvant
19. gîte
20. aiguillette baronne
21. onglet
22. hampe
23. bavette d'aloyau
24. bavette de flanchet
25. flanchet
26. plat de côtes
27. 28. tendron et milieu de poitrine
29. gros bout de poitrine
30. macreuse à bifteck
31. paleron
32. macreuse à pot-au-feu
33. jumeau à bifteck
34. jumeau à pot-au-feu

## 子牛肉の部位名 [découpe du veau]

1. 首肉 [collier (collet)]
2. 肩肉 [épaule]
3. 肩ロース [carré découvert]
4. 背ロース [carré couvert]
5. 腰肉 [longe]
6. フィレ [filet (filet mignon)]
7. 胸肉 [poitrine]
8. もも肉 [cuisseau]
9. 前すね肉 [jarret avant]
10. 後すね肉 [jarret arrière]
11. 足 [pied]

## 豚肉の部位名 [découpe du porc]

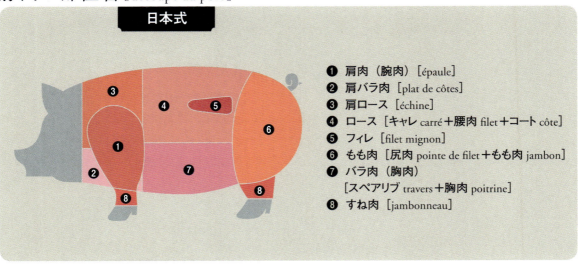

**日本式**

1. 肩肉（腕肉）[épaule]
2. 肩バラ肉 [plat de côtes]
3. 肩ロース [échine]
4. ロース [キャレ carré ＋腰肉 filet ＋コート côte]
5. フィレ [filet mignon]
6. もも肉 [尻肉 pointe de filet ＋もも肉 jambon]
7. バラ肉（胸肉）[スペアリブ travers ＋胸肉 poitrine]
8. すね肉 [jambonneau]

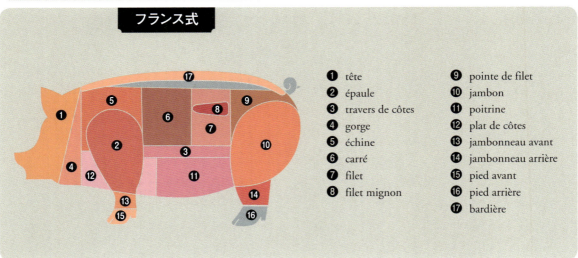

**フランス式**

1. tête
2. épaule
3. travers de côtes
4. gorge
5. échine
6. carré
7. filet
8. filet mignon
9. pointe de filet
10. jambon
11. poitrine
12. plat de côtes
13. jambonneau avant
14. jambonneau arrière
15. pied avant
16. pied arrière
17. bardière

## 羊肉の部位名 [découpe du mouton / de l'agneau]

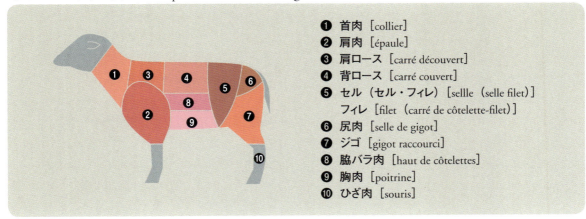

1. 首肉 [collier]
2. 肩肉 [épaule]
3. 肩ロース [carré découvert]
4. 背ロース [carré couvert]
5. セル（セル・フィレ）[selle（selle filet）] フィレ [filet（carré de côtelette-filet）]
6. 尻肉 [selle de gigot]
7. ジゴ [gigot raccourci]
8. 脇バラ肉 [haut de côtelettes]
9. 胸肉 [poitrine]
10. ひざ肉 [souris]

Découpe de la viande | 431

## フォン Fond de cuisine

### フォンとブイヨン

フォンは煮込み料理やソースに使うもの。日本でいうところの出汁です。ただしフランス料理では、料理の主素材と同じ材料で作ったフォンを使います。これは、主素材の持ち味を最大限に生かすため。肉や野菜を水で煮て作るという意味ではブイヨンも同じですが、ブイヨンはフォンのように煮詰めず、軽いのが特徴です。また、材料は同じですが、肉のボリュームが少ないところが違います。「フォン・ド〜」「ブイヨン・ド〜」と、フォンもブイヨンも各素材ごとに種類があります。

「フランス人が優れている点は、ブイヨン作りだ」と、文豪アレクサンドル・デュマは言っています。1700年代中頃にマランという料理人が書いた『コモス神の贈り物』には、すでにブイヨンが登場しています。ただし、これはレストランに於いての話。加えて現代ではブイヨンを作ることはほとんどなく、肉を食べられない人のためにブイヨン・ド・レギュム（野菜のブイヨン）を作る程度です。

### 白いフォンと茶色いフォン

フォンには、主材料に色をつけず、そのまま、あるいは下ゆでしてから煮る白いフォン［fond blanc］と、材料をオーブンで焼くなど焼き色をつけてから煮る茶色いフォン［fond brun］があります。基本的には子牛も鶏も同じ。魚に関しては白いフォンのみで、フュメ・ド・ポワソンと呼びます。厳密にはフォン・ド・ヴォライユはフォン・ブラン・ド・ヴォライユ［fond blanc de volaille］で、本書のルセット中の「フォン・ド・ヴォライユ」は白いほうを指します。

### ジュ

フォンと並んでソースのベースになるものにジュ［jus］があります。主素材を調理後にデゾッセして、その骨に水を加えて短時間で煮たものを指し、ほとんどの場合、ソースに用います。ジュはジュース、汁の意味で、素材そのものの強さがあります。フォンと違い、あらかじめ仕込んでおくものではないので、調理の最後に短時間で仕上げます。

### 家庭のフォン

一般的な家庭でフォンを作ることはありません。料理に使うのは水。あるいは市販のブイヨンキューブです。フランスで売られているのはヴィアンドとヴォライユ。この2種類が主流です。私の母の時代にもブイヨンキューブはありました。

遡ると、ブイヨンキューブはナポレオンの時代にあったかもしれない、という文献も残っています。曰く、王様の旅行は大所帯で料理道具も携えて、野営をしながら何日もかかります。フォンやブイヨンを持参するには荷物になりすぎるし、腐る心配もある。そこで料理人は煮詰めてキャラメルのように凝縮させたものを持ち歩き、調理の度に湯で溶いてスープを作ったのだとか。なるほど一理ありますが、これはブイヨンキューブというより、グラス・ド・ヴィアンドなどのフォンを煮詰めて作るグラスと呼んだほうが相応しいかもしれません。

### コンソメ

日本にはコンソメの名前がつくブイヨンキューブがあるそうですが、コンソメはビーフのスープであって、煮込みやソースの材料ではありません。もちろんフォンと同じように使っても風味の面では支障はありませんし、素晴らしく美味しいですが、材料費が嵩み、贅沢すぎます。ちなみにコンソメ・ドゥーブルは、ビーフのボリュームが倍ということです。

### フランス料理はフォン！

美味しいフォンがあると、美味しいソースが作れる！　これは私の持論であり、フランス人の総意です。"フランス料理はソースあってのもの"という話をしました。つまりフォンはフランス料理に不可欠なものなのです。

「レストラン・パッション」で常備しているのは、フォン・ド・ヴォ、フォン・ド・ヴォライユ、フュメ・ド・ポワソンの3種類。季節や料理によっては種類を増やします。フォンを作るのは1週間に一度ほどですから、冷蔵または冷凍保存もしています。牛乳パックに入れて保存すれば、量も1ℓとわかりやすいですし、庫内も整然と使えるのでお勧めです。

## フォン・ド・ヴォ
[fond de veau à l'ancienne]

**材料** でき上がり約8ℓ

子牛の骨 os de veau — 5kg
子牛肉の切れ端 parures de veau — 2kg
サラダ油 huile végétale — 200mℓ

A
玉ねぎ（1cm角に切る）oignons en mirepoix — 4個
にんじん（1cm角に切る）carottes en mirepoix — 4本
完熟トマト（1cm角に切る）
　tomates mûres concassées — 4個
セロリの茎（1cm角に切る）
　branches céleri en mirepoix — 2本分
シャンピニョン（1cm角に切る）
　champignons de Paris en mirepoix — 200g
にんにく tête d'ail — 1株

B
水 eau — 10ℓ
トマトペースト concentré de tomates — 200g
ローリエ laurier — 4枚
タイム thym — 2枝
粗塩 gros sel — 20g
粒黒コショウ poivre noir en grains — 20粒

1 子牛の骨、肉の切れ端にサラダ油をまぶし、180〜200℃のオーブンで30分ほど焼く。
2 Aを加え、ときどき混ぜながらさらに30分焼く。
3 Bを加え、沸いたら弱火にし、5〜6時間煮る。浮いてくる脂は取らず、アクのみを取る。
4 シノワで漉し、保存容器などに移して底を氷水に当てて冷ます。冷蔵庫で保存する。

### Conseil

脂はあえて取りません。冷やすと自然にクラリフイエし、脂は浮いて蓋の代わりになるからです。使う時は脂に穴をあけてフォンをすくいます。これは私の独創的な手法ですが、伝統的なフォンに敬意を込めて、フランス語名には「à l'ancienne（昔ながらの）」をつけました。

**Procédé**

Dans une plaque à rôtir, colorer les os avec de l'huile végétale pendant 30 minutes au four. Ajouter les légumes et remuer de temps en temps encore pendant 30 minutes. Transvaser le tout dans une marmite puis mouiller avec 10 litres d'eau. Ajouter la tomate concentrée, le laurier et le thym. Ajouter le sel et le poivre noir et porter à ébullition. Cuire pendant 5 à 6 heures à feu doux. Ecumer sans dégraisser. Une fois passer au chinois, refroidir et garder au frigidaire.

## グラス・ド・ヴィアンド
[glace de viande]

**材料** でき上がり約500mℓ

フォン・ド・ヴォ fond de veau — 2ℓ

1 ソトワール（浅鍋）にフォン・ド・ヴォを入れ、火にかける。
2 沸いたら弱火にし、アクや脂などを取りながら、1時間ほど煮る。半量になるまで煮詰める。
3 シノワで漉し、小鍋に移す。
4 アクや脂などを取りながら、弱火で1時間ほど、500mℓになるまで再び煮詰める。
5 シノワで漉す。スプーンですくい、裏側にとろりとしたフォンがつき、ゆっくり垂れる状態になれば完成。
6 陶磁器またはガラス（金属製以外）の器に入れ、氷で冷まし、冷蔵庫で保存する。

###  Conseil

グラス・ド・ヴィアンドはフォン・ド・ヴォを煮詰めて風味を凝縮させたもの。ソースの味や香りを高め、色と光沢を強くします。「ステーキ、ポワヴルの香り」のソースに小さじ1杯ほど加えると最高に美味しいです。魚、ジビエや鶏肉のフォンからも同じ方法でそれぞれのグラスが作れます。

**Procédé**

Dans un sautoir ou casserole, porter à ébullition 2 litres de fond de veau nature, écumer et dégraisser ce fond, maintenir une cuisson lente et régulière pendant une heure. Une fois réduite de moitié, passer le fond au chinois dans un sautoir plus petit et poursuivre la réduction toujours en écumant pendant une autre bonne heure. Il ne doit rester que 500 ml de fond. Repasser au chinois et finir la réduction en vérifiant sa concentration à l'aide d'une cuiller (la glace de viande doit napper le dos de la cuillère). Débarrasser dans un pot en grès ou en verre, refroidir sur glace et réserver à couvert dans le frigidaire.

*Fond de cuisine* | 433

# フォン Fond de cuisine

## フォン・ド・ヴォライユ
*[fond de volaille]*

**材料** でき上がり約5ℓ

- ひね鶏 vielle poule — 1羽（2.5kg）
- 鶏のガラ、内臓 carcasses et abats de volaille — 12kg
- 水 eau — 10ℓ
- 白ワイン vin blanc — 1ℓ
- A｜玉ねぎ（1cm角に切る）oignons en mirepoix — 4個
  - にんじん（1cm角に切る）carottes en mirepoix — 4本
  - セロリの茎（1cm角に切る）branches céleri en mirepoix — 2本分
  - ポワローの緑の部分（1cm角に切る）poireaux en mirepoix — 1本分
  - エシャロット（1cm角に切る）échalotes en mirepoix — 4個
  - にんにく（潰す）gousses d'ail écrasées — 4かけ
  - ブーケ・ガルニ bouquet garni pour viandes — 1束
  - 粗塩 gros sel — 20g
  - 粒白コショウ poivre blanc en grains — 12粒

1. 鶏、鶏ガラ、内臓は水に2時間浸け、デゴルジェする。
2. 鍋に移し、白ワイン、水を加え、火にかける。
3. 沸いてきたら、Aを加える。アクを取りながら、表面がふつふつとする程度の弱火で3時間ほど煮る。
4. 鶏を取り出し、他の料理に使用する。
5. フォンをシノワで漉し、2/3量になるまで再び煮詰める。
6. 保存容器に移し、底を氷に当てて冷まし、冷蔵庫で保存する。1週間は保存可能。

**Conseil**

ひね鶏は卵を産み終えた雌鶏です。煮込むと味がよく出ます。

**Procédé**

Dégorger à l'eau courante la poule, les carcasses et les abats pendant 2 heures puis les égoutter. Les placer dans une marmite puis les mouiller avec 1 litre de vin blanc et 10 litres d'eau. Une fois portée à ébullition, ajouter les légumes en quartier et le bouquet garni. Ajouter le sel et le poivre blanc en grain, laisser frémir pendant 3 heures en écument. Sortir la poule du bouillon de la marmite et la réserver pour une autre recette. Passer au chinois et refaire bouillir le liquide. Refroidir sur glace et garder au frigidaire.

## フォン・ブラン・ド・カナール
*[fond brun de canard]*

**材料** でき上がり約2ℓ

- 鴨のガラ carcasses de canard — 4kg
- サラダ油またはオリーヴ油 d'huile végétale ou d'huile d'olive — 100mℓ
- A｜玉ねぎ（1cm角に切る）oignons en mirepoix — 400g
  - にんじん（1cm角に切る）carottes en mirepoix — 300g
  - にんにく tête d'ail — 1/2株
- 白または赤ワイン vin blanc ou vin rouge — 2ℓ
- 完熟トマト（1cm角に切る）tomates mûres concassées — 500g
- トマトペースト concentré de tomates — 20g
- 水またはフォン・ド・ヴォライユ eau ou de fond de volaille — 2ℓ
- B｜粗挽き黒コショウ poivre noir mignonette — 適量
  - 塩 sel — 10g
  - タイム thym — 2枝
  - ローリエ laurier — 2枚

1. 鍋にサラダ油を熱し、鴨のガラを全面に焼き色がつくまで焼く。Aを加え、木べらで混ぜながら5～6分炒める。
2. 白ワインまたは赤ワインを加え、デグラッセし、1/3量になるまで煮詰める。
3. トマトとトマトペーストを加え、炒める。水またはフォン・ド・ヴォライユを加える。
4. Bを加え、蓋をして弱火にし、2時間ほど煮る。
5. シノワで漉し、再び火にかけて沸騰させ、脂を取る。
6. 保存容器に移し、底を氷に当てて冷まし、冷蔵庫で保存する。

**Conseil**

フォン・ド・カナールには焼いてから煮込むものと、焼かずに煮るものがあって、これは brun の名の通り、先に焼いて色濃く仕上げるルセットです。焼くことでより色と風味が強くなり、存在感のある料理に最適なフォンになります。

**Procédé**

Dans un sautoir faire rissoler à l'huile végétale les carcasses en remuant fréquemment. Ajouter les légumes coupés en mirepoix et l'ail puis rissoler l'ensemble pendant 5 à 6 minutes. Déglacer au vin blanc ou rouge selon la recette et réduire d'un tiers. Ajouter la tomate concassée, la tomate concentrée et mouiller avec de l'eau ou du fond de volaille. Ajouter le poivre mignonette, le sel, le thym et le laurier, puis cuire avec couvercle pendant 2 heures à feu doux. Passer au chinois et porter à ébullition puis dégraisser. Refroidir et garder au frigidaire.

# フォン・ド・ジビエ

## [fond de Gibier]

**材料** でき上がり約5ℓ

ジビエの骨と切れ端 os et parures de gibier — 5kg

オリーヴ油またはサラダ油 huile d'olive ou végétale — 150㎖

A 玉ねぎ（1cm角に切る）oignons en mirepoix — 500g
にんじん（1cm角に切る）carottes en mirepoix — 500g
セロリ（1cm角に切る）céleris en mirepoix — 200g
にんにく tête d'ail — 1株

赤ワイン酢 vinaigre de vin rouge — 150㎖

粉糖 sucre en poudre — 50g

B 白ワインまたは赤ワイン vin blanc ou vin rouge — 3ℓ
フォン・ド・ヴォ fond de veau — 3ℓ
ローリエ laurier — 3枚
タイム thym — 3枝
クローヴ clous de girofle — 10粒
ジュニバーベリー baies de genièvre — 10粒
粒黒コショウ poivre noir en grains — 10g
塩 sel — 30g

1 ジビエの骨は取って砕き、切れ端とともにサラダ油をまぶし、180〜200℃のオーヴンで30分ほど焼き色がつくまで焼く。

2 Aを加え、ときどき混ぜながらさらに30分焼く。

3 鍋に移して火にかけ、赤ワイン酢を加えてデグラッセし、粉糖を加える。

4 Bを加え、沸いたら弱火にする。アクを取りながら3時間ほど煮る。

5 シノワで漉す。保存容器に移し、底を氷に当てて冷まし、冷蔵庫で保存する。

## ❖ Conseil

フォン・ド・ジビエはマリナード・キュイットにも使用するフォンで、鹿や猪など大型のジビエ用になります。ジビエ全般に対応するルセットで、ワインは料理によって白か赤を使い分けます。

### Procédé

Désosser le gibier. Concasser les os et couper les parures en morceaux. Les disposer dans une plaque à rôtir et colorer avec de l'huile végétale au four pendant 30 minutes. Ajouter les légumes coupés en mirepoix et les aromates et colorer l'ensemble pendant 30 minutes. Dans une casserole, transvaser le tout et déglacer avec le vinaigre puis ajouter le sucre. Mouiller avec du vin blanc ou du vin rouge suivant la recette à réaliser, puis ajouter le fond de veau, le laurier, le thym, les clous de girofle, les baies de genièvre, le sel, et le poivre noir. Ramener à l'ébullition lente tout en écumant pour obtenir un fond dépouillé de toutes impuretés pendant la cuisson de 3 heures. Chinoiser puis refroidir sur glace et garder au frigidaire.

# フュメ・ド・ポワソン

## [fumet de poisson]

**材料** でき上がり約5ℓ

白身魚の頭、骨、切れ端
têtes, arêtes, parures de poisson blanc — 3kg

バター beurre doux — 50g

A 玉ねぎ（みじん切り）oignons hachés — 2個
エシャロット（みじん切り）échalotes hachées — 4個
ポワロー（薄切り）poireaux — 1/2本分
シャンピニオンの切れ端
parures champignons de Paris — 200g

レモン果汁 jus de citron — 1個分

白ワイン（ドライ）vin blanc sec — 500㎖

B ぬるま湯 eau tiède — 3ℓ
ブーケ・ガルニ bouquet garni pour poissons — 1束
塩 sel — 15g
粒白コショウ poivre blanc en grains — 10粒

1 魚の頭、骨、切れ端は冷水に1時間浸け、デゴルジェする。

2 鍋にバターを溶かし、Aを色がつかないように炒める。

3 1、レモン果汁を加え、木べらで潰しながら、色がつかないように炒める。

4 白ワインを加え、デグラッセする。

5 麺棒などで潰してからシノワで漉し、旨味をしっかり出す。

6 半量になるまで煮詰めたら、Bを加える。蓋をせず、アクを取りながら、弱火で1時間ほど煮る。

7 シノワで漉し、一度沸騰させる。保存容器に移し、底を氷に当てて冷まし、冷蔵庫で保存する。1週間は保存可能。

### Procédé

Dégorger les arêtes, les parures et les têtes de poisson blanc dans de l'eau glacée pendant 1 heure puis égoutter. Dans une casserole faire suer au beurre les oignons, les échalotes, les poireaux et les champignons sans les colorer. Ajouter les poissons et le jus de citron puis écraser le tout. Faire suer le tout sans colorer. Déglacer avec le vin blanc sec puis réduire. Ajouter de l'eau tiède, le bouquet garni, le sel et le poivre blanc. Une fois porter à ébullition, écumer puis cuire à feu doux sans couvrir pendant 1 heure. Passer au chinois, bien presser pour en extraire les sucs, puis porter encore à ébullition. Refroidir sur glace et garder au frigidaire.

*Fond de cuisine*

## 調理用語 Termes culinaire　　　*仏語用語解説：アンドレ・パッション

{abaisser} アベッセ
生地を麺棒で目的の厚さにのばす
pâte étalée au rouleau sur un plan de travail

{aciduler} アシデュレ
ソースにレモン果汁や酢などの酸類を加える
additionner à une sauce un ingrédient acide ou piquant

{aplatir} アプラティール
肉や魚を叩いて薄くのばす
frapper une viande ou un poisson afin de diminuer son épaisseur

{arroser} アロゼ
調理中の食材が乾かないように煮汁や焼き汁をかける。「水をまく」の意
recouvrir régulièrement une viande avec jus de cuisson

{bain-marie} バン・マリ
湯煎。湯煎器。湯煎鍋
例：mettre…au 〜［…を湯煎にかける］
mode de cuisson dans un récipient contenant de l'eau pour faire réchauffer, faire fondre ou cuire doucement les aliments

{barder} バルデ
肉や魚を網脂で包む
entourer une viande ou un poisson d'une barde de lard

{battre} バットル
打つ。叩く。かき立てる
remuer vigoureusement un appareil au fouet

{blanchir} ブランシール
ゆでてアクを抜く。（製菓では）卵白と砂糖を白くなるまですり混ぜる
plonger rapidement des légumes ou des abats crus dans de l'eau bouillante puis rafraîchir

{blondir} ブロンディール
バターで肉や野菜を薄く色づくまで焼く
faire colorer légèrement à la poêle des légumes ou des viandes

{braiser} ブレゼ
食材の表面に油脂で焼き色をつけ、食材がある程度浸かる量の液体とともに鍋に入れ、蓋をして加熱する
faire cuire doucement à couvert à petit feu des viandes, des poissons ou des légumes

{brider} ブリデ
鶏の手羽や足をたこ糸で縛り固定する
faire passer une ficelle dans les membres d'une volaille avec une aiguille

{canneler} カヌレ
野菜や果物の表面に切り込みを入れる
tracer des rainures sur la peau d'un fruit ou d'un légume avec un canneleur

{caraméliser} カラメリゼ
1.砂糖をふって表面を焦がし、カラメル状にする
2.野菜を弱火で炒めて色づけする
3（型などに）カラメルを流す
1. transformer le sucre à sec ou additionné d'eau en caramel sous l'effet d'une chaleur modéré et constante
2. dorer un ingrédient en le poêlant au sucre et au beurre
3. transvaser le caramel dans une moule ou un récipient

{châtrer} シャトリ
ザリガニの内臓を取り除く
retirer les intestins des écrevisses

{chemiser} シュミゼ
型の内側を内張りする、被膜する
tapisser les parois et le fond d'un moule pour empêcher de coller

{clarifier} クラリフィエ
スープまたはバターを澄ます
rendre un bouillon ou du beurre limpide

{clouter} クルーテ
くぎ状に切ったトリュフや背脂、クローヴなどを刺す
piquer des légumes, des viandes ou des poisson avec différents ingrédients

{colorer} コロレ
色づける。焼き色をつける
saisir un met pour le rendre doré et plus appétissant

{compoter} コンポテ
野菜や果物を長時間煮る
faire cuire des légumes ou des fruits longuement

{concasser} コンカッセ
粗く刻む
écraser ou hacher grossièrement des ingrédients

{confire} コンフィール
1.油脂で煮る（低温で加熱する）
2.シロップや油脂などに浸けて保存する
1. terme qui signifie cuire lentement dans leur matière grasse des volailles ou des viandes, après un salage pour leur conservation.
2. conserver des fruits ou des légumes dans du sucre, de l'alcool ou du vinaigre

{coucher} クシェ
生地などを口金をつけた絞り袋で天板に絞り出す
disposer une pâte à choux ou une meringue sur une plaque à pâtisserie à l'aide d'une poche à douille

{cuire à découvert} キュイール・ア・デクヴェール
蓋をせずに加熱する
procéder une cuisson sans couvercle

{cuire à la vapeur} キュイール・ア・ラ・ヴァプール
蒸し器を用いて液体を沸騰させ、蒸気で蒸す
mode de cuisson qui consiste à cuire à la vapeur dans une casserole d'eau bouillante salée avec couvercle, un aliment placé sur une grille qui effleure le liquide

{débarrasser} デバラセ

片づける。他の容器に移す

retirer un aliment de son récipient

{découenner} デクワネ

豚皮を肉から除く

retirer la peau ou la couenne recouvrant une viande

{déglacer} デグラッセ

鍋底についた焼き汁や煮汁などの旨味を液体を注いで溶か
し、ソースなどに利用する

arroser les sucs de cuisson avec un liquide afin de réaliser un jus
ou une sauce

{dégorger} デゴルジェ

肉、魚、内臓を水にさらして血や臭みを取り除く

faire tremper à l'eau froide des poissons ou des viandes afin
d'éliminer les impuretés

{dégraisser} デグレッセ

脂肪分を取り除く

retirer la graisse à la surface d'une cuisson, ou d'une viande
avant cuisson

{désosser} デゾッセ

骨を取り除く

retirer les os d'une viande ou d'une volaille crue ou cuite sans
abîmer la chair avec un couteau à désosser

{délayer} デレイェ

ソースなどの液体に液体を加えてゆるめる

Ajouter, diluer et mélanger une substance dans un liquide

{détailler} デタイユ

切り分ける

découper des produits en différentes tailles

{détendre} デタンドル

生地など固さのあるものに液体を加えてゆるめる、のばす

Assouplir une pâte ou un appareil en lui ajoutant de la crème, du
lait, des œufs, ou du fond

{dorer} ドレ

1.つやのある焼き色を出すために、生地に卵などを塗る

2.こんがりと焼く、焼き色づける

1. étaler avec un pinceau, les œufs entiers battus ou les jaunes
d'œufs additionnés d'eau, sur les pâtes et certains appareils pour
obtenir après cuisson une croûte brillante de couleur dorée
2. cuire une viande ou des légumes afin d'obtenir un résultat de
couleur dorée

{dresser} ドレッセ

皿に料理を並べる

disposer une préparation sur un plat

{ébarber} エバルベ

魚のひれなどをはさみで切り取る

découper avec un ciseaux les nageoires et les arêtes extérieures
d'un poisson

{écumer} エキュメ

調理中の液体に浮き出た脂やアクなどを取り除く

retirer les impuretés à la surface d'un liquide en cuisson

{effilocher} エフィロシェ

身を細かくほぐす。

※繊維がfil［糸］状であることから

réduire les viandes ou poissons en minces filaments, travail à
réaliser à chaud avec une fourchette ou ses doigts

{égoutter} エグテ

水気や油気などをきる、絞る、拭う

débarrasser un aliment du liquide dont il est imbibé, goutte à
goutte à travers d'un égouttoir, d'une passoire ou d'une étamine

{émincer} エマンセ

薄切りにする

découper en très fines et constante épaisseur un produit

{émulsionner} エミュルショネ

かき混ぜて白濁させる、乳化させる

fouetter vivement un liquide pour le rendre homogène

{éplucher} エプリュシェ

野菜の皮をむく

retirer la peau d'un légume

{escaloper} エスカロペ

エスカロープ（肉や魚の厚めの切り身）に切る

détailler une viande ou un poisson en fines tranches horizontales

{étuver} エテュヴェ

少量の液体で蒸し煮にする

faire cuire à couvert une viande ou un légume dans très peu de
liquide

{évider} エヴィデ

果肉や種、芯をくり抜く

ôter la pulpe d'un fruit ou d'un légume pour recevoir une farce

{fariner} ファリネ

食材や型に粉をまぶす

un produit ou un moule d'une légère couche de farine avant
cuisson

{ficeler} フィスレ

整形するために（また、切りやすくするために）糸で縛る

ficeler c'est mettre plusieurs liens de ficelle autour d'un morceau
de viande afin qu'il reste bien compact à la cuisson, et ensuite de
pouvoir couper de belles tranches

{flamber} フランベ

1.鳥類の下処理。羽を抜いたあとの表面に残っている細か
い毛を焼いて取り除く

2.肉や魚などの調理中にブランデーなどを加えて火をつけて
アルコール分を飛ばし、風味を移す

1.passer rapidement à la flamme une volaille ou un gibier à
plumes pour éliminer son duvet
2.arroser d'alcool une préparation à chaud et la faire flamber

{foncer} フォンセ

生地を型に敷き込む

※fonçage フォンサージュ［敷き込むこと］

recouvrir les parois et le fond d'un moule d'une fine abaisse de
pâte

*Termes culinaire* | 437

# 調理用語 Termes culinaire

\*仏語用語解説：アンドレ・パッション

{frémir} フレミール
沸騰直前の状態を保って煮る
faire cuire lentement une préparation à la limite de l'ébullition

{frire} フリール
揚げ鍋に油や鴨脂を熱し、食材を揚げる
mode de cuisson de différents aliments dans un bain de friture à l'huile ou au graisse de canard

{garnir} ガルニール
詰める。つけ合わせる
remplir un fond de pâte avec un appareil

{glacer} グラッセ
1.サラマンドルなどで焼き色をつける
2.（水、塩、バター、砂糖で）野菜などをつやよく煮上げる
3.菓子の表面につややなめらかさを出す。冷やし固める
1. passer à la salamandre ou au grill du four pour donner une couleur
2. faire colorer des légumes avec de l' eau, du sel, du beurre et du sucre
3. en pâtisserie napper un entremet

{gratiner} グラティネ
チーズやパン粉、ソース・モルネーなど卵入りのソースをのせて焼き色をつける。グラタンにする
faire passer au four ou au grill à chaleur élevée une préparation de manière à rendre sa surface croustillante et dorée avec du fromage, de la chapelure ou une sauce Mornay

{griller} グリエ
高温に熱した網、グリルで焼く。あぶる、網焼きする
exposer différents aliments sur un gril chaud (poissons, viandes ou légumes)

{habiller} アビエ
鳥類など家禽の下処理。フランベ→パレ→ヴィデ→リンス（すすぐ）→ブリデの一連の作業
préparer une volaille avant sa mise en cuisson : flamber, parer, vider, rincer, brider

{infuser} アンフュゼ
煮出す。煎じる
ajouter un ingrédient aromatique dans du liquide bouillant et de le laisser reposer

{lever les filets} ルヴェ・レ・フィレ
3枚おろし、5枚おろしにする。
※丸い魚［poisson rond］や小型の平たい魚は3枚おろし、平たい魚［poisson plat］は5枚おろしにする
technique de cuisine qui consiste à détacher de l'arête du poisson ses filets avec un couteau à filet de sole de lame plate, étroite, souple et effilée

{lier} リエ
ソースや煮汁にバター、小麦粉、クリーム、血などを加えてとろみをつける。つなぐ
※liaison リエゾン［つなぎ］
additionner à une sauce un liant (crème, farine, fécule, œuf) pour la rendre plus épaisse

{lustrer} リュストレ
バター、油、ゼリーなどでつやを出す
à l'aide un pinceau, napper un aliment avec du beurre, de huile ou une gelée afin de le rendre brillant

{luter} リュテ
鍋に蓋をしてパン生地で密閉する
fermer une terrine avec une pâte à base de farine et d'eau afin de réaliser une cuisson à l'étouffée

{macérer} マセレ
果物や野菜を酒やシロップに漬け込む
faire baigner des fruits ou des légumes dans de l'alcool ou du sirop afin de les parfumer

{mariner} マリネ
食材をマリナード（漬け汁）に漬ける
faire tremper une viande ou un poisson dans une marinade aromatisée

{manchonner} マンショネ
骨つきの子羊、兎のもも、鶏手羽など手で掴んで食べる肉の骨を出す（見た目、食べやすさのため）
dégager la chair d'une côtelette d'agneau, d'une cuisse de lapin ou d'un pilon de volaille

{mijoter} ミジョテ
とろ火で煮る
faire cuire doucement à petit feu des mets en sauce

{mise en place} ミ・ザン・プラス
準備。材料を揃え、皮をむいたり切るなどの仕込みを済ませる
ensemble des préparatifs avant le service ou d'une recette.

{monter} モンテ
バターを加え、とろみと風味をつける。泡立てる。かき混ぜる
fouetter des ingrédients pour les rendre plus légers

{mouiller} ムイエ
液体を加える、注ぐ。食材を湿らす
recouvrir des ingrédients avec du liquide pour la cuisson

{cuire à la nappe} キュイール・ア・ラ・ナッペ
ソースやクリームが木べらやスプーンにねっとりつく状態（へらでソースをすくい、指で線を引き、跡が残る状態）
cuire doucement une crème ou une sauce

{napper} ナッペ
料理やデザートの表面をソースやゼリー、フォンダンで覆う
recouvrir un plat cuisiné ou un entremet avec une sauce, une gelée ou un fondant

{paner} パネ
パン粉をまぶす
enrober un aliment d'une couche de chapelure

{parer} パレ
鳥類の下処理。首づるや手羽、足などの不要な部位を取り除く
enlever les petits morceaux de gras et nerfs d'une viande ou d'un poisson

{passer} パッセ
シノワなどを使って漉す
filtrer un aliment à travers un chinois ou une étamine afin de l'égoutter

{pincer} パンセ
軽く炒める。焼き色をつける。つまむ。挟む
saisir, dorer, caraméliser, dégraisser et déglacer une viande dans un sautoir

{piquer} ピケ
生地が均一に膨らむように、ピケローラーやフォークで生地に小さな穴をあける。突き刺す
faire des petits trous à la surface d'une abaisse de pâte afin de l'empêcher de gonfler pendant la cuisson

{pocher} ポシェ
熱した液体に材料を入れ、火を通す
cuire à petit feu un aliment dans un liquide

{poêler} ポワレ
塊肉や家禽などをフライパンで油脂を使って焼く
cuire dans une poêle avec un corps gras différents aliments qui doivent être saisis rapidement sans cuisson prolongée

{rafraîchir} ラフレシール
冷やす。（主に色どめのために）冷水にとる
plonger un légume dans de l'eau froide après l'avoir blanchi

{raidir} レディール
煮崩れないように表面をさっと焼いて固く締める
raffermir la chair d'une viande pour débuter une cuisson plus longue

{rectifier} レクティフィエ
修正する、整える
améliorer l'assaisonnement après l'avoir goûté

{réduire} レデュイール
煮詰める
diminuer le volume d'une sauce pour concentrer ses saveurs

{réserver} レゼルヴェ
取っておく
例：〜 au chaud［保温しておく］、〜 au froid［冷蔵庫に入れておく］
mettre de côté au frais ou au chaud des préparations

{reposer} ルポゼ
休ませる
réserver une pâte au frais en attendant de poursuivre sa préparation

{revenir} ルヴニール
下処理として手早く炒める、焼き固める
faire colorer des morceaux de viandes ou des légumes dans un corps gras

{rissoler} リソレ
表面をこんがり焼く。強火で焼き色をつける
faire dorer des ingrédients à feu vif dans un corps gras

{rôtir} ロティール
塊肉や家禽、魚をオーヴンで強火で焼く
例：〜 à la broche［串に刺して直火であぶり焼にする］、〜 au four［オーヴンで焼く］
saisir à feu vif des pièces de viandes, volailles ou poissons entiers dans un four chaud

{roussir} ルシール
肉などを高温に熱したバターか油で色づける
faire colorer des ingrédients dans un corps gras à feu vif jusqu'à couleur rousse

{saisir} セジール
表面を固めるように強火で焼く。焼き色をつける
faire cuire un aliment à feu vif

{sauter} ソテ
油脂を使い、蓋はせず、食材に火を通す。炒める
faire cuire rapidement des aliments dans un corps gras en remuant pour bien repartir le chaleur

{singer} サンジェ
加熱中の食材に小麦粉をふり入れ、ソースにとろみをつける
saupoudrer de farine un aliment dans un corps gras avant de mouiller avec un liquide afin de lier la sauce

{suer} スュエ
材料を弱火でしんなりするまで色づけないように炒める
faire cuire des viandes ou des légumes dans un corps gras à chaleur douce et à couvert

{tamiser} タミゼ
ふるう。ふるいにかける。裏漉す
passer un ingrédient en poudre à travers un tamis

{tourner} トゥルネ
野菜や果物を皮をむきながら形を揃えて面取りする
découper des légumes en forme ovale pour les garnitures

{tremper} トランペ
液体に浸す、くぐらせる。濡らす
plonger quelque chose dans un liquide. mouiller les lentilles et les haricots blancs dans de l'eau pour les faire gonfler

{turbiner} テュルビネ
アイスクリーム製造器にかける
passer un appareil à glace ou à sorbet dans une sorbetière

{vanner} ヴァネ
（表面に膜が張らないように）かき混ぜながら冷ます
agiter une sauce ou une crème pour accélérer son refroidissement

{vider} ヴィデ
鳥類の下処理。内臓を取り除く
retirer les viscères d'un poisson ou d'une volaille ou d'un gibier avant sa cuisson

*Termes culinaire* | 439

Histoire d'André Pachon

**アンドレ・パッション物語**

# 料理人を志す少年時代

### 目覚め

1944年、父マニュエルと母マリの次男としてフランス南部の都市モンペリエに生まれます。一家がカルカソンヌに移り住んだのは、まだ物心がつかないうちのこと。父はカルカソンヌ近くの採金場で働いていました。私は4人きょうだいの3番目で、兄ミッシェル、姉ロリータ、弟ダニエルがいます。

　自宅は歴史的城塞都市 cité de Carcassonne ［シテ・ド・カルカソンヌ］にほど近く、小学校は城壁の内側にありました。シテの中にはホテルやレストランもあり、すぐ横の道が通学路。登下校時には、点々と並ぶ窓からは厨房の様子がうかがえます。道すがらきれいな野の花を見つけては手折り、母へと贈る可愛らしい少年アンドレでしたが、ときには窓越しに会う料理人に冷やかしの言葉を投げかけることも。そんな時は料理人も容赦なく私に向かって水をかけ、少年の無作法を窘めました。

　それがいつのことでしょう。私の心の中には憧れのような感情が芽生え始めます。厨房の熱気や真摯な料理人の姿が私の心に響いたのかもしれません。

　そして16歳、私は料理人になることを決意します。成績優秀でしたから、母は私が教職に就くことを望んでいましたが、私の気持ちは揺らぎませんでした。そこで、人気美容師で顔が広かった兄のミッシェルに相談します。すると「一流の料理人を目指すなら、一流のレストランで学ぶべきだ」と、当時カルカソンヌで一番美味しいと評判のレストラン「ロジト・トランカベル」への就職を口添えしてくれました。恩師マルセル・エムリック氏との出会いです。

### 料理人アンドレ・パッション誕生

親を連れ立ってエムリック氏と面談し、氏のもとで働く契約を交わし、いよいよ料理人としての一歩を踏み出します。エムリック氏のレストランは材料を基本的に近くで手配していましたが、冬になるとエムリック夫妻はランド地方のマルシェに鴛鳥を仕入れに出向いていました。カルカソンヌから300〜350km離れた町ですから、向かうのは早朝4時。車いっぱいに鴛鳥を積んで夜の7時くらいにレストランに戻ってきます。そこからは私たち若手の出番で、レストラン前に待機して荷下ろしの手伝いをします。鴛鳥はエムリック氏が自らさばいていました。

　私は普段、魚料理を担当し、人手が足りない時はサービスとしてホールに立つこともありました。労働時間は長く、土日祝日の休みもないうえに無給でしたから、若い料理人にとっては辛い毎日です。それでも料理への憧憬は冷めることなく、エムリック氏からは具体的な調理だけでなく、本当に多くのことを学びました。

育った家のある通り

「オテル・ド・ラ・シテ」の裏庭からカルカソンヌの町を眺望

生後3〜4カ月から18歳まで育った家の前で

シテ・ド・カルカソンヌの正門。女性像は、夫の大公亡き後シテの騎士団を率いた公妃カルカス

母手製の服を着た2歳の私。家のほど近くの通りで

厨房の窓からこんな風に「Cuisto salop!」と野次を飛ばしては水をかけられた少年時代

通学路。奥に見える四角の建物が公妃カルカスが英断を下した伝説の塔

小学校に入ったばかりの頃。制服を着て弟のダニエルと

現在は博物館になっている小学校の教室。勉強ができる子は一番前が指定席

小学校の校庭。校舎や樹木は当時のまま

祖父母から孫たちまでパッション家の親戚一同。私が10歳で、前列の右から2番目

Histoire d'André Pachon | 441

## アンドレ・パッション物語

# 見聞を広めた青年時代

### 兵役

エムリック氏のもとで16歳から19歳まで修業を積んだのち、私は18カ月の兵役に就きます。アルジェリア戦争のあとで、当時のフランスには徴兵制がありました。健康診断を受けて入隊を果たすと、陸海空の希望を問われましたので、海軍と返答。するとどういうわけか所属は陸軍に決まり、山深い僻地へと送られます。のちに知りますが、希望とは別の場所に飛ばされるのがフランスという国でした。

戦後間もない頃でしたから、訓練も厳しいものでした。幸運だったのはスナイパーに選ばれたこと。さまざまな役職があるのですが、スナイパーは少しだけ優遇されるポジションでした。また面白いことに、手に職がある人はその専門職には就けません。料理人なら理髪、理容師なら料理を担当するといった具合です。

兵役中、ペルピニャンの隣にあるリブザルトという町の基地で任務に就くことがありました。そこでは慣習とは異なり、料理人としての腕を買われ、上役たちのためにフランス料理を作っていました。週に1度は趣向を変えてクスクスを。私のクスクスは本格的です。なぜならその時のアシスタントがアラブ人でしたから。彼から本場の味を習ったのです。

### ボルドー、そしてカナダへ

兵役を終え恩師のもとへ向かうと、フランスからニューヨークへの外航クルーズ客船「ル・フランス」での仕事を紹介されます。乗船の準備も万端と心踊らせていたところ、なんとこの船がなくなってしまいます。再びエムリック氏の紹介で、今度はボルドーの一つ星レストラン「ラ・レゼルブ・エチオナ」へ。ここでは2年間働き、マトロットなどボルドーのスペシャリテを習得しました。

世界を見たい。その思いが私を駆り立てました。カナダの領事館で情報を集め、モントリオールの「クイーン・エリザベート」というホテルの職を得ます。フランスではカナダのCMが流れることが多く、自然や料理、先住民族など、画面に映し出される何もかもが私には魅力的に見えました。意気揚々とカナダでの仕事を始めますが、新しい職場はビュッフェ形式でホテルの売れ残りに手を加えるような料理しか作れず、料理人としてはとうてい満足のいく内容ではありませんでした。料理への熱い気力が萎えそうになった頃にスーシェフの求人を知り、モントリオールから2時間ほどの「ホテル・モン・ガブリエル」へ移り、活力を取り戻します。見るものすべてが眩しい23歳のことです。

恩師エムリック氏のレストラン「ロジト・トランカベル」の裏で、エムリック氏（中央）と同僚と

カナダ館の「ウ・ピック」の前でスタッフの女性たちと。赤い制服はレジ、青はサービス担当

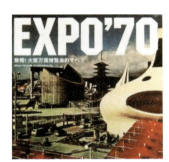

大阪万国博覧会の販売促進物

万博が終わり、熊本を観光。妻の美代子と

エムリック氏のレストランのキッチンで。左からエムリック氏、同僚２人と私、マダムとその友人

京都のレストラン「レストラン・ル・ラングドック」の店内。大阪万博閉幕直後、1970年の10月頃

カナダの「ホテル・モン・ガブリエル」時代。ビュッフェのテーブルセッティング

*Histoire d'André Pachon* | 443

## アンドレ・パッション物語

# 〜日本へ〜 本物のフランス料理を伝える現在

### 大阪万博へ！

1970年の春を待つ季節、カラーテレビから大阪で開催される万国博覧会のオープニング映像が流れ、日本という国を知ります。カナダ館の料理長を探しているという話を聞き、即決。同じく料理の道に進んでいた弟ダニエルをカナダに呼び寄せて私の代理を頼み、日本へと旅立ちます。弟には「万博が終わったら帰ってくるよ」と言い残しましたから、今でも私の帰りを待っています。

### 運命の出会い

万博ではカナダ館の「ウ・ピック」というレストランの料理長を務めました。会場は広く毎日1000人もの来客があり、肉を解凍するのも間に合わないほどの盛況ぶりでした。メニューはローストチキンやハンバーガーなど、もちろんカナダの肉で作ります。

そのレストランでレジを打っていたのが妻となる美代子です。万博が閉幕すると、美代子は故郷の長崎に帰り、私は観光をしてから帰国しようと新幹線で東京へ向かいました。青山に着き、ドンクというパン屋に何気なく入ったことで、私の運命が動き出します。それは当時の「ドンク」の社長、藤井幸男氏との出会い。藤井氏が京都で開くフランス料理店を手伝うことになるのです。私が命名した「レ

ストラン・ル・ラングドック」という店は、京都で記念すべき第一号のフランス料理レストランになりました。京都で美代子を長崎から呼び寄せたのですが、この時私は日本語が話せず、同僚の助けを借りました。愛があれば、言葉は必要ないのです。

1年後には東京に移り、1971年7月14日のオープンから六本木「イル・ド・フランス」のシェフを務めることになります。ここは「ドンク」系列のレストランで、1階には「ドンク」のブランジュリがありました。

### 正統派フランス料理

当時の東京にはフランス料理レストランは数件しかありませんでした。「マキシム・ド・パリ」、帝国ホテルの「フォンテーヌブロー」、「クレッセント」などです。私が徹底的にこだわったのは正統派フランス料理。本物のフランス料理を届ける。そのことに情熱を傾ける日々を送りました。グルヌイユやリード・ヴォなど日本では馴染みのない食材も多く、お客さまはもちろん、材料を集める私自身も戸惑うことばかりでした。それと同時に、"本当のフランス料理を知りたい"と勤勉で意欲的な日本の料理人たちが私のもとへと集まってきたのは嬉しいことでした。

そして1984年、満を持して代官山に「レストラン・パッション」を開き、今に至ります。

カルカソンヌの地方紙。プロスペール・モンタニェの料理コンクールで日本人が優勝した際の一幕

カルカソンヌの自宅でカスレを作る母のマリ。1980年代、日本の雑誌に掲載された

六本木「イル・ド・フランス」のパンフレット用写真。サービス担当のフィリップ・ソーゼット氏と

1970年7月14日のパリ祭、「イル・ド・フランス」記念すべきオープンの日

フランスの勲章。左からフランス農事功労章のシュヴァリエ、オフィシエ、コマンドゥールなど。一番右は最も名誉あるレジオン・ドヌール勲章。「卓越した功績」を表彰する目的で1802年、ナポレオン・ボナパルトによって創設された

「イル・ド・フランス」での料理教室の様子

クラブ・プロスペール・モンタニェ、アカデミー・ユニヴェルセル・デュ・カスレ、メートル・キュイジニエ・ド・フランスなどのメダル

カスレ・ディナーで元駐日フランス大使らと

*Histoire d'André Pachon* | 445

50年前に不思議の国だった日本は、私が生きる場所になりました。
妻と出会い、息子たちを授かったことを幸せに思います。
フランス料理を伝え続けていることを誇りに思います。
奥の深い、けれども日常のフランス料理をどうぞ作ってみてください。
この本を手にとってくださった皆さまが喜びに満ち満ちることを願います。

～ C'était bien d'être né à cette époque! ～

## 材料協力

●スパイス類、〈MAILLE〉のマスタード・ヴィネガー・コルニッション
エスビー食品株式会社
東京都中央区日本橋兜町 18-6
☎ 0120-120-671
https://www.sbfoods.co.jp/

●〈STAUB〉の鍋・フライパン・食器
STAUB（ツヴィリング J.A. ヘンケルス ジャパン）
https://www.staub.jp

●子猪
平戸いのしし NEW GIBIER PROJECT
長崎県平戸市田平町下亀免 322-3
https://newgibier.com/

●オリーヴ油、鶏肉など
Classic Fine Foods
https://www.classicfinefoods.com

●シャンパーニュ、ワイン
国分グループ本社株式会社
https://www.kokubu.co.jp

●シャンパーニュ
Champagne Laurent-Perrier
https://www.laurent-perrier.com

●カルヴァドス
Calvados Christian Drouin SAS
https://www.calvados-drouin.com

●ビール
日本ビール株式会社
https://www.nipponbeer.jp

●パン
Bigot Tokyo 株式会社ビゴ東京
https://www.bigot-tokyo.co.jp

●トマトシロップ
1883 MAISON ROUTIN
https://www.1883-france.jp

●トゥールーズソーセージ
株式会社 富士物産
https://www.kk-fujibussan.co.jp/

## Remerciements

Conseil sur les meilleurs fournisseurs des produits de la région Occitanie
Les compagnons de Prosper Montagné,
M. Alphonse Caravaca
www.club-prosper-montagne.fr

Soutien aux soirées cassoulet à Tokyo
Académie Universelle du Cassoulet,
M. Pierre Poli
www.academie-du-cassoulet.com

Support des recettes culinaires
Association des Maîtres Cuisiniers de France,
M. Christian Têtedoie
www.maitrescuisiniersdefrance.com

Support et conseil sur les lieux de tournage
La mairie de Carcassonne, M. Gérard Larrat
www.carcassonne.org

Cavage et fournisseur de truffes
L'atelier de la truffe, M. Philippe Barrière
www.barriere-truffes.com

Fournisseur des épices, fromages et conserves
La Ferme, épicerie fine, M. Gilles Fiorotto
www.laferme-carcassonne.fr

Fournisseur et livraison des volailles
Le Puits du Trésor, restaurant,
M. Jean Marc Boyer
www.lepuitsdutresor.com

Fournisseur des viandes et des charcuteries
Maison Lascours, Boucherie Charcuterie
www.maison-lascours.fr

# André Pachon
アンドレ・パッション

1944年11月22日南仏モンペリエに生まれ、カルカソンヌで育つ。

1960年:"カスレの王様"と呼ばれていたマルセル・エムリックのもとで修業をスタート。フランス国内のレストラン、「レストラン・ラ・レゼルヴ・エチオナ」などを経る。

1970年:大阪万国博覧会にて「ウ・ピック」のシェフとして来日。その後、東京六本木の名店「イル・ド・フランス」のシェフを務める。

1984年:代官山に「レストラン・パッション」を開店。以降、オーナーシェフとして「レストラン・ル・プティ・ブドン」「ル・コントワール・オクシタン」をオープン。パッショングループとして「バンケット・パッション」「ケータリング・パッション」「ウエディング事業」などをプロデュース。

### スタッフ

撮影:野口健志
デザイン:釜内由紀江、井上大輔、五十嵐奈央子、石神奈津子(GRiD)
和訳(p.7 右):大澤晴美
翻訳:Thierry Pachon
ワインセレクト:Patric Pachon
色鉛筆画挿絵:André Pachon
調理協力:伊藤光一、谷口悠帆
編集:坂本敦子

### 参考文献

『Atlas de la France gourmande』Autrement
『Chez Constant Recettes et produits du Sud-Ouest』Michel Lafon
『Délices des Maîtres Cuisiniers de France』Editions Consulaires
『Histoire naturelle et morale de la nourriture』Larousse
『La Cuisine des terroirs』
『Larousse Gastronomique』
『Le Festin Occitan』
『Le Larousse de la cuisine』Larousse
『お菓子の歴史』河出書房新社
『フランス料理基本用語』大修館書店
『フランス料理ハンドブック』柴田書店
『ラルース・フランス料理小事典』柴田書店

## フランス郷土料理

2020年2月28日　初版発行
2025年2月18日　新装版初版印刷
2025年2月28日　新装版初版発行

著　者　アンドレ・パッション
発行者　小野寺優
発行所　株式会社河出書房新社
　　　　〒162-8544
　　　　東京都新宿区東五軒町2-13
　　　　電話　03-3404-1201(営業)
　　　　　　　03-3404-8611(編集)
　　　　https://www.kawade.co.jp/

印刷・製本　TOPPANクロレ株式会社

Printed in Japan
ISBN978-4-309-29474-2

落丁本・乱丁本はお取り替えいたします。
本書のコピー、スキャン、デジタル化等の無断複製は著作権法上での例外を除き禁じられています。本書を代行業者等の第三者に依頼してスキャンやデジタル化することは、いかなる場合も著作権法違反となります。
●本書は小社刊行『フランス郷土料理』(2020年2月)を新装したものです。